廿年民主路
台灣向前行

汪宏倫、林宗弘、林敏聰、吳啟禎
張文貞、童振源、蕭新煌、蘇彥圖　專論

聯合報系願景工作室　採訪報導

廿年民主路

台灣向前行

目錄

Part1 反省與願景

Part2 願景工作室專題報導

尋找經濟活路

凝聚國家認同

描繪政策藍圖

實踐國會改革

實現社會正義

Part1

反省與願景

總論
台灣向前看　向前行

蕭新煌（中央研究院社會學研究所特聘研究員、台灣大學暨中山大學社會學系教授、中央大學客家學院講座教授）

前言

二十八年前（一九八八），我出版了一本書，書名叫《台灣向前看》，書稿則是前一年，即解嚴（一九八七）當年的九月完成。當時書名有「向前看」字眼，隱含了我對「後解嚴」台灣前途的展望、憧憬和期許，我想看到的就是一個為台灣勾勒出來的經驗烏托邦。那個烏托邦是建立在幾個新價值、新理想的藍圖上，那些核心價值不外乎是自由、民主、和諧、知識、效率、公平、永續。「解嚴後」

給很多台灣知識份子和民眾一個新的夢境，亦即至少「政治民主」、「族群和諧」和「社會公平」馬上可以來臨和落實。但是一九八七年迄今已快三十年，上述七個理想又倒底有多少是實現了？烏托邦在台灣已是現實或還仍是幻想？

現在重讀我自己那本《台灣向前看》的一些分析觀點，如掌握長期社會變遷大軌跡，提升社會力的改革潛能和確立國家發展方向、目的和路線，迄今恐怕還是有效、有用。依此而論，戰後七十年的台灣，前四十年的最偉大成就就是民間社會力和反對運動逼出了政治解嚴，而近三十年的最巨大工程不外乎就是結合社會力、政治力和經濟力打造民主制度、社會公平和經濟改革。

解嚴後的第二年，我期待台灣用理想、用價值「向前看」。第一次總統民選（一九九六）後二十年，我更同意台灣應該帶著智慧、創意和決心「向前走」！

這本由聯經出版的新書以《廿年民主路　台灣向前行》為名，不只是要在總統民選（一九九六）正式進入民主轉型算起的二十年後，替台灣算總帳，做政治、經濟和社會的「餘賒對照表」（balance sheet），還更要在歷經三次民主政黨輪替（二〇〇〇、二〇〇八和二〇一六）後的今天，細數台灣該如何跨出新步伐，勇敢向前行。

本書分兩大部分，前一部分是專論，七位學者專家依「尋找經濟活路」、「確立國家認同」、「描繪政策藍圖」、「實踐國會改革」和「落實社會正義」五大主題撰寫專文；第二部分則是上述五個主題由記者分別深入採訪和報導並鋪陳各議題的縱身和寬度。

我被邀為此書的兩大內容，撰寫一份有助於讀者閱讀和領會本書各位作者筆下內容的思路和用心的總論，實感榮幸。整體而言，這一本書有即時的參考價值，因為這兩部分的論述都聚焦在「當下」：剖析眼前的困境和路障以及我們「向前行」應除弊興利之道，倒是很少談過去二十年的民主路是怎麼艱辛走過來的。

壹、向前行的路障

在本書的客觀背景陳述部分，記者群花了很大功夫收集相關資料，也採訪各方各家。我在讀後綜合的印象大致可以歸納以下幾點：

一、尋找經濟活路已是全民共識，毫無疑問，藍白領階級都昂首期待有工作，可以因此安身立命。企業家更盼望台灣能在國際和區域經貿市場中找到通路經脈和定位，也盼在企業賺錢、民主程序和國家安全三方俱全下，在兩岸貨貿談判有進展。百位公協會企業代表心聲，也透露他們不約而同要求「政府提升施政效能」是首要目標，半數以上認為兩岸關係會有持平走向，不用太擔心，但是對民進黨政府二〇二五非核家園政策有些怕「電力不穩定」或是「電價上漲」。

至於被訪五位歷任經濟部長的集體傷感和個別建言，雖也有值得參考的地方，但畢竟都是過去的人，聽聽就好。比較讓我好奇的是，他們現在既然有這麼多遺憾或是那麼多高見，當年他們為什麼卻都沒做呢？倒是這幾位經濟部長不約而同都提到「改善國內投資環境」是第一優先，那我更不禁懷疑過去八年的瘋狂西進、一味傾中，是不是因此漠視了國內投資環境的提升和改善？什麼是因，什麼是果，似乎也滿清楚的。因此為今之道，不就是要修正西進、親中、傾中的經貿路線，而把注意力放回台灣、投資台灣和扎根台灣嗎？

二、報導一開始就引述最新民調，當下在台灣人當中，有七十三％自認是台灣人，竟然只有十一％自認是中國人、雙重認同的也只有十％，另外，更只有一％主張台灣人就是中國人。更值得注意的是，愈年輕的台灣人，愈自認不是中國人，在二十歲到二十九歲的台灣人中，八十五％作如是觀。進一步看，對台灣前途主張，已有高達八十八％「反統」；其中，四十六％是「永遠維持現狀」，十七％「先維持現狀再獨」，十九％主張「盡快獨立」，另外有六％無意見。一樣令人矚目的是，愈年輕愈擁獨反統，在二十至二十九歲組當中，近三成（二十九％）主張「盡快獨立」，二成五主張緩獨。以上的國族認同和台灣國家前途主張也充分展現在年輕世代中的所謂「天然獨」心態現象。

也許有一些持不同見解的人會說這是李扁「反中國化」政策的後果，但比較貼切的分析應該是，這種愈來愈「反統趨獨」的集體意識，其實正是對過去八年馬政府過分親中傾統的反彈和拒絕。這種新主流民意當然也就會對「九二共識」給予當頭棒喝，不支持「一中各表」，更排斥「一中各表」。

三、報導內容在描繪政策藍圖的篇幅較單薄，基本也集中在對經濟政策藍圖的著墨。一開頭就直指現在台灣經濟很「悶」，但卻未點明「悶從何來」？是不是因為台灣的經濟活力和火種都被逼到中國去了？而且對台灣本土的經濟創新卻又不認真下功夫？

報導似乎將蔡英文總統競選承諾中的「創新、就業、分配」視為新政府的政策藍圖，包括「五大創新研發」、「新產業創造就業」和「保障分配正義」、「推動新南向降低依賴中國」、「建立新政商關係拒絕紅頂商人」和「改造六都十六縣的一國兩制差別待遇」等。坦白說，如果蔡總統能在四年內一一啟動上述六大政策藍圖的落實步驟，那真會是善莫大焉。

報導中也引述了各主要政黨對國會改革的主張，包括民進黨已開始著手實施的「議長中立化」，其他更包括「不擋案」、「建立委員會中心主義」、「開放委員會旁聽」、「議案協商透明公開」和「國會自律」等。國民黨強調應建立「國會警察制」、「健全調查聽證權」和「議長中立化」等。時代力量主張「政黨協商透明化」、「建立聽證制度」、「國會頻道」、「議長中立」等。親民黨則主張「修憲委員會常設化」和「議長中立化」等。

國會改革是台灣最新民意的焦點，對於國會裡的政黨鬥爭，更是不以為然，直指這就是國家諸多政策「被卡住」的癥結所在。國會惡鬥也導致整個政府的改革效率低落，幾乎一事無成。因此，國會內政黨運作的理性化、文明化、透明化、效率化就是目標。

國會改革不只是目的，也是手段。透過合理健全的國會改革，台灣更高層次的憲政（政治）體制改革也才能開展，譬如說「政府體制：總統制或內閣制（選舉制度）」、「降低國民投票年齡到十八歲」、「實施不在籍投票」及「文官中立化和高效能的落實」等。

四、報導最後以「實現社會正義」為主軸加以申論，一開頭就高舉「年金改革」和「建立長照制」做為標題。但內容不只如此，依民意調查顯示台灣民眾關切的分配正義問題還包括「解決高房價問題」、「打破軍公教特權福利」以及「進行稅制改革」等。比較具體的改革措施還包括「降低軍公教年金所得替代率」、「長照比照健保採保險制」、「調高遺產稅」、「提高勞保投保金額上限」、「提供優惠房貸」、「鼓勵釋出空屋作為社會住宅」、「非自用宅課較重的稅」、「公辦都更」、「加課富人稅」、「房屋及地價稅應實行課稅」等等。

在受訪的專家學者意見中，比較值得一提的主張有「最低工資法制化」、「房地合一稅」、「調高土地增值稅」、「善用社會力改革社會不平等」等。另外，在向外國借鏡的實例介紹內容也有一些可讀的地方，如「美國的富人稅」和「加碼社福」。

台灣的社會分配不正義，受害最嚴重的恐怕是年輕人，他們的負擔愈來愈重，因此也最渴望新政府能落實正義。民意也顯示，台灣人民要求蔡英文的第一任期內就必須要拿出成績單。

貳、向前行的正途

在上述五份報導之外，本書有七篇學者專論，也分別就「經濟發展」、「國家認同」、「外交戰略」、「國會改革」、「憲政人權化」和「社會公平」提出建言。不同於報導之重在指出挑戰，專論則重在論述對應策略。兩部分有相互呼應的作用，值得讀者加以對照閱讀。

一、「後中國路線」、「經濟轉型正義」和「創新經濟」

林敏聰和吳啟禎兩位教授為本書合寫了兩篇文章，上述所標示出來的三個概念也正是他們為新政府經濟大策略所研擬的三個新方向，也就是「走出傾中西進的錯誤經貿方向」、「進行經濟體制與運作不正義的必要轉變過程」和「以打造創新經濟體質作為目標」。

擺脫片面傾中經貿發展策略是兩位作者的關鍵診斷，而且直指這種西進中國的偏頗經濟方向已傷害國家主權和安全，更讓台灣企業過分依賴中國而失去開拓其他對外市場的奮鬥力和對內產業升級應有的創新力。這樣子的宏觀政經結構診斷，應是正確之途。當今台灣除了一些遊走兩岸的特權（權貴）商人階級之外，大概都會同意新政府必須下藥方去醫治過度盲目依中所造成的病態經濟體質。「投資台灣」就應是新經濟策略的主軸，而且也要打破「電子資通高科技產業」一枝獨秀的發展迷思，且調整對其他高中低產業研發和投資的優先排序。

兩位作者還以指出經濟體制和決策過程也該進行「轉型正義」變革內容，如以社會公平、勞動權、和環境永續的提升，來做為經濟發展的目標，而非「可犧牲的必要代價」。我的解讀是：有了經濟「正義」之後才可能有「創新」。作者也反對過去政府愛喊「拚經濟」的草率口號和背後膚淺的心態。他們更具體主張應立即揚棄「淺盤」、「短線」的技術研發路線，改走扎根、實在的基礎和應用研究，而非急功好利追求技術發展。這種看法，深得我心。

作者對新政府在選戰期間提出的五大創新產業政策，倒提出一些批評和質疑，這點讀者不妨細讀，以了解他們的立論一致性。

二、鞏固台灣國家認同、培養「共善」結構

汪宏倫教授以「走出認同困境，重建共同體論述」做為標題，討論新政府應如何在鞏固新生和壯大的台灣人認同和反統意識之際，也該重建新論述，追求內部藍綠支持者之間和外部與中華人民共和國的共善和平。他也以「新政局／舊困境」一語道破台灣自一九八〇年代以來伴隨民主轉型而來的「國族認同典範移轉」而造成的國內認同矛盾和歧異，以及與中國的「一中一台」衝突。眾所周知，北京自一九九〇年以來，已「先占」了「中國」此一稱號的獨占權，因此也排擠了台灣國民對「中國」的

共同想像。

汪文中也指出，台灣人之所以會排斥「中國人認同」，一部分原因其實也是老蔣政權和中國共產黨政權先後不允許「兩個中國」所造成的後果。所以台灣人的台灣認同高漲，當然不見容於「中國認同」的獨占本質。文中也提到「天然獨」此一現象，認為此一「原生台灣認同」論，是「再自然不過的事」，也未必要扯上是「去中國化」政治的後果。

有了愈來愈多是天然獨的「跨族群」年輕台灣人，當然會對台灣內部因國族認同矛盾而生恐的族群情結具有化解力量，當然也必然會愈來愈不像他們的上一代那樣對中國有特別的愛恨。所以本文所期許的新政府任務：提出新的台灣共同體論述，其實也不會太難，多聽「解嚴後」出生的台灣新生代心聲，多向他們學習、多了解他們那種「天然獨」的台灣認同情感，並藉此調整和「修復」與中華人民共和國的舊恨和新仇。

三、建構國際大戰略

童振源教授這篇台灣的國際大戰略專論，讀起來有點像是政府的國際戰略文宣。文句工整、字數對稱，唸來實在像口號。但說它是「口號」，無損它的實質參考價值。

據我解讀童文所主張台灣的新國際戰略中，揭櫫確立三大原則、鞏固五大支柱和落實六大作為。

三大戰略原則是：①捍衛台灣民主；②維持區域和平；③促進兩岸共榮。我對此完全認同。

五大戰略支柱是：①確保內部安定；②推展實質外交；③強力聯盟美日歐；④聯手東南亞和南亞；⑤建立與中國的和平關係。我對此也相當贊成。

六大作為是：①奠基兩岸和平現狀，緩和兩岸關係；②立足普世價值，發揮戰略的優勢；③尊重也鞏固美日歐共識和支持；④平衡兩岸和國際關係的輕重，參與區域合作；⑤先重實質參與，以爭取國際空間；⑥優先拓展周邊國家關係，深化互惠合作。

我對上述六大舉措的文字內容原則上都支持，但詳閱之後有以下幾點認為應該斟酌。第一、我對童文主張民進黨可以考慮凍結「台獨黨綱」，表示不宜輕率為之，這無異繳械，斷了一條台灣人民可選擇的正當道路；「天然獨」的台灣年輕人也一定會反對。第二、我認為童文要再通過「中華民國決議文」也是多此一舉，說不定還因此被中國找到接收中華民國（台灣）的藉口。「台灣前途決議文」的政治謀略要高明多了。第三、既然是作為新措施，就是實際的作為和有利戰術，有些「不必說」和「不可說」的戰略，實在不應該輕易或草率的「掀底牌」。我始終認為老是擔心中共對台灣改變現狀的疑慮，其實大可不必；台灣的「現狀」不是一成不變，維持兩岸現狀也不是一味要自我設限，或是老想討好敵對一方，甚至自我沉淪到讓對手予取予求。

最後，我以為讀者讀童教授（現為行政院發言人）的這篇外交戰略宏文時，恐怕要區分這是童教授的看法，而不是在替新政府正式發言。同時，我也要提醒讀者，戰略應該是要讓台灣在國際間獲取有尊嚴的生存空間和發展契機，而非忍辱偷生。其次，與中國維持共存共榮關係是對的；為了不挑戰中國在聯合國或其他國際社會的中國代表權，台灣可以「獨立實體」自居，也是可行的短期策略，但絕不能自我矮化到自甘成為中國的「附庸實體」。要建立的是不威脅中國代表權的獨立與平行國際參與權利，而非事事都得經過中國點頭的「新附庸關係」。坦白說，新政府一定要牢記，當一個鄰國用一千五百枚飛彈對準自己時，那是一個什麼樣的國家？是敵？是友？應該很清楚。我也認為新政府應體認：最好的防衛是有一個有所準備的攻擊能力。

四、講究程序正義的國會改革

蘇彥圖教授的這篇「取向程序的國會改革」專論，用多數黨（民進黨）立法院院長的「開放透明」宣示作為開頭，說它只是一個好的開始。蘇文也引述了前述報導部分所引民進黨在二〇一六年四月所公布對國會法（包括國會內部）的改革方案內容，顯示蘇教授基本上支持那些改革清單，但還不滿意它的周延性。他就提到「程序委員會的運作」和「不分區立委喪失黨籍就喪失委員資格」爭議，也應列入改革對象。

蘇文也不認為要先解決了「憲政體制」（如從半總統制改為內閣制或總統制？）之後，再能談國會法改革，他提出那是另一層次的憲法改革課題，兩者可並行，未必要一先一後。我認為這是務實之論。

蘇教授主張國會改革之途，應從「程序改革」下手，以小看大，從程序著手，也就是直指由委員、委員會、黨團、院會議長、議事人員與國會幕僚等單元所構成的國會權力組織去研擬改革步驟和方法。他提出「講理」、「妥協」和「公開」做為改革國會在「審議」、「協商」和「表決」三功能的原則。

蘇文提出的是原則與基礎論述，讀者或許未必馬上能獲知到底國會改革的具體內容為何。我建議讀者可從報導篇對國會改革的討論獲得若干想法。

五、邁向憲改國際人權化

張文貞教授在「憲改人權新趨勢：國際人權入憲」這篇專論裡，非常具體而明白主張一項憲改途徑，那就是將「國際人權」列為修憲內容。那要在現有憲法裡的哪部分加入國際人權的補充呢？張教授直指憲法第二十二條「社會保障權」不但要擴大所指基本權利的範疇，如姓名權、婚姻自由、性行為自由、隱私權、受國民教育以外教育之權利，以及名譽權與人性尊嚴等。她更主張應將最新國際人權的發展趨勢和內涵納入，舉其犖犖大者，是要將「公民與政治權利國際公約」、「經濟社會文化權利國際公約」內容入憲，同時考慮將「兒童權利公約」、「身心障礙保護國際公約」的真諦入憲。

張文貞教授於文末呼籲，在下一波的公民憲改運動中，應將「國際人權入憲」列為優先地位，將它一次性的包裹憲法化。同樣地，我也在此建議讀者在讀完張文之後，也該對照報導篇對憲政改革所提出的相關論述。

六、保障社會公平之良方

林宗弘教授的專論「台灣社會公平：廿年新自由主義經濟的社會後果及其解方」，首先揭露過去二十年來全球各國社會不公平的惡化現象，其次以「解方」對新政府喊話，要民進黨政府劍及履及，實現對廣大中低所得和弱勢群體在提升社會公平的承諾。

林文用惡化的貧富差距統計來論述它也會使得全民醫療品質、嬰兒死亡率、防火防災能力、教育投資、平均國民所得、公民權跟著惡化的全球趨勢，來凸顯為什麼新政府一定要正視貧富所得不均的問題。接著林教授援引台灣統計數字細數台灣貧富差距惡化的真相、背後肇因和不幸後果。他在文中也批評過去二十年，不論國民黨和民進黨都以「新自由主義」為圭臬，採減稅、減公共投資、開放自由貿易和鼓勵全球化做為政策手段，結果造成貧富差距惡化、資本快速外移中國、淘空台灣、工資停滯、失業率上升和中小企業創業維艱。

林文主張新政府該以「創新福利國家」典範為追求目標，恢復國家自由性並改善民主國家效能，減少對中國經貿依賴並提高內需動力，溫和漸進地加稅和加薪，鼓勵和誘導企業轉進「獲利創新」，建構性別平權和世代正義的國際福利政策。上述這些政策藥方看似複雜，其實簡單，不外就是揚棄「藉全球化和新自由主義之名」，坐實傾中、親中、依中、附中的經濟政策，並撥亂反正，重新「看重台灣」、「投資台灣」、「創新台灣」，以台灣全民福祉為施政最高上位。

以「經濟轉型正義」為起點的「創新經濟」

林敏聰（台灣大學物理學系特聘教授）
吳啟禎（台灣大學跨領域創新專案博士後研究／英國倫敦大學亞非學院經濟學博士）*

前言

二〇一六年一月十六日，中華民國總統與立法委員選舉均由民進黨贏得勝利，帶來了台灣第三次政黨輪替。這個結果與其說是因為台灣選民不滿現狀，不如說是反應出台灣人對於政治、經濟與社會

* 兩位均為台灣社會民主經濟學社與台灣公民智庫之共同創辦人。

改革，以及台灣未來發展圖像的殷殷企盼。雖然第三政治勢力（例如時代力量）在政治上有所斬獲，但整體而言，民進黨將其兩岸政策向中間路線調整之後，作為一個宣稱要邁向創新經濟、著重台灣產業政策的新執政黨，一方面是這場選舉的最大受益者，另一方面卻也面臨了完全執政下的最大挑戰。尤其是在面對全球化、紅色供應鏈威脅、兩岸政治等等重大問題，經濟與產業發展不再是一個可以輕易與政治分割的議題；同樣地，政治也不是一個可以單憑意識型態，不顧經濟本身的運作邏輯就可決定的議題。另一方面，公民社會所期待的，蘊含分配正義等進步價值的新經濟體制是否能夠面對國際競爭體制與兩岸政治壓力，則是另一個巨大的挑戰。

這些問題看似非常複雜，而且常因不同的價值立場與專業領域而有不同的觀點與堅持。尤其是若牽涉到不同的階級與利益，政策立場更可能完全不同，難以達成對國家整體經濟策略與目標的共識。因此，本文的目的並非僅就科技產業技術觀點來討論台灣未來的明星產業具體項目（諸如小英團隊所提的五大創新產業等），相反的，是希望嘗試對於「創新經濟」這個議題提供更為宏觀、更加整體性的反思；同時對於台灣面臨政治、經濟與分配正義等三方面的內在衝突與張力，嘗試提出一個互相辯證與跨領域的理解架構以及可能的出路。筆者希望以下的論述能夠勾勒出一個思考輪廓，亦即不管是站在經濟／產業、政府／政黨，或代表進步價值的公民團體的立場，其中每一方都無法忽略另外兩個面向的因素與挑戰。一個兼顧三方的思維角色與協商平台功能的作法，是台灣尋求兼顧國家安全、永續經濟發展、與進步價值時所不可或缺的。

壹、跨領域的政策形上學[1]：經濟、國家主權以及進步價值的三方辯證關係[2]

一、經濟與國家主權

台灣近幾年來所遭遇的重大經濟危機，與台灣產業「在國際技術分工鏈中向下滑移」有密切的關係。筆者認為這不僅僅是表面上所謂「中國因素」或「紅色供應鏈」崛起所致，台灣欠缺技術創新的基礎文化、「唯規模量產至上」、壓低成本等等的經濟思維，才是台灣經濟一直無法克服升級困境的「內在缺陷」，這些內在原因則可以視為「台灣因素」的一部分。當台灣缺乏技術創新的內在動力時，適逢近二十年來中國發展為世界工廠的人環境因素，他們以低廉的勞動／生產成本條件，吸引大量台灣製造業西移，使得本島內部一直無法跨越產業技術升級的艱難關卡，僅有少數根留台灣的中小企業是例外。

同時，近年來中國積極發展本十科技產業，例如面板、太陽能與ＬＥＤ等，以「國家補貼擴大生產規模」的模式快速崛起，大量取代了台商製造業。加上中國勞動薪資上升的因素，嚴重削弱了台商製造業以勞力密集模式為主的獲利基礎。另一方面，台灣相關大型科技產業又遭遇到韓國技術領先幅度擴大的困境，在全球市場的技術競爭力大減。因此，台灣產業同時受到全球分工鏈上下游雙向的擠壓，使得台灣在面對全球經濟的不景氣時，比其他國家更缺乏正面的激勵因素。

台灣在技術方面缺乏自主能力，以及過度依賴中國經濟，是目前台灣經濟體質上最大的兩個弱點。在兩岸的角力過程當中，已對台灣的政治與社會層面產生了深遠的衝擊，尤其對於台灣民主的核心價值與國家主權，也分別造成了隱性與顯性兩方面嚴重的侵蝕。舉例來說，從二〇〇八年陳雲林來台引發的野草莓學運，到二〇一四年「反黑箱服貿」三一八運動，都顯示出一個特徵：由於中國對於台灣主權造成威脅，因此經濟弱化對於台灣政治、社會的負面影響，將比其他同樣面臨經濟難題的國家更來得深刻嚴重。換句話說，台灣與中國在經濟與政治上的密切關係，將隨著未來兩者在經濟實力以及分工角色上不斷的翻轉，愈發顯得複雜險惡。我們面臨中國對於台灣國家主權的威脅、軍事處於劣勢等等挑戰之下，經濟已變成兩岸的重要戰略攻防目標與政治意志實踐的關鍵力量。

可是，很弔詭的是，二〇〇〇年至二〇〇八年之間，在訴求主權獨立的陳水扁政府執政之下，也正是台灣對中國貿易比例大幅增加的時期[3]。這個現象反應出，就算政治上對國家主權有強烈的宣示，但在既有之經濟結構與思維的制約下，也不得不陷入中國世界工廠與廣大市場的強烈磁吸漩渦裡面。因此，筆者想在這裡特別指出的是，當我們缺乏對經濟自主體制的有效宏觀策略時，就算是由陳水扁執政，事實上也無法走出一條與國民黨有基本差異的經濟路線。有時為了呼應特定選民的政治意識型態，反而在某些個案的操作中忽略了經濟市場邏輯，或者甚至犧牲了環保、勞動權益等進步價值，很輕易就走回了國族式的右派經濟路線[4]。

正因為如此，任何對於台灣產業結構有深遠影響的經濟政策，它所可能帶來的政治後果（political consequences），都應該被仔細檢查。尤其，中國透過「以商逼政」的大策略，配合細膩的經濟讓利，一步步地導引台灣經濟結構發生質變、對中國更加依賴，所以，兩岸特殊的政經糾葛更顯得「政經分離」的思維方式根本不切實際，甚至危機重重[5]。在台灣政治漸漸陷入被兩岸政商資本集團壟斷、控制之際，經濟的質變不僅只是造成社會貧富差距擴大與中產階級新貧等現象，長期而言，也會對台灣的政治民主資產造成直接威脅。

二、經濟與核心進步價值（勞動權益、分配正義、環保等）

如前所述，許多人常把經濟與國家主權以及進步價值的關係視為三方獨立運作的概念，因此，不管是產業界、公民團體或政府，也常把經濟發展與進步價值的實踐（諸如分配正義、勞動權益與環境保護等等）視為對立的關係。這種消極被動的現實主義，除了受限於各方對於市場經濟的狹隘想像之外，也被目前產業核心技術長期弱化、唯降低成本與大規模生產的經濟迷思所綑綁。從產業的立場來說，因為缺乏創新與技術自主能力，面對全球分工位階不斷滑落的不利趨勢，將節省勞動、生產與賦稅成本的短線措施當成主要的經營策略。但是，這種作法實際上所要付出的代價不僅是個人勞動權益受損、整體薪資結構長期低迷，同時也犧牲掉環境健康[6]。從李登輝、陳水扁到馬英九，三位總統長達二十幾年來經濟施政的主軸，都是這種代表資本家與產業經營者基本思維的經濟邏輯。

但也正因為這種「掠奪式經濟」的主流思維與施政主軸，包括工會在內的公民團體在捍衛勞動權益或環境資源的同時，很自然地就把經濟發展與產業資本家、經營者視為對立方。同時，政府只汲汲於短期的經濟利益，卻忽視捍衛弱勢族群權益，不斷向「掠奪式經濟思維」退讓，更使得公民團體／工會抱持悲觀態度，認定政府無法協助發展具有倫理正當性的經濟體制。換句話說，只要這種缺乏核心價值與社會政策目標的經濟產業政策繼續維持下去，政府／主權、產業／經濟與公民團體／進步價值這三方就永遠無法擺脫長期的互不信任與對抗，更不必奢望達成政策共識。如何通過對這三方辯證關係的理解，尋找整體更上位的政策圖像，是台灣未來努力的方向。

貳、以「經濟轉型正義」[7]為起點的經濟變革

任何一個從威權統治轉換為民主體制的國家，都會遇到政治上的民主轉型問題，因為各國的歷史

發展與條件有所不同，面臨的難度與複雜度也會有所不同。台灣從解嚴、國會全面改選以及總統直選以來，政治上的「民主轉型正義」一直是公民社會的重要議題。尤其，今年一月中旬台灣總統與國會大選後，公民社會對於人權以及其他進步價值的反省與訴求，也同時反映在各界對於即將執政的民進黨與總統當選人蔡英文主席的期待上，政治上的「民主轉型正義」因此再度成為媒體與公民社會的討論焦點。儘管台灣社會與各政黨對於如何落實台灣民主轉型正義仍有不同的看法，但是核心的人權保障與民主價值至少已慢慢成為台灣人的共識，尤其是公開過去獨裁者與威權時代迫害人權的真相、某種程度向加害者追究責任、或者強化台灣民主與人權保障的機制等等。雖然對於種種深層理念與實踐仍有不同的論辯，但至少多數人已認可「人權」是台灣民主政治進步最重要的標的之一。

可是在另一方面，經濟上的轉型正義，雖然也應該是一項影響深遠的工作，到目前為止，卻長期被主流社會與媒體所忽略。「經濟轉型正義」的重要性關照到以下兩個面向。

第一個是倫理與價值的面向。這個面向直接連結到經濟發展的目的與核心價值。如果經濟發展的結果伴隨著極少數人尋租獲利而擴大貧富差距、貶抑勞動權益、土地、空氣與水源遭受污染，那麼，這樣的經濟發展結果就算有最亮麗的數字，也不會是眾多人民所期待的。德國在一九五〇年代發展「社會市場經濟」（Soziale Marktwirtschaft）體制的時候，特別強調市場經濟（或稱資本主義）運行中的「社會面向與社會目標」。奠立德國「社會市場經濟」基礎的經濟學家瓦爾特・歐肯（Walter Eucken）[8]

曾經指出，社會政策與經濟政策應該是有機的結合，兩者不能切割[9]。換句話說，國家的經濟政策不可排除社會政策裡的核心價值，而社會政策（包括後來的社會福利與勞動保障等目標）也應該在適當的經濟體制下得到實踐。簡單地說，就是經濟發展的進程不能脫離以人與社會價值為核心的軌道。

回到台灣的具體現實來看，兩年前催生三一八運動的表面原因是反對通過「兩岸服貿協議」的黑箱程序，但後來得到廣大公民支持的深層動力，其實是起於台灣長期扭曲的經濟發展恣意掠奪人的價值，因而爆發的不滿與反撲。回過頭來看台灣經濟發展的歷史，從早期的RCA案、中南部石化重工業區對於空氣與水的污染、關廠工人案、假開發之名行土地炒作之實的大埔案，一直到整體面臨低薪的「崩世代」，加上近年來產業外移與空洞化之下的「四大慘業」衝擊等種種實例[10]，雖然不像政治迫害事件那樣地血腥兇暴，但是對於勞動權益、分配正義、環境污染等方面的傷害，也稱得上是血淚斑斑，令人驚心動魄。

第二個面向則是關於經濟體制與思維的反省。我們要進一步問，到底是什麼樣的經濟體制傷害了分配正義等進步價值？是什麼樣的產業結構使台灣勞動者必需付出全球罕見的高工時為代價，才勉強能維持最低的生活水準？也同時要問，透過什麼樣的政府產業政策，成就了快速尋租獲利的極少數政商聯合壟斷集團？這些現象與台灣長期主流經濟思維有什麼樣的因果關係？台灣的大型製造業是不是還沒脫離類似西方工業革命之初，量產低薪的經營策略，並且還活在技術依賴、代工為上的精神狀態？

從以上兩個面向，筆者認為「經濟轉型正義」至少必須包含以下三個不同層次的工作：

①還原台灣掠奪經濟史上受害的真相：台灣在過去經濟發展過程中所付出的代價與受到的傷害必須被研究調查與呈現。除了對於環境與勞動者的直接傷害，還包括隱藏在科技產業高產值背後種種減稅補貼等措施的資源扭曲與分配不公。此外，相對於龐大資本的擁有者，勞動報酬長期低迷的產業結構，也呈顯了台灣在經濟發展過程中，持續以侵蝕勞動者權益與所得為基礎的「規模量產代工模式」。

②釐清並追究「加害者」或「政策制訂者」的責任：對於過去台灣經濟發展的檢討，不應僅僅限於針對單一廠商造成勞動者傷害或環境污染的課責，更重要的是，也必須包括當時政策責任的釐清與基本經濟思維的反省。例如，那些驅使台灣製造業外移、產業空洞化、低薪化背後的思維與政策，必需放在更宏觀的角度來檢討。在釐清真相與責任的同時，也將是台灣社會重新理解、詮釋我們以代工型態為主的經濟發展史的契機，以便在未來的發展道路上跳脫「經濟依賴思維」的宿命[11]。

③建立以進步價值為核心的創新經濟體制：猶如民主轉型正義的實踐過程必須同時改革民主與人權體制，如果台灣經濟持續在沒有反省蛻變的舊經濟體制與思維模式下運作，那麼，期待一種具有分配正義、勞動保障，並且能夠面對國際挑戰的創新經濟，無異是緣木求魚。過去那種以資本密

集來支援技術橫向移植、降低生產成本以追求快速規模量產的代工操作模式，只會讓我們繼續深陷於掠奪式經濟的泥沼，不可能開展創新經濟所需的自主技術。同樣地，如果不開始反省過去那種一面倒向自由貿易、減稅與規模量產的經濟手段，也將無法凝聚長期推動創新技術的決心。

在總統當選人蔡英文主席選前與選後風塵僕僕的產業之旅當中，到底有多少對於台灣過去血汗經濟發展史的反省？五大創新產業的推動方式，又有多少程度還停留在複製「兩兆雙星」[12]的政策工具與經濟思維？筆者想再次強調，經濟轉型正義的成功與否，正同時考驗著新執政黨是否能夠達成創新經濟與分配正義的艱鉅挑戰。

參、創新經濟需要「技術文化」[13]與「基礎研究」[14]

台灣作為一個技術後進的國家，產業界長期以來最常見的作法是藉由技術授權橫向移植的快速方式來獲取產業技術，配合資本密集的建廠模式，迅速達成代工量產的規模。因此，在電子／光電產業快速成長的時代，從一代又一代工廠的建立，我們可以看到ＩＰ技術貿易（購買技術移植授權並大量輸入相關生產設備）所造成的巨大逆差，另一方面也意味著，在規模經濟量產與壓低成本的競爭壓力下，台灣不斷加深對於國外技術的依賴，其後果不僅是嚴重降低生產利潤，也同時排擠了自主技術的研發資源。二〇一一年以來的四大慘業就是這種發展模式的最佳例證。

以面板業為例。面板產業是「兩兆雙星」政策下，政府「欽定」的重點產業，傾全國的資源全力支持，雖然當時也面臨了韓國競爭，但透過與國外關鍵技術擁有者的合作（例如奇美電與日本合作），在生產規模上還可以與韓國一爭長短，分居世界面板產值的前兩名。但這個局面很快就在韓國建立自主技術之後改變了，台灣面板的地位江河日下，現在更即將被擁有後進技術的中國面板廠迎頭趕上。中國同樣採取資本密集、技術橫向移植的發展策略，但他們擁有國內廣大市場以及國家資本補貼的優勢。依據IHS的統計，近幾年中國的面板產能以每年大約四十%的速度擴張，依此預估，中國將很快就成為全世界最大的面板生產國，達全球產能的三十五%。

台灣與韓國同樣面臨中國面板產業的威脅，我們不禁要思考，為何台灣相關產業受到的衝擊會比韓國來得嚴重？不斷地強調「高科技」特質，得到國家減稅、人才、生產園區土地等優惠政策的大型「高科技」產業，為何在近十年來面臨技術與生產分別從上下游夾殺時，就兵敗如山倒？反而是那些長期沒有受到政府關愛眼神，但是幾乎都擁有自行研發／創新的關鍵自主技術的中小型企業，在面對全球競爭時能夠存活下來。大型科技產業捨棄持續研發關鍵自主技術，只知道透過技術授權、資本密集來快速擴大量產規模的經營模式，顯示出其經營者並不理解技術自主與創新能力的「本質」，充其量只能說是大型的科技零件組裝業[15]。

很多人，甚至大多數產業領導人知道也都承認，在科學研究與科技產業的發展中，創新應該扮演著核心角色，而創新的核心要素除了「新的思想」之外還包含了「新的技術」。在台灣，科學思想發展的脈絡一直是科學史研究者的興趣所在，但是許多人並未理解技術發展的本質，只侷限在「特定技術對於科學與科技產業發展的工具性影響或貢獻」，常常忽略了「孕育創新技術的文化條件與歷史背景」。以下筆者將藉由觀察不同類型的科學實驗室與產業研發模式的經驗，進一步討論技術的自身價值（value in itself）與其發展所伴隨的文化內涵，並進一步提出創新所需的技術文化基礎。

簡單地說，技術不該只被視為一個扁平單向的「物件」以及「工具」，它本身即是一個有機複雜的文化現象與存在。沒有了對於這個技術文化基礎的理解與改變，台灣社會或產業對於技術創新的追求，將還是很難克服所謂的「技術困境」或「創新侷限」的內在障礙與限制。

一、台灣的技術發展模式與背景

對於台灣產業升級或研發創新的討論中，技術與人才常被理解為關鍵因素。認為唯有透過技術升級或網羅技術人才，才能提升產業競爭力。可是其具體的做法則常是透過以大量資金向外尋求技術授權或高階生產技術，甚或以併購、入股的方式掌控擁有技術的公司[16]，以達成快速取得關鍵量產技術的目的。另一方面，台灣學術界不論在科學或工程領域研究方面，發展尖端技術與徵求人才的「快速橫向移植」的心態，其實與產業界本質上也很類似。

因此，不管在科學研究或產業部門，對於創新技術的理解與作法都有共同的特色：亦即把「技術」化約為「物件」以及「工具」，可以輕易地以「資本」轉換所有權或取得使用權。不僅在產業或政府經濟主管部門、工業技術研究院、國家實驗研究院、甚或大學、中研院等學術研究機構，到處都可以看到這個特徵的滲透痕跡。而台灣對於技術本質的「物質化」（或「物件化」）、「外部工具化」與「短程獲利」的理解或態度，也可以從如何制定各項政策（產業升級、科技政策、各種基礎科學與產學合作計畫）的發展指標時清楚地看出。

「物質化」的邏輯意味著技術只是「物件」（object）或「技術物」（artifacts），其所有權很容易被轉化或買賣，按照這個邏輯衍生下去，技術人才就只是這個特定技術的「載體」，而一個技術團隊只是一群技術載體的組合，同樣可以透過大量資金買斷或賣出。這個邏輯忽略了「具有技術自主與研發能力」的人才與團隊需要得到尊重、自主的環境條件與工作文化動力。把技術或技術人才「工具化」無非是抹殺了技術與技術人才本身作為一個主體的價值，而變成只是一個為了「短期獲利」隨時可以被替換的「工具」。「物件化」、「工具化」與「短期獲利」正是導致台灣無法建立長期研發系統與技術自主的深層背景。在這個背景之下，技術創新常只淪為短線操作的政策或口號，尤其在產業部門，這個現象特別反應在缺乏長期投資關鍵技術的耐心。在短期管理目標與龐大的獲利壓力之下，產業管理階層幾乎不願支持關鍵技術的長期研發。

我們可以從一項對於「規模量產下的面板技術發展歷史」的系統性研究中輕易地看到一個具體的例子[17]：以國內面板產業對次世代技術「主動矩陣式有機電激發光二極體（AMOLED）」的研發案為例。研究發現，在兩兆雙星政策下，國內面板廠商並未因資本籌措容易與規模擴大而重視前瞻性研發，反而過度服膺資本市場規模量產的短線邏輯而在二〇〇七年放棄自主研發[18]，錯失面板技術升級的契機，導致隔年韓國成功量產後，台灣的技術落後無法追趕，連帶波及產業鏈內的其他廠商。廠商偏好從國外嫁接技術而非自行發展的方式，不僅導致對外技術依賴，也嚴重限制國內產業鏈深化的空間，影響國家經濟發展。但弔詭的是，廠商在放棄研發先機之後，還能夠持續從經濟部業界科專計畫取得每年可能高達數億元的研發補貼[19]。這些廠商的資本規模往往達數百億至千億之多，科專研發補貼只是降低企業原本應自行負擔的研發支出，無助於改善整體國家的研發生態，對無法取得科專補助的其他企業（尤其是中小企業）來說，更有嚴重的公平性問題，是典型的「劫貧濟富」，也排擠了基礎研究經費。

二、技術具有自身價值（value in itself）[20]，不只是物或工具

因為傳統文化與教育的種種複雜因素，台灣主流社會常把技術定位在工具的層面，亦即它只是達

到外部價值與目標的工具與媒介。因此技術常被工具化、中立化、去價值化與客體化。但其實技術不只是工具，也不只是物件、硬體、機器或儀器。除了一般的「獲利」目的之外，它也內涵了價值[21]。技術的存在與發展常起源於特定價值與文化。例如從環境價值發展而來的綠能技術，以及顧及病人尊嚴的醫療器具，甚至因為美感價值的不同，也帶來不同的材料與設計結構的技術發展。因此，技術的自身價值或內在價值不一定是政治上與倫理上的目的，也可能包含了美感或某種絕對形式等的自身價值，甚或是一種機械運作和功能的極致，以及材料內涵發揮的質感。也因為如此，「原創」[22]的技術常常無法脫離在地的文化特質，而常以一種完整的文化成果來呈顯自己，展現了形式、美感與機械之有機整合的動態生命。正因為技術的自身價值源於特殊地域的文化性，就如同藝術、文學與音樂等等，不同的文化或價值背景就會孕育出不同的特殊技術領域。以技術的建立者或創新者為例，技術的建立本身就具有其價值。這個價值不限於來自應用方面的經濟產值或商業利潤，也同時是富涵人類心靈創作價值的文化作品[23]。技術的創新源頭與動力即來自於此。

三、技術轉移的文化障礙

一般人對於藝術、音樂與文學等文化領域，很容易就可理解因其地域的特殊性而伴生的不可（困難）轉移性。換句話說，不同地區文化的藝術、音樂與文學很難僅僅通過翻譯或單純的藝術元素再現來得到移轉。例如，巴哈鋼琴曲的十二平均律，與其說它僅僅是作為擴展各音階作為作曲調性的技術基礎展示（demonstration），不如說是巴哈對於抽象理性價值與形式的「文化實踐」。如果，我們把這類對於音樂文化的理解用在技術課題的討論上面，那我們應該就比較可以理解，技術的轉移或創新不只是決定於外部因素如資金、人力、設備等的影響，還必須包含抽象內在文化的理解與改變。回到本文關心的主題來說，目前科學研究、產業創新或量產所需的技術，無法僅用大量資金來移轉特定關鍵技術即可。持續研發創新所需的動力，需要克服文化上的障礙與對於其自身價值上的陌生[24]。因此，產生技術創新的文化條件與長期的孕育時間即是技術創新所需的深層因素[25]。

四、創新技術與基礎研究[26]

對於技術的本質有了一定的理解之後，讓我們回到本文關心的產業與科技政策主題。隨著全球垂直或水平分工系統的建立，產業面臨的技術挑戰也愈來愈嚴峻。政策制訂者、學者和業界也不斷地呼喊著技術創新對於產業升級的必要性。雖然最後的目的不見得相同，創新研發同時成為科學研究與科技產業的重要因素，技術的研發直接成為決定科技產業全球分工鏈所處位階高低的決定性因素。

量產型的工廠標準化技術，為整廠包括處方等軟硬體設備與生產流程等廣義的生產技術，也涵蓋技術轉移所需設備與權利金等成本。一般所謂的第幾代製程技術，指的就是包括設備、處方、廠房條件甚至管理流程的統包技術。這種標準化製程技術就創新研究的需求而言，本身就是一個極大的限制。它的設備常是難以衍伸修改的，為了符合量產要求與品質控管或是專利保障，複雜的技術內涵與機械結構已被化約成工程師或操作員的操作介面。這個介面一方面提供了操作生產設備的標準製程，在另一方面，卻也同時限制了這個設備再度發展的空間，從而大幅降低技術創新的可能。至多在這個限制下，發展一般台灣常見的製程研發改善良率等技術。而且，往往因為一般量產的技術設備的成本極高與快速規模量產的市場壓力，也不容許擔任技術使用者的工程師更改設備與處方。這也是為何台灣一般大型量產公司很難就既有標準廠房設備的基礎去開發新一代的技術[27]。

創新技術還有另一個深層的技術文化影響因素，它可以回溯到工程師或研發人員原來在學院所受的訓練。正因為目前在台灣的理工研發環境裡，「技術」遠低於所謂的「科學知識」[28]在學院裡的價值，技術也經常僅被視為一個技術物或工具，以致學院裡習慣於忽略科學研究創新的技術面，或誤以為購買最新的儀器設備就是尖端科學研究的代名詞。例如在材料科學與工程的背後，連結著技術創新的關鍵材料與機械因素，其實充滿了難以在短期內複製的技術[29]，更包含了在研發實驗室的基礎研究過程中，科學家在技術發展中嘗試錯誤的寶貴經驗。對於技術自身價值的陌生，或者只執著於外在指標[30]的達成，這種「蒼白」[31]的精神狀態，幾乎是台灣長期以來面對創新研發的挑戰時最大的內在障礙。

這種對於技術創新「蒼白」與「淺盤」的心靈狀態，反應在台灣研發體系對於基礎研究的輕忽。

基礎研究是創新技術的核心項目之一，它需要長期耕耘特定領域與課題，同時包含了知識原理與技術兩方面的累積。

基礎研究尤其能夠反省甚至批判既有的知識與技術系統，並進而擴充或突破原有體系的架構和疆界。這個現象可以從某些產業／科學基礎雄厚的國家長期擁有的競爭優勢中看出。從知識論的角度，基礎研究也奠立了創新的底盤與哲學／文化基礎，也最能夠發生跨領域的聯結，讓創意與創新可以在廣闊疆域的邊界上踏出關鍵的一步。沒有基礎研究的技術或產業，就像一個淺盤式的功利主義者，像一隻青蛙徒勞無功地從深井的底部不斷地向上跳躍。

以下就嘗試以這個抽象的概念為基礎，具體來檢視台灣關於基礎研究與技術自主程度的各種數據。從研發鏈的角度來看，研發（R&D）從前端到後端分別可分成三大階段：「基礎研究」、「應用研究」與「技術發展」。一般認為愈趨研發鏈前端就愈能產生前瞻性創新，愈後端就愈接近商品化與量產，只能產生所謂的「維持性創新」。一般先進國家為維持其技術領先動能，普遍重視基礎研發與前瞻性創新。相反的，國內的研發經費則明顯偏重在研發鏈後端的「技術發展」（尤其是製程創新），而且有愈發集中的趨勢，占整體研發支出的比重從二〇〇三年的六十一．九％一路增加到二〇一二年的六十七．一％（見表一），而攸關前瞻性創新的基礎研究與應用研發則日漸壓縮，形成所謂的「R小D大」結構。

雖然過去十年全國研發支出快速增加，但是對外技術高度依賴的情況並未明顯改善，影響我國經濟活動創造附加價值的能力。以研發支出來說，全國研發總經費占GDP比率已於二〇一二年來到三・〇六%，在二〇〇二至二〇一一年間以年均十・九%的速度快速增長（僅次於中國的二十・二%與南韓的十一・五%），二〇一二年的研發經費總額達新台幣四千三百一十三億（全球排名第九）[32]。但在研發經費快速擴充的同時，過去十年卻也是國內生產體系對外技術依賴快速加深的時期，目前台灣每年付給國外的專利授權費用（即智慧財產權IP）之實際金額據信超過新台幣三千億元[33]。這個現象可以從表二「2007-2011年間台灣與國際技術貿易額收支比（收入／支出）」[35]進一步看出。與主要國家相較，台灣只略優於墨西哥，與南韓相較已差一大截，顯示台灣自主創新能力的薄弱。簡單地說，偏低的技術貿易收支比反映出對外技術的依賴度，而技術貿易比與基礎研究的相關性，可以進一步作為觀察一個國家創新基礎的初步衡量。

表一、2003-2012年間全國研發經費與配置

	總計 (新台幣億元)	基礎研究 (%)	應用研究 (%)	技術發展 (%)
2003	2429.4	11.7	26.4	61.9
2006	3070.4	10.2	26.5	63.4
2009	3671.7	10.4	25.6	64.0
2012	4313.0	9.4	23.5	67.1

資料來源: 科技部，《科學技術統計要覽2013年版》，表III-1-4。

近年來雖然企業研發擴增速度很快，然而台灣企業的特質，不論規模大小，普遍過度偏重短期收益，對於研發鏈上游的基礎研究幾乎不存在任何投資。此現象在國內似乎被認為理所當然，但是較之先進國家之企業研發體系其實顯得十分異常。單是以南韓企業為例，目前南韓企業研發支出結構在研發鏈上中下游的比例分別為十三·一%、十七%與六十九·九%，台灣則為〇·四%、十九·八%與七十九·八%[36]。從表三「2011年自主創新能耐與基礎研發投入比關係之國際分布圖」可以清楚地看

表二、2007-2011年間台灣與國際技術貿易額收支比

	技術貿易收入／技術貿易支出				
	2007	2008	2009	2010	2011
台灣	0.09	0.06	0.07	0.09	0.14
奧地利	1.61	1.64	1.60	1.65	1.68
丹麥	1.26	1.27	1.45	1.19	1.04
以色列	3.42	3.23	4.07	3.83	...
義大利	1.24	0.66	0.65	0.66	0.74
日本	3.49	3.71	3.77	4.60	5.75
南韓	0.34	0.42	0.45	0.35	0.59
墨西哥	0.07	0.10	0.05	...	...
新加坡	0.33	0.34	0.35	...	...
瑞士	0.71	0.86	0.87	0.82	0.86
英國	2.18	1.73	1.77	1.77	1.81
美國	1.67	1.60	1.48	1.46	1.46

資料來源：台灣與南韓數據計算UNCTADstat,
其餘取自科技部，《科學技術統計要覽2013年版》，表II-17。

到一個驚人的事實，不只和韓國或其他先進國家相比，台灣基礎研究占研發經費的支出比率，在世界上幾乎是敬陪末座。長期以來，忽略基礎研究已成為台灣創新研發體系中的最大盲點。

表三、2011年自主創新能耐與基礎研發投入比關係之國際分布圖

	技術貿易比 (IP輸出／IP輸入)	基礎研發占全國研發支出比例 (%)
台灣	0.14	9.7
澳洲	0.59	20.1
奧地利	1.68	18.7
捷克	0.94	25.5
丹麥	1.04	16.5
愛爾蘭	0.92	17.2
以色列	3.83	11.3
義大利	0.74	25.7
日本	5.75	12.3
南韓	0.59	18.1
墨西哥	0.05	24.4
挪威	2.07	18.0
波蘭	0.70	26.6
俄羅斯	0.31	18.3
新加坡	0.35	19.1
西班牙	1.09	19.4
瑞士	0.86	26.8
英國	1.81	10.7
美國	1.46	18.9

說明: (1)數據主要以2011年為主, 無2011年資料者則回溯至前一年, 以此類推至2008年份. (2)資料來源主要取自科技部,《科學技術統計要覽2013年版》,表 II -7與表-17; 台灣與南韓之貿易收支比計算UNCTADstat.

肆、創新經濟的進步價值基礎

在一般台灣產業發展政策的討論中，貿易關稅、生產成本、技術分工、人力資源、賦稅等是常被考量的因素。這些因素的確是台灣主流經濟學理與實務上考量的核心概念。但許多研究以及人類經濟發展史也清楚地指出，在缺乏分配正義與賦稅公平的情況下，經濟發展所帶來的貧富差距，對於社會與個人福祉的傷害，將造成整個國家更大的衝擊與動盪。過去，當談論到進步價值諸如環保、勞動權益、賦稅公平的時候，很多人常常視之為阻礙經濟發展的負擔或對立因素。但以北歐等強調進步價值的創新經濟典範為例[36]，他們不僅以勞動權益與分配正義作為發展市場經濟的基本價值與底線，更涵蓋了安全、就業與綠色永續等積極的進步需求。其中，政府不直接干涉市場，但在上游研發（基礎研究）、基礎建設以及法規政策方面扮演了積極的角色。回過頭來看台灣，如果政府、政策制訂者只會不斷地滿足產業對於人力成本、土地、減稅的要求，長期依循一種廉價耗用社會與自然資源的邏輯，那我們又如何期待台灣產業能夠集中力量投入創新研發方面的長期耕耘，培育以主動積極創新經濟為基礎的全球競爭力？尤其在勞動權不被尊重與備受擠壓的產業環境下，又何能期待孕育出自主創新的人才？

北歐國家在國民福祉方面進步的特色，絕對不僅僅是許多台灣人從表面上所理解的高稅收與高福利而已。其核心動力——尤其在面對近二十年來全球化的壓力與亞洲世界工廠的競爭——其實就是一種融入上述進步價值的新經濟典範。這個「新經濟典範」帶動了「核心價值與組織文化、政府治理與公共治理品質、企業經營策略與管理風格、對待員工、研發與技術、生態環境與人文歷史的態度」[37]等等，與掠奪式經濟有著根本上的差異。所以，回過頭來看目前台灣新政府積極推動的五大創新產業，如果仍然依循著舊有的政策推動模式，直接介入特定產業，用公共／社會資源直接降低其生產成本，卻忽略了追求「新的體制」與「核心價值」的重要性，那這樣的新產業政策還是很難避免掉過去盲目追求明星產業（例如兩兆雙星）所造成資源扭曲與市場錯置的失敗後果。

因此，進步價值不僅應該被視為市場經濟中達到分配正義與永續發展的必要條件，同時也是創新產業呼應社會需求的動力來源。例如，基於環保、節能的社會需求，促成了丹麥養豬業克服沼氣污染處理與發電雙贏的創新技術，甚至也讓丹麥成為世界農牧業強權[38]。其他如離岸風電技術的開發領域，也成為全球領先國家。這種「社會需求」所驅動的創新技術，包含了對於環境與人的核心價值，成為相關創新技術發展可以長期得到整體社會支持的內在動力。若是侷限於主流經濟思維，缺乏跨領域的視野，只是不斷地複誦新自由經濟理論諸如減稅、自由貿易等等的政策教條；誤以為在欠缺核心價值與基礎研究的前提下，可以跳過文化與體制的基本改革就獲得創新。在這種迷思下，每天企望著天上掉下來的靈感來帶動創新升級，不啻是緣木求魚。

伍、結語與願景

「進步價值」、「核心技術／基礎研究」、「團結」，是創新經濟的三大基本要素。台灣長久以來囿於開放至上的自由經濟教條主義，忽略了進步價值與基礎研究對於創新經濟的正面意義，更忽視了若缺乏由團結所形成的疆界，那麼分配正義與永續經營的空間將無法建立。這個共同組合起來的團結空間與政治／社會的疆界，需要透過政府、公民團體與產業的三方協商平台來經營。它保障了創新背後所需的社會互信與價值動力，也是台灣達成經濟自主並且保障政治民主的必要條件。透過這個蘊含進步價值的空間建構，台灣，作為一個主權獨立的國家，才有具體實力來面對國際、踏向國際。這也呼應了北歐社會民主國家的新經濟典範，亦即以創新、團結與平等為核心的市場經濟體系。

以這個思維為基礎，筆者認為，未來新政府應該以創新改革措施代替追逐明星產業的政策。正如同以往對於特定高科技產業的迷思，判定是否「高科技」的標準絕不在於其產業別，而在於其內在創新與技術的質素，因此它可以是電子業，也可是精密機械業或是農業。從今天民進黨新政府所亟欲推動的五大創新產業項目，可以看出其解決台灣經濟問題的急迫，可惜其經濟核心思維與政策工具，處處可以看到過往推動「兩兆雙星」的痕跡，卻看不出與陳舊的主流經濟手段有何根本性的不同。尤其在生技產業方面更是魯莽地直接支持特定產業項目或公司，這些都反應在近日媒體大幅報導生技產業

「政策尋租」的資本遊戲弊端裡。政府的政策之手，本應嚴守在上游研發與基礎建設的界線之內，不該介入特定產業的市場競爭，避免個人或資本家在政策／政治力量的掩護傘下，大玩追逐特定「明星產業」的資本遊戲。進一步就整體經濟戰略的角度來看，對於台灣產業結構與國家資源分配所造成的扭曲更可能後患無窮。

解決台灣經濟問題，絕對沒有捷徑，任何嘗試以兩岸、自由貿易、金融手段等片面論述來面對台灣嚴峻的經濟問題，只會走上以往失敗的老路。唯有透過「經濟轉型正義」的全面反思，以及針對「進步價值」、「核心技術／基礎研究」與「團結」等三大「創新因素」的扎根改變，未來台灣才可能逐步建立一個具有分配正義且同時有足夠能力面對全球嚴峻挑戰的創新經濟主體。

1 這裡的政策形上學（Meta-policy）指的是政策如何產生的架構與背後的思維。
2 限於主題與篇幅，本文只集中討論經濟與國家主權及進步價值兩者的關係。但簡要地說，國家主權是實踐進步價值的體制保障和基礎，而國家主權的核心內涵與正當性則應奠基於民主人權、社會權、尊重多元文化等等核心進步價值。
3 據行政院主計處的統計，台灣對中國的出口比重從二〇〇〇年的二．五%躍升到二〇〇八年的二十五%左右。
4 參見〈民進黨失敗的唯心論〉，林敏聰，蘋果日報論壇，二〇一二年二月二十五日。亦請見下文關於「進步價值」的討論。
5 參見〈檢視兩岸經濟發展的政治後果：一個「經濟政治學」式的反省〉，林敏聰，新社會政策雙月刊，第二十四期，二〇一二年，頁二三。

6 一個典型的例子是台塑麥寮的六輕。李登輝政府為了吸引台塑的投資，欲阻擋其海滄外移計畫，大量投入國家資源協助台塑，反而加強了台灣高污染、高耗能的產業結構。這是一個典型的以犧牲勞動權益、經濟結構轉型以及環境健康為代價的國族右派經濟路線。

7 此段擴大改寫自〈台灣也需要經濟轉型正義〉，林敏聰，自由時報：自由共和國，二〇一六年三月十四日。

8 http://www.wikiwand.com/en/Walter_Eucken.

9 參閱《德國社會市場經濟的發展》，文光，遠流出版社，一九九二年，頁六九。

10 「四大慘業」當時指動態隨機存取記憶體（DRAM）、面板（LCD）、發光二極體（LED）及太陽能等四個產業。

11 在這個想法之下，對於當時「兩兆雙星」政策的利弊得失的檢視將成為一個重要課題。

12 指民進黨政府在二〇〇二年所提出的「兩兆雙星」計畫，希望推動台灣經濟進入下個世代，「兩兆」指的是預期產值分別超過兆元以上的「半導體」產業及「影像顯示」產業。「雙星」則指「數位內容」與「生物技術」產業。

13 部分參見《創新的技術文化基礎：技術不只是技術》，林敏聰，二〇一三年，台灣社會學年會研討會論文。

14 部分取材自科技部召集人研究發展推動計畫研究內容，《基礎研究與創新經濟：國際創新研究的成果與啟示》，林敏聰、吳啟禎，二〇一五年。

15 參見《偽高科技組裝廠》，林敏聰，財訊雙週刊，第三七〇期，二〇一一年。

16 例如最近鴻海集團併購日本 SHARP 公司。

17 依據「台灣大學公共政策與法律研究中心」研究計畫《台灣科技創新研發模式深層因素之探討，兼論對於產業升級之影響與政策建議——以 OLED 技術與顯示器產業發展為例》研究成果，林敏聰、吳啟禎、林惠玲、林明仁，台灣大學公共政策與法律研究中心。

18 同上。國內面板大廠友達在二〇〇七年解散 OLED 研發部門時的說法是：「要等供應鏈成熟之後再介入」，群創則是經營決策者認為「不要做對營收無法馬上有貢獻的項目」。

19同上。如二〇一〇年經濟部通過台達電與友達科專申請金額即超過新台幣六億。見中央通訊社（2010-11-22），《經濟部通過台達友達科專補助案》。此外，Money DJ 理財網（2012-04-26），《經濟部通過友達、上緯等八家公司之業界科專計畫》。

20或內在價值（intrinsic value）。

21本文不否定技術的社會建構面因素，但筆者無意在此討論自身價值是否只是社會建構的一部分這類的複雜形上問題。

22指相對於「模仿」與「橫向移植」的。

23這個文化特質在技術與藝術思想還未如現代世界如此分殊的時代，可以在許多偉大的創作者的多元作品中找到。例如達文西與萊布尼茲。

24明基購併西門子手機部門失敗，就是文化障礙的一個例子。鴻海購併 SHARP 公司也會面臨類似的問題。

25對於技術可能的內在價值衝突或價值困境等議題的進一步討論，可參見註13。

26部分取材自註14。

27在更複雜的系統元件製造，所需技術的困難度不僅需要單項技術的文化基礎，更包含了不同技術的整體系統佈局與整合。

28或者更直接的說是 SCI 論文發表。

29整體技術其實包含了人、物與實驗室環境等集體文化等。

30如短期經濟效益、論文發表等外在目的。

31原諒筆者使用這個主觀卻又極端貼切的語言。

32以上數字取自科技部，《科學技術統計要覽二〇一三年版》。

33參見《高等教育與科技政策建議書》中央研究院報告 No. 9，二〇一三年一月，頁二〇。

34技術貿易也就是智慧財產權的輸出與輸入，被歸類為服務業貿易的一項，包含七個子項目：①專利（採購、銷售），②專利授權，③專門技術（非專利），④模型和設計，⑤商標（含經銷權），⑥技術服務，⑦委託境外之企業研發經費。技術貿易的收支比經常被當作衡量一國對海外技術依賴的程度。

35 取自OECD資料庫 Research and Development Statistics。

36 參見《我們的經濟政策主張：以創新驅動與進步價值建構台灣先經濟典範》，吳啟禎、吳榮義，新台灣國策智庫，二〇一四年，頁一五五。

37 《我們的經濟政策主張：以創新驅動與進步價值建構台灣先經濟典範》，頁一六四。

38 參見《公共治理與社會組織在經濟創新中的角色：以台灣與丹麥在國際豬肉市場的競逐結果為例》，吳啟禎，二〇一三年社會學年會研討會論文。

後中國路線的台灣經濟發展：揭開自主創新的可能性

吳啟禎（台灣大學跨領域創新專案博士後研究／英國倫敦大學亞非學院經濟學博士）
林敏聰（台灣大學物理學系特聘教授）*

前言：「經濟奇蹟」的除魅

對台灣經濟發展而言，二〇一六年初總統及立法委員選舉結果不啻宣示了一個嶄新時代的開始，

* 兩位均為台灣社會民主經濟學社與台灣公民智庫之共同創辦人。

那就是正式終結了作為國家總體經濟戰略的中國路線。這不是預期說，台灣對中國的經貿依賴度會隨著新政權上台而驟降，或者台商會大幅退出中國，而是主張選舉結果其實反映了中國路線的大潰敗，新政府上台的任務之一便是清理過去中國路線所造成的諸多後遺症，並且擬定全新的國家經濟戰略。

中國路線潰敗，不單純是因為台灣意識的浮現，主因是中國路線所承諾的經濟效益未能實現。人們普遍看不見兩岸和平紅利，這種失落凸顯的不僅是在背後支撐中國路線的相關經濟學理破產，以及財經官僚失能，還連帶伴隨著國家主體性喪失、低薪化、房地產惡性炒作、貧富差距擴大與轉型創新失敗等社會經濟危機。在這種破壞世代正義的發展模式當中，台灣青年世代首當其衝。二〇一四年三月的反服貿運動展示了該世代的憤怒與意志，在台灣發展史上深具分水嶺的意涵，不僅為中國路線踩下急煞車，也預示該年底九合一選舉與這次大選的結果。換言之，年輕化的選民結構認為中國路線必須為經濟轉型失敗負責，這使得修正國家總體經濟戰略成為新政府的重大任務之一。

此外，在台灣內部因中國路線而危機烽火四起的同時，中國崛起的挑釁姿態在國際政經板塊上也形成了新的冷戰結構，為台灣經濟帶來「脫中入美」的契機。但是新政治與新國際局勢是否足以為台灣帶來新經濟？本文認為，除非經濟政策啟動「轉型正義」工程，以具有主體性與進步價值的經濟史觀重新檢視威權時代的經濟奇蹟，去除「發展主義」與「獨尊科技產業」的迷思，正視進入創新驅動所需要的經濟文化、社會條件與公平正義，否則很難改變結構性沉痾。

中國路線的歷程、支撐與崩潰

一九八七年台灣宣布解嚴、放寬外匯管制等一連串措施，開始了兩岸經濟整合的時代。此後一波波的台商移往中國設廠、生產與再出口，不僅助長了一九九〇年代以來的全球化浪潮，也使中國迅速地整合進入全球經濟體系，其影響不可不謂深遠：首先是協助中國解決進入市場經濟的轉型瓶頸，台商為之提供大量就業機會、生產技術、市場管道與資金外匯，加速中國崛起與隨之對台的威脅；台灣這一側則相對地發生了快速的產業空洞化與結構狹隘化。然而這些危機長期以來並未被深刻認識，原因之一是在傳統產業與中小企業大量外移的同時，島內還有電子產業正在快速興起。電子產業所具有的「高科技」形象，符合統治菁英對於經濟轉型的想像，從一九七〇年代後期以來便蒙受國家政策偏愛。一九九〇年代電子產業開始爆發性地成長，與傳統產業外移、農業部門遭邊緣化這些平行發展被認為是良性的產業結構重組。

這當然是錯誤的現代性想像與政策架構，違反永續性的短暫繁榮，其代價可能是內部淘空與長期衰頹。台灣在發展電子業之初即採取依賴外來技術的快速量產方式，政府透過成立加工區、科學園區與獎勵投資條例等方式協助廠商降低生產成本。打造這個生產模式的「政治需求」，是蔣經國接班後為了鞏固威權政體所亟需的經濟繁榮；其「國際條件」則是美國在冷戰格局下以投資替代援助，為美商在海外尋求低成本生產基地以抵禦日貨侵襲。此後，國家科學發展重心從前端的基礎研究移轉至後端的應用研究，產業政策放棄追求自主技術，「選擇策略性產業」很大程度地反映出威權政治的任意獨斷性，缺乏足夠的知識根基與社會基礎。這些因素的綜合加總，使得以降低成本為主要訴求的代工加工生產模式在台灣固著生根。隨著時序的推移，其技術依賴的本質與政府經濟治理手段的粗糙，未因表面的產業結構改變以及政權移轉而有所改變。

因此面對二〇〇〇年以後全球化加劇的壓力，台灣電子業成為新一波外移中國的主力，儘管政府透過「兩兆雙星」等政策繼續加碼對科技產業的優惠。已然大型集中化的電子廠商擁有更大的遊說力量逼迫政府開放中國政策，促使二〇〇一年陳水扁政府對中國政策出現「政經分離」的現象，將李登輝時代的「戒急用忍」改弦易轍為「積極開放、有效管理」，大幅減少對中投資與貿易之管制項目，這是中國路線在國家經濟戰略裡抬頭的開始。隨著二〇〇八年馬英九政權上台，對中國的政治忌憚消失，中國路線在台灣總體經濟戰略中取得全面性勝利，二〇一〇年六月簽署的「兩岸經濟合作架構協議」（ECFA）可說是這股勢力的高峰，直到二〇一四年春天爆發反服貿運動才受到遏阻。

在台灣發展史上，反服貿運動深具分水嶺的意涵，該年底的縣市長選舉乃至二〇一六年初的總統與國會大選結果，都不難從當時這場運動的規模與氣勢來預測。在敏感的兩岸關係上，二〇一六年初「這個選舉已經是全民對『九二共識、反台獨』的否定性公投。」[1]。對國共合作架構與中國路線而言，反服貿運動以來的發展毋寧是挫敗而令人費解的，但是反過來站在台灣安全的角度去思考，過去這樣長期且大規模地向對我深懷敵意的國家輸送人才、技術與資金（或者從經營策略來說，只見將生產基地集中移往低成本國家的「防衛性投資」而不見升級努力的「積極性投資」），更是一大弔詭。

事實上，支撐中國路線與長期以來主導台灣經濟戰略的政策思維可說是同出一轍，很大部分係源自「經濟學理的不當援用」與「誤解高科技的本質」，尤其是只片面強調分工與整合能夠為雙方帶來效率提升的「比較利益原則」。這項學理雖然為國際貿易理論的基石，但其本質只涉及不同國家間的相對生產成本結構，亦即主張一國內部相對成本較低的部門在國際貿易中具有優勢，透過貿易可帶來該部門的擴張機會。在充分就業的假設之下，優勢部門的擴張係奠立在其他相對劣勢部門因遭受衝擊縮減規模而釋放出來的人力。在另一項無摩擦成本的假設下，因貿易所造成的生產要素移轉與產業結構變遷，被簡單方程式「證明」可帶來整體效率提升。

顯然，由此所構築的效率圖像係建立在諸多違背現實的假設之上，攸關生存發展的重要面向——諸如價值願景、國家主權安全、分配正義與國際動態競爭等——完全被忽略。事實上，在國際經濟整合的實證與理論研究領域中，「基於比較利益的經濟整合」已經很清楚被定義為「靜態、短期且可能為負面」；長期而言，經濟體能否得益於國際經濟整合取決於該國能否維持「技術優勢」，而後者受該國的歷史文化與制度環境所影響，並非藉由開放就可自動轉型升級。

然而，在現實中有很大侷限性的比較利益與效率論點，長久以來卻主導了台灣的科技產業政策與經濟戰略。這派觀點主張，只要依循比較利益原則去擴大國際與兩岸經貿交流，就能提升整體經濟效率；即使原有的成本結構受到改變，新的比較利益也會自動應運而生。因此，「開放」成為經濟萬靈丹，由資本流動所造成的技術變遷乃至根本性的競爭力差異在其視野中完全消失。尤其是兩岸之間因生產成本差異所意涵的「經濟互補性」，更成為力主中國路線一方的立論基礎。對其而言，在思考台灣應該如何參與國際經貿的議題上，比起「由世界走向中國」的曲折道路，「由中國走向世界」才是終南捷徑。現實中，投資帶動貿易所造成的兩岸貿易快速增長與龐大順差，一時間似乎呼應了比較利益觀點，尤其對深陷於出口導向與外匯盈餘的重商主義迷思而言。

中國路線背後的「台灣因素」：不當拚經濟的遺害

爬梳過去台灣科技產業政策的制定歷程，也不難發現比較利益觀點主導的痕跡。一九七〇年代為因應當時政權的國內外危機，國家科技政策遂從原本重視基礎科學研究與教育紮根的方向，搖身一變轉而側重於能夠立即刺激經濟成長的應用技術，一九八〇年設置新竹科學園區即著眼於「吸引外商將研究成果拿來台灣加工生產」[2]。又例如在一九八四年的經濟部內部機密文件〈未來十年工業發展與政策〉中，通篇除強調資訊電子工業「與歐美廠商合作是促進快速發展的捷徑之一」，更充斥著從「國際比較利益」角度分析未來產業發展方向，以及無異於「鋤弱濟強」的政策方針。這類政策思維著眼於短期速成，且未將科技創新動態發展難以預知的本質考慮在內（事實上，舊產業可能因為科技創新的突破而產生全新面貌與動能，新興產業可能因為過度競爭而殺成紅海，這些真實事例不勝枚舉），原本只是技術官僚對於「現代化經濟」的貧乏想像，然而因為採用了嚴重傾斜的政策，使得往後數十年國家科技產業發展走不出硬體代工量產的格局，而且政府帶頭炒短線，強化了整體社會短視近利的經濟文化。

儘管政府押寶在資通訊電子產業的策略堪稱眼光精準，一九八〇年代以來資通訊電子產業成為全球新科技經濟典範的核心，台灣可謂搭上快速成長的列車。然而押寶這件事本身不是政府應該做的事，而且由於政治經濟之間關係複雜糾葛，即使一開始就押對寶，因此而誕生的特殊利益集團會提高國家經濟治理的難度，阻撓後續發展所需要的動態調整與改革。

我們可以從四個面向來思考這件事：首先，政府偏好特定產業、透過各種政策將國家與社會資源灌注其上的做法，就好像是為了種植單一作物而砍掉一片森林。單一作物的收成固然能夠馬上帶來產值與經濟數字增長，但是砍掉森林、破壞原有生態與水土保持的長期代價，卻是大到無法估算而且難以彌補。各種形式的國家補貼就像是慣行農法所倚賴的農藥與化學肥料，短期內能夠激發單一作物豐收，但是長期卻以土壤貧瘠化與犧牲生態多樣性為代價。使用歧視性政策照顧特定產業，在資源有限性的情況下很容易對其他產業的發展機會造成排擠作用。

其次，在特定時點進行「產業挑選」這件事，勢必受限於當時的視野與知識程度；經濟官僚的「有限理性」無法超越科技創新的動態本質與市場競爭的高度不確定性。這並不是說，因為有限理性所以無法決策，而是主張決策時應該考慮到有限理性的先天條件限制，相關政策應該為廣泛性的經濟發展打好深厚基礎，而非以現有的知識能力去判定產業未來發展。後者應該交給自負盈虧風險、對市場動向高度敏感的業者本身去判斷與承擔。事實證明，最古老的農業生產，也可能因為科技創新而成為最夯的產業（例如在以色列、丹麥、荷蘭等國家的發展）；從眼前的生產力去判斷何為明星產業、何為夕陽產業，很容易因為技術變遷與市場變動而失準。

第三，即使瞄準的產業因受扶植而興盛，但是其他因受排擠歧視的產業之潛在損失是無法估算的；由於後者未被計算在內，以致產業政策效果在先天上就有過度放大的偏差。對長期經濟發展而言，歧視性產業政策的最大問題在於容易造成「政策僵固性」。因受惠於政策優惠而大幅成長的產業，很容易衍生成龐大的利益集團。因其擁有豐富資源可資動員、進行政策遊說與尋租，在面對國家經濟轉型需求時，不僅不會輕易放棄已然到手的好處，更有可能擴大侵犯公共利益，阻撓改革。台灣從一九六〇年開始實施而原訂十年落日的《獎勵投資條例》被不斷延長、擴大與變體（《促進產業升級條例》至二〇一〇年方才落日，取而代之的是營利事業所得稅大幅調降至十七%）的發展便是一例[3]。

最後但非常重要的面向是，一味強調出口擴張卻犧牲核心價值的產業政策，正是戕害研發創新的罪魁禍首。不管是出口擴張抑或經濟成長，都只是深層經濟文化與技術創新能力最表層的結果。只在乎眼前結果而輕忽內在機制的成長模式，一方面創造了剝削自然生態環境與勞動權益的生產體系，同時也鼓勵了價值觀過度狹隘的社會經濟文化，技術與知識被當成是牟利的手段，進步價值被視為「反生產性」。由此所構築出來的經濟體系，絕大多數廠商缺乏長期投入、人才培育與建立自主研發的意願決心，從而失去日後轉型創新所必要的價值軸心。

上述四面向提供一個反思的起點，讓我們得以重新檢視台灣經濟發展歷程，尤其是以資通訊電子產業為核心的產業戰略。在威權時代「經濟奇蹟」、高科技榮景與泡沫乃至現今轉型失敗的歷史過程裡，必然存在一個具有貫穿性的內在機制，這個機制曾經帶來短暫繁榮，卻使我們僵固在固定的國際技術位階，喪失升級轉型的動力，無法產生足夠的經濟實力去支撐國家主權伸張、抗拒中國因素的干擾。

事實上，揠苗助長的方式，不可能帶來健全的生態體系。多年以來，政府在民間營造一個形象，認為電子產品具有「輕薄短小」、「高科技」與「高附加價值」的特性，非常適合在台灣發展，在國際分工體系中自我定位為電子產品的「全球製造中心」。然而，在產業集中化發展的過程裡，卻忽略了我們其實絕大部分只是依賴國外技術移植、只靠加工規模量產而獲利的「偽高科技」[4]。電子產業固然涉及尖端研發，研發支出占最終產品售價之比率高於多數產業，但是隨著分工鏈的全球化與零碎化，在特定地區生產的電子產品是否依然維持「高科技」的特質其實有待商榷。藉由進口精密設備與關鍵零組件而從事的下游組裝無疑是低技術層次的血汗加工，即使目前台灣引以為傲、技術層次較高的半導體製造，在尖端科技的設備與材料上依舊自給率低落。而且與高科技的「潔淨」形象相反，國內製程重度使用有毒化學物，讓人體與環境高度暴露在職業健康與化學毒害的風險之中。國內製程高度消耗水電的特性，也完全背離發展之初技術官僚所認知的「低能源係數」[5]。

高科技迷思與流血輸出模式

當一九九〇年代中期台灣舉國沉浸在「高科技島」的美景時，由於終端產品全球產能過剩的緣故，資通訊硬體製造的附加價值開始迅速沉淪。根據二〇一〇年「經濟合作暨發展組織」（ＯＥＣＤ）所發表的資訊科技產業報告，在一九九五至二〇〇八年間，資通訊硬體製造之附加價值年均成長率只有一％，遠低於整體製造業之二．五％，整體服務業之四．八％，與資通訊服務業之六％[6]。顯然，由台商所建構的兩岸生產網絡與資通訊硬體代工王國，大力促成了這股向下的漩渦，只是自己也深陷其中不可自拔。造成利潤率普遍淪為「毛三到四」、「保一保二」的原因，是背負著龐大產能與負債的台灣代工廠商不得不為搶單而彼此割喉殺價的結構。這個結構將台商驅往中國進行更大規模與更低廉的製造，使得「台灣接單、中國生產」成為主流，並且打造出一個充斥著超時工作、大量外勞、剝削環境與技術依賴的血汗經濟體系，逐步將國內實質薪資推落十六年前水準。

更令人感到驚悚的是，在微利競爭的背後，還隱藏著龐大的國家補貼與社會成本。扣除這些補貼與成本的出口，是不折不扣的流血輸出！此流血輸出的規模之所以如此之大、時間之所以維持如此長久，是因為政府居間榨取了國民辛勞所得與其他部門的生產剩餘，這之間主要的移轉工具，就是不公平的稅制。二〇一〇年初，監察院開始針對產業政策進行調查，懷疑「政府過度向高科技產業傾斜，造成國內貧富懸殊與M型化社會」，且「因資源配置不當而導致中小企業升級困難、失業率上升」，隔年發布調查結果[7]。證實政府長年使用歧視性的租稅優惠措施，使得傳統產業所負擔的實質稅率超過科技產業的兩倍之多（以二〇〇一至二〇〇六年間為例，兩者的平均數據分別是十六．〇八％與七．六四％）[8]，這無疑是一種剝削式的供養關係。

同時間政府還不斷替資通訊產業大舉徵收土地、四處開闢園區以供其擴充產能。巨額而低廉的信用融資，加上量身訂做的股票市場上市櫃條件大幅放寬[9]，則為資通訊產業提供了擴充產能所需要的銀彈。理論上，快速成長後的大型公司擁有更多投入研發的資源（理論上，不做研發會帶來更大的風險），但台灣一味鼓勵擴張產能的政策環境與經濟文化卻造成反例：「以高科技產業集中的科學園區而言，雖然其集政府的關愛眼神及優惠措施於一身，但是其在研發活動上卻未必較積極，甚至有倒退的情形[10]。」

二〇〇一年，全球網路科技出現泡沫化，但是並未對台灣高科技迷思與拚產能的模式帶來應有的警示作用。政黨輪替後的民進黨政府，不僅未能修正威權時代扭曲式的經濟發展模式，反而提出「兩兆雙星」政策，變本加厲地使用過去的偏差藥方，只是這次的焦點換成技術橫向移植自日本的面板產業。除沿用過去的資金、土地與租稅優惠政策之外，並進一步將黑手伸入基礎研究與人才培育領域。為了能夠為業者提供足夠的人力供應，政府同時間在基礎科學界推動「國家矽導計畫」，將基礎研究的格局狹隘化成「以產品開發為目標」，在短短兩三年間擴增了三百四十名光電與半導體技術領域的大學教職員額。此外，二〇〇八年開始實施「研發替代役」，為科技業者進一步創造廉價使用國家高階人力的管道。這項制度如同一個篩網，將許多接受過完整基礎科學訓練、甫畢業的碩博士理工人才，一個個篩進科技業界從事單調重複性的生產線工作。這項制度同時也使得其他傳統產業與中小企業，更加找不到所需要的研發人力與高階人才。

一整個年輕世代的研發創新潛能，就此斷送。政府官員或許認為此舉有助於「產學銜接」，但對國內科技產業怯於投入基礎研發與人才培育的現象卻恍若未聞[11]。後者其實很清楚呈現在統計上：儘管近十年來台灣整體研發支出以年均十%的速度快速增加至GDP的三%，但是在企業所占的四分之三分額裡，有八成集中在後段的製程改善與產品模仿[12]，二成在中段應用研究，投入在前端基礎研究的比率只有千分之五[13]。

巨蔭之下寸草難生：資源過度集中對創新生態的危害

不當介入的危害，短時間很難令人察覺，但如投資名家巴菲特所言：「唯有退潮之後，才知道誰在裸泳。」長年下來日益綿密的政策網絡，驅使國內製造業朝向「資本密集性」（斥資購買國外先進機器設備的代名詞）的結構集中（此型態對技術升級的傷害請見本書〈以「經濟轉型正義」為起點的「創新經濟」〉）。二〇〇八年發生全球金融海嘯，一舉掀開台灣長年掩蓋在表面GDP成長與出口擴張下的孱弱體質，汲取過多國家資源的科技產業頓成「四大慘業」（指太陽能板、面板、DRAM、LED）。數十年來政府偏好廠商擴張產能、美化經濟數字而不顧自主研發的後果，終於浮現檯面。

在我們控訴中國政府以不當補貼方式打造出足以取代台商的「紅色供應鏈」與「國家隊」的同時，

我們忘記了中國只是在複製台灣經驗。差別只在於：他們的規模較大，而我們為期已久。事實上，依循比較利益的經營策略就是降低成本與擴張規模，過度執行這個策略會為自身帶來臃腫組織、過剩產能與沉重財務負擔，加重轉型困難，只能不斷移往成本更低廉地區，完全阻斷「由中國走向世界」的路徑可能性。

因此，思考馬政府時期中國路線居主導地位的原因，或者更早扁政府時期面對中國所衍生的政經分離策略，不能單純只強調中國因素而忽略台灣內部因不當經濟政策所造成的制度文化性問題。換言之，中國路線是台灣從一九七〇年代以來追求快速經濟成長所累積出來的必然：當我們因為過去在國際快速膨脹的科技產業鍊中卡到位置而感到自滿之際，我們放棄了對於技術自主、糧食自主與能源自主的追求。這些自主性攸關核心價值的選擇與守護。失去核心價值，上下階層皆汲汲於尋找下一個明星產業與潛力股，經濟發展猶如失去了靈魂，使得轉型創新找不到施力點。

長期偏差的發展路線造成島內的技術發展走向與產業結構愈趨狹隘化。從表一台星韓近期出口結構之比較，可看出台灣產業過度集中的嚴重程度：電子資通訊產品與面板加總便占台灣整體出口將近一半，若再加上基本金屬、化學礦產品等，則有高達七成的出口為中間財（以原料、零組件形式出口至第三地再加工）。並不是說中間財就沒有創造利潤的能力（例如尖端材料與關鍵零組件），但是台灣中間財出口面臨兩大困境：有部分屬標準化產品（如基本金屬與石化產品），一旦面臨國際產能過剩時，只能「千億投資只求損益平衡」；另一部分（如資通訊產品與面板）則仰賴國外專利與進口高階設備，缺乏自主創新能耐。

當國內企業普遍抱怨「產學落差」之際，其實忘記了檢討自身營運模式對於高階研發人力與國際化所需多元領域人才之「無需求」[14]。國內嚴重失衡的研發資源配置也反映出產業結構的過度集中與不利的研發生態。如表二所示，國際對於高科技的定義，除了電腦電子光電產業之外，還包含航太與製藥。一九九九至二〇一二年間，電腦電子光電產業占國內企業研發比重從五十五·五三%增加至七十二·七%，但是該產業之全球市占率僅從五·二二%微幅增加至五·三八，此等不成比例的怪象使

表一、台灣、南韓與新加坡主要出口產品之比重(2015年第二季)

			%
	台灣	南韓	新加坡
礦產品	4.7	6.7	22.3
化學品	6.6	6.6	14.9
塑橡膠製品	7.7	6.7	5.7
紡織品	4.1	2.8	0.2
基本金屬	9.1	8.7	1.7
機械	10.5	12.2	13.3
電子資通訊產品	39.9	25.3	17.0
運輸設備	4.1	20.4	1.6
精密儀器(面板)	6.7	6.4	4.9

說明: 新加坡為本地出口資料。

資料來源: 中央銀行，《當前台灣經濟成長動能減緩原因與對策》，行政院3462次會議資料（2015-08-20），頁12。

得官方報告拋出兩大提問：

①我國的電腦電子光電產業是否有過度投資，以及研發資源轉換成競爭優勢效率不佳的瓶頸。

②我國是否因為誘因機制設計不當，導致資源過度集中於電腦電子光電產業，而排擠了其他中低科技產業獲得研發資源挹注，以提升技術自主性、附加價值率以及國際競爭優勢的機會[15]。

弔詭的是，儘管全國逾七成的企業研發支出來自電腦電子光電產業，其對外技術依賴程度卻是產業之最（與電子零組件業加起來，占全國支付國外專利授權費將近九成）[16]，此異

表二、1999-2012年台灣高科技產業研發比重與市占率變化

	高科技					
	航太		電腦電子光電		製藥	
	全球市占率(%)	占國內企業部門研發經費比率(%)	全球市占率(%)	占國內企業部門研發經費比率(%)	全球市占率(%)	占國內企業部門研發經費比率(%)
1999	0.10	na	5.22	55.53	0.06	1.26
2005	0.06	na	4.72	70.56	0.06	1.15
2011	0.17	na	5.71	72.82	0.07	1.65
2012	0.17	na	5.38	72.73	0.09	1.63

說明: na 無資料。

資料來源: 本文整理自經濟部技術處，《2014/2015產業技術白皮書》，表1-1-41。

表三、2012年高科技產業研發占比與全球市占率之跨國比較

	高科技						中低科技*
	航太		電腦電子光電		製藥		
	全球市占率(%)	占國內企業部門研發經費比率(%)	全球市占率(%)	占國內企業部門研發經費比率(%)	全球市占率(%)	占國內企業部門研發經費比率(%)	占國內企業部門研發經費比率(%)
台灣	0.2	na	5.4	72.7	0.1	1.6	25.6
中國	0.9	na	27.0	15.2	2.4	3.6	81.2
日本	1.8	0.2	5.0	25.7	0.8	10.0	64.1
南韓	0.5	0.4	5.6	49.9	0.3	2.4	47.3
新加坡	2.6	1.2	5.6	31.7	1.9	2.5	64.6
丹麥	0.1	na	0.3	7.1	2.3	17.4	75.5
荷蘭	0.9	0.5	3.0	8.4	3.6	5.1	86.0
瑞士	0.6	na	1.5	16.1	11.8	29.6	54.2
德國	14.6	4.4	4.9	13.7	13.9	7.6	74.2
英國	9.9	8.1	1.5	7.4	7.3	27.9	56.6
美國	30.6	8.9	8.5	21.3	8.9	15.6	54.2

說明1: na 無資料。

說明2: * 包含中技術與低技術產業，計算方式係扣除高科技之占比（若無資料者視為零計算）。

資料來源: 本文整理自經濟部技術處，《2014/2015產業技術白皮書》，表1-1-40。

象唯有從偏重後端技術模仿的研發生態中才能找到答案。

此外，表三所提供的跨國比較也為我們打開創新研發的視野。當全國研發資源逾七成比重來自電腦電子光電產業時，其他所有被歸類為「中低科技」產業的研發占比只有約略四分之一。乍看之下，或許這個配置符合我們對「高科技島」的想像，但放眼國際，唯獨台灣有如此嚴重的產業偏差：南韓對電子電腦光電的重視僅次於我國，但集中度只有一半；西北歐小國諸如丹麥、荷蘭，則有四分之三以上的企業研發資源來自「中低科技」產業。這項跨國比較一方面凸顯台灣產業政策「誘因機制設計不當，導致資源過度集中，排擠其他產業以提升技術自主性、附加價值率以及國際競爭優勢的機會」，另一方面則透露出以研發密度將產業區分為高、中、低科技的作法，只是一種統計平均值的粗略歸類方式。簡言之，把高科技產業當作是國家經濟發展的線性方向，是一項對現代化經濟非常嚴重的誤解。

變動中的全球化體系：TPP與美國戰略

在台灣經濟受中國路線主導的背後，存在一個支配性強大的國際結構，也就是後冷戰時期美國所主導的全球化運動。後者雖然援用同樣的經濟學理（即國際分工與比較利益）在推銷全球化，但骨子裡很清楚是在對中國執行「交往」的戰略，而不是天真的「去政治化」。在資通訊科技快速進展、產品世代不斷更新的經濟型態中，美商利用台灣對代工的偏好，將硬體製造的負擔與風險轉嫁給台廠，直接或間接地壓迫台廠赴中國投資以利其進一步降低採購成本[17]。換言之，後冷戰結構形塑了兩岸生產網絡，唯有將此視角納入，我們才得以窺見美中台三角關係變化之全貌，深刻掌握建立經濟自主性的必要性。

二〇〇九年初歐巴馬政府上台，是美國轉向與重新定義國家利益的開始。面對全球金融海嘯所造成的殘局與失衡的全球化發展，歐巴馬政府將對中政策從「交往」轉變為「新圍堵」，經濟層面的理由是過去全球化造成美國製造業工作機會流失了三分之一，而歐巴馬政府認為製造業是美國中產階級的核心，因此上任後即積極推動製造業復興運動，希望能夠創造工作回流。政治因素則是對中國崛起所感受到的威脅日益尖銳，因而宣示「重返亞洲」戰略，積極進行「跨太平洋戰略經濟夥伴關係協議」（簡稱TPP）[18]。

歷史上，美國從來沒有像TPP這般清楚、將國際經貿規則與自身國家安全聯繫在一起。也就是說，TPP是美國企圖用來圍堵中國崛起、重塑全球政經秩序的重要政策工具，象徵了美中對峙新冷戰時代的開啟。這項戰略意義不斷出現在美國當局的論述裡，例如其國防部長Ashton Carter曾公開將通過TPP的重要性，比喻為一架新型航空母艦[19]。白宮所公布的《二〇一五國家安全戰略》中，也明白指出必須形塑一個新型的全球經濟秩序，運用經濟實力設定新運作規則與強化夥伴關係，以維護自身利益與價值[20]。

美國的轉向與新冷戰結構的浮現，預示了台灣政府進行中國路線必然要遭遇失敗的結局。一方面著眼於互補性的經濟整合效用為靜態短期性質，實現後即失去（例如兩岸工資差異已大幅縮小）。況且中國讓利不可期待，因其內部已形成龐大權貴資本，有其自身的利益邏輯，難以受官方控制，加上中國本身的經濟戰略必然往技術追趕的方向前進（例如瞄準半導體產業，扶植紅色供應鏈以取代台灣供應），兩岸之間技術差距縮小、加劇競爭壓力。另一方面，中國路線與美國的新全球戰略背道而馳，而美國依然是台灣／台商生產的主要最終市場與技術來源。

再者，正當美國開始修補全球化所帶來的社會破洞時，馬政府依舊遵循過時的自由主義教條，大幅調降遺贈稅與營所稅，變本加厲地圖利財團與富人階級，引進中資加入房地產惡性炒作的行列，加深貧富鴻溝與世代剝奪感。二〇一四年春天的反服貿運動便反映了馬政府由經濟失敗所導致的社會失敗，美國政府從這場運動中看見了將台灣（重新）納入圍堵中國陣營的機會窗口，開始對綠營釋放善意。該年底九合一選舉結果，進一步粉碎了把討好中共視為邁向執政「最後一哩路」的部分綠營主張。國內外情勢發展至此，台灣意識與美國利益雙方終於取得共同目標與立場，為後李登輝時代的經濟中國路線劃下終止符。

結論：台灣自主創新與新經濟典範

不難想見蔡英文政府上台後必然會積極尋求加入TPP，但是如果把加入TPP當作經濟萬靈丹，則會犯下跟過去主張中國路線可帶來經濟利益一樣的錯誤。持平而論，倘若藉由加入TPP，台灣能夠將海外直接投資的重心從低成本國家移轉到高收入國家，以技術學習與建立終端品牌為目標，那麼會具有較積極的產業升級意義。如果只是將代工生產基地從中國移轉到東南亞，則加入TPP的意義只側重在政治面，對改善國內經濟體質乃至拉高薪資水準的效果不大。目前的趨勢仍然是後者，如何督促廠商往前者移動、拉高國際競爭的格局？是新政府經濟治理的一大挑戰。

中國路線的經濟錯誤一大部分源自統治菁英過度迷信國際比較利益，追求短期速效，把資通訊電子產業視為優勢部門而歧視農業與傳統產業，同時又罔顧建立自主技術的重要性。在這段過程中，政府與財團聯手共構一個以降低成本與規模擴張為主要策略的出口經濟模式，而在地經濟、綠色生態與勞工權益率先遭到犧牲，具有前瞻性的基礎研發投入嚴重不足，生產體系落後於公民社會發展，政府治理能力薄弱，社會信任遭受破壞……這些可稱為「台灣因素」的內部系統性問題才是導致國家經濟轉型失敗的主因。新政府應該將國家經濟戰略的重心，從過去的外向傳統與短線思維扭轉回來，從基本面提振台灣產業的競爭力。例如面臨為因應加入TPP而開放美國豬肉進口的議題，應該借鏡丹麥模式，徹底檢討並改善造成台灣養豬產業競爭力不足的根源，而非陷入「開放vs.保護與救濟」的無效模式[21]。

進入新經濟的關鍵在於能否產生足夠的「自主創新」（homegrown innovation），擺脫現行依賴外來技術的規模量產模式，發展獨特利基型產品，在國際市場上建立不可取代性，如此一來才有議價能力進而提升國民所得。至於自主創新的來源，國際創新研究指出兩個方向：一是透過基礎科學研究之深耕，取得「突破式創新」（radical innovation）；二是強化社會互動與跨領域合作，在日常中錘鍊「漸進式創新」（incremental innovation）。以前者來說，國內基礎科學研究只占整體研發投入不到一成，約為先進國家平均水準的一半（參見本書〈以「經濟轉型正義」為起點的「創新經濟」〉），而且在可預見的未來，從財政上大幅改善的機會微乎其微。因此，漸進式創新的路徑對台灣而言就顯得格外重要。

事實上，「科學實驗室發明→產業商機→社會應用」原本就非科技創新的全貌，社會需求、法規架構與組織文化其實具有刺激科技創新的強大力量。新經濟的創新視野應放眼長期與公共議題，從原本的「彌補產業技術缺口與利潤導向」進化至「用創意方式解決在地社會經濟問題」，彌補過去產業科技政策向來嚴重欠缺的社會性與公共性。政府應設法透過公共政策、引導科技轉往解決社會問題的方向發展。這樣做既可提高國民生活品質，同時又能創造出具有國家獨特性的科技產業，強化經濟自主性。

這絕非短期內可輕易達成的工作，唯有長期投入與用對方法才能見效。在這個創新路徑中，社會共識與有效治理扮演了關鍵角色。以解決問題為主軸的創新與產業政策具有四大好處：一是提供政府介入的正當性與界線；二是具有帶動大眾關注進而凝聚社會共識的能量；三是解決問題本身的跨領域與對話需求可降低科研體系的孤立性；四是彌補產業研發體系過度短視與欠缺整合能力的缺陷。

從這些角度切入制訂產業政策的話，台灣官民合作可以化危機為轉機、視問題為商機。面對當前重大社會經濟議題——舉凡綠能科技與能源轉型、食品安全衛生管理、農業用藥、養殖畜牧業的疫情防治與廢水處理、社會住宅的規劃興建與管理、年金制度的公平性與永續性、公共化長照托育、偏鄉遠距醫療系統建構、工業污染防治、國土復育與規劃、外勞與移民政策等——政府均應個別成立公開透明的大型研究專案，召集利害相關者共同建構溝通對話與治理平台，以找出適當的解決方案為目標。在此過程中，各式各樣無法預想的新科技與組織創新將會應運而生。

北歐經驗對台灣邁向創新經濟具有頗大的參考價值。在一九九〇年代初期，北歐的高稅收高福利體制被認為將被全球化掃進歷史的灰燼裡，沒想到這些小國透過社會民主體制打造全球最有創新力的經濟模式，成為全球化的大贏家，凸顯了社會團結與公平正義對於長期社會經濟發展的重要性。社會民主的簡單理解方式就是「政治民主加上社會團結」，而後者的真義，就是確保每一成員的生命品質不因背景能力而有重大差異，也就是人人平等原則。北歐亮麗的創新力表現，證實了相關研究所指出的，凡是能夠在學習機會與利益分配兩方面落實平等原則的經濟體與企業，其長期創新表現往往特別突出。此中道理其實與人性緊密扣連：當人感覺自己在組織當中受到公平待遇與尊重，自然能夠打開心胸、積極投入、參與創造，進而實現自我的生命目的，而這正是持續性創意與不斷學習調適的來源。

換句話說，社會民主的經濟動能在於「以人為本」，團結向心力係建立在平等的基礎上，政府出面建構良好的公共服務體系，確保每個人可以得到公平發展的機會與有尊嚴的生活品質，制度性地降低各種偏見歧視。在這個系統中的每個人被鼓勵發掘熱情、發揮潛能，因而從各種互動中碰撞出精彩的創新創意，構成國家競爭力基礎[22]。

這條社會民主的創新路徑不是捷徑，但對台灣在苦思告別中國路線、建立經濟主體性之際，無疑提供莫大啟示。台灣必須學習從自身的社會需求與條件孕育出科技產業，讓進步價值——諸如綠色環保生態、多元文化、分配正義、社會權保障等——具有積極引導與刺激生產活動的作用，這個過程其實也就是推使台灣文明再進化，從根本處重新釐清經濟發展的手段與目的，而不是像過去一樣把人與技術當作資本積累的工具（新舊經濟典範差異可見表四）。

這絕非夢幻烏托邦，而是台灣經濟進入創新驅動狀態的唯一之路，同時也應該是國家建構的主要內涵與目標。

表四、新舊典範的衝突與動力

	舊經濟模式	新經濟典範
核心價值與組織文	急功近利、單打獨鬥與惡性競爭	重視長遠利益、健康安全、綠色永續，強調合作與集體共享
主要動能	投資驅動	創新驅動
政府角色	傾向維護既得利益	以進步規範刺激創新發明
公共治理品質	不透明、決策圈小而封閉、難以課責	強調公民參與與共識建立，重視透明性與可課責性
企業競爭策略	壓低成本， 爭取特權	創造價值， 公平競爭
企業管理風格	命令式管理，經營者利益至上	強調溝通協調，員工參與公司治理，重視所有利害相關者之利
對待員工的態度	壓低薪資， 把員工工具化	培植員工， 利潤合理分配
對待研發與技術的態度	強調速成模仿、依賴外來移植	重視研發、深耕技術、追求技術自主與差異化創
對待生態環境與所處社區的態度	不惜破壞以牟利，動輒威脅關廠外移	友善環境、扎根社區、深化在地經濟
對待人文歷史的態度	輕視與破壞	重視與強調整合

資料來源：吳啟禎、吳榮義，《以創新驅動與進步價值建構台灣新經濟典範》，（新台灣國策智庫政策研析系列2014），表五（網路可下載）。

1 賴怡忠，《美國再平衡與中國西進背景下的台灣大選》，〈台灣新世紀座談會手冊〉（財團法人台灣新世紀文教會，二〇一六、〇一、二三）。

2 林崇熙（一九八九），《台灣科技政策的歷史研究（一九四九—一九八三）》，國立清華大學歷史研究所科技史組碩士論文，頁一〇六。

3 參見林宗弘等，《崩世代：財團化、貧窮化與少子女化的危機》（台北：台灣勞工陣線協會，二〇一一），第二章。

4 林敏聰，《偽高科技組裝廠》，財訊雙週刊第三七〇期（二〇一一年四月十三日）。

5 Ted Smith, David A. Sonnenfeld and David N. Pellow (eds.), *Challenging the Chip: Labor Rights and Environmental Justice in the Global Electronics Industry* (Philadelphia: Temple University Press, 2006)。中文譯本：《挑戰晶片：全球電子業的勞動權益與環境正義》，（台北：群學出版社，地球公民基金會翻譯，二〇一四）。

6 OECD, *Information Technology Outlook* 2010 (OECD Publishing, 2010), Figure 1.20.

7 監察院，《第100000256號調查報告》（二〇一一）。

8 本文計算自表6-1，同上。

9 一九九一年起開始實施《高科技第三類股上市上櫃辦法》，該法允許公司設立未滿三年或仍處於虧損狀態者，即得以上市向社會大眾募籌資金（只要經工業局審查委員會審核通過並向證管會建議者）。在此之前，至少要連續三年盈餘者才得上市為第二類股。多家電子公司援用此法上市，參見王淑珍，《台灣邁向液晶王國之秘》（台北：中國生產力中心出版，二〇〇三）。

10 以一九九四—九八年間為例，新竹科學園區內全部六類產業中，除積體電路、電腦及周邊與生物科技除外，有三類產業（電腦及周邊、通訊、光電、精密機械）的研發占比（研發經費占營業額之百分比）呈不增反減趨勢。此外，園區中電腦及周邊與精密機械此二產業的研發占比不足五%，很難稱得上是「高科技」。相關數據及引言見張哲嘉，《台灣高科技產業獨大發展之分析》，國立台灣大學國際企業學研究所碩士論文（二〇〇〇，頁六一及表4-2）。

11 對於台灣科技產業的研發生態描繪最為生動的，或許莫過於業者以下的分享：「……公司不肯也不敢長期投資在技術和人才上面：在對RD人員的績效評估方法中，有一個對長期投資殺傷力最強的項目叫做『hit rate』，也就是命中率，指的是投入的研發變成產品的比率。不成文的認知是，命中率越高的、績效就越高，而且績效評估是以一年做為單位。投資一年就要見成果，誰敢做長期投資呢？難怪我的RD只敢提二年以內的計畫。」見蘇元良，《追逐短利扼殺研發創意》，〈嗥嗥蒼狼：開拓台灣電子業新版圖〉（台北：財訊出版社，r,o2,o2w），頁七五。

12 例如面對石化高值化議題的媒體訪問時，台塑集團高層王文潮表示：「……除了製程的研發與提升外，台灣有條件做基礎研發嗎？基礎研發做出來是要給誰用？……」這項台灣產業龍頭對於基礎研發的態度，說明了整體研發生態的問題。見財訊雙週刊，《石化危機：中國煤化工來了，台灣加速邊緣化》（二〇一四年四月二十四日），頁一四〇。

13 二〇一二年整體南韓企業對研發鍊前中後段的投入比率分別是十三．一%、一七%、六十九．七%。台灣資料為二〇一三年。數據來源：OECD. Stat。

14 企業部門對博士級高階研發人力需求不振，使得後者任職於企業部門的比例過低（十五．九%，二〇一三）。見科技部，《二〇一四年科技統計要覽》，頁二五。

15 摘自經濟部技術處，《2014/2015 產業技術白皮書》，頁三四。

16 二〇一二年台灣的技術貿易支出為一五〇四億，其中電子零組件支付了八七二億，電腦電子光電支付了四六五億，兩者合計占總額的八十八．九%。數據來源見科技部，同上，表Ⅲ -7-5。

17 「我經常很坦率地跟美國決策官員解釋，台灣出口產業之所以如此依賴中國大陸作為生產基地，背後的推手就是美國跨國企業。」見朱雲漢，〈準備好腳踏兩條船〉，天下雜誌第 552 期（2014-07-22）。

18 TPP起源自二〇〇五年由汶萊、智利、紐西蘭及新加坡等四個APEC會員國所發起的自由貿易協定，原本範圍與影響力頗有侷限。然而在二〇〇八年美國加入之後，TPP頓時變得舉足輕重，尤其是歐巴馬上台之後開始強勢主導，邀集澳洲、祕魯、馬來西亞、越南、日本、墨西哥、加拿大陸續加入談判。十二個會員國於二〇一五年十月完成協議，並於今年二月正式簽署文本，待六個以上締約方（GDP總和須達所有締約方的八十五%以上）完成其國內程序後開始生效。由於十二個會員國經濟規模加總起來占全球GDP的三十六%，使得TPP成為全球規模最大的區域自由貿易協定。對台灣而言，目前TPP所涵蓋的區域占我對外貿易額逾三分之一。

19 CRS Report, "The Trans-Pacific Partnership: Strategic Implications" (2016-02-03).

20 White House, "National Security Strategy" (2015-02).

21 丹麥與台灣曾經分居全球豬肉貿易的第一與第二大出口國，兩國都曾經爆發口蹄疫與廢水污染，但丹麥系統能夠快速撲滅疫情，並且發展沼氣發電科技處理養豬廢水，使得綠能科技、養豬產業與生物科技成為國家重要產業。台灣則從一九九七年口蹄疫爆發至今仍舊無法從疫區除名恢復出口，養豬廢水至今仍在污染河川，肉品食安問題經常浮到檯面，綠能發展遲滯。見吳啟禎，《公共治理與社會組織在經濟創新中的角色：以台灣與丹麥在國際豬肉市場的競逐結果為例》，二〇一三年台灣社會學年會研討會論文。

22 一個通俗易懂的分析讀本見呂建德，《攻、守兼備的全球化戰略—北歐小國經濟》，劉毓秀編著〈北歐經驗 台灣轉化：普及照顧與民主審議〉（台北：女書文化，二〇一五），頁一七三—一八六。

走出認同困境，重建共同體論述

汪宏倫（中央研究院社會學研究所研究員）

壹、新政局，舊困境

二〇一六年的總統與立委選舉，長期在野的民進黨首次取得完全執政的機會，某種意義下可說戰後台灣政治的分水嶺。許多論者已經指出，這次選舉的結果，意味的不僅僅是再一次的政黨輪替，更在於藍綠的板塊已經明顯變動，而且似乎有不可逆的趨勢。對於台灣的國族政治（包含國家定位與國族認同）來說，這或許也將成為一個里程碑。

根據《聯合報》的最新民調，認同自己是「台灣人」的比例已經達到七成三，而單純認同自己是「中國人」的則減少至歷年新低的一成一。在統獨問題上，持「急獨」與「緩獨」立場的合計有三成六，如果加上「永遠維持現狀」的四成六，希望台灣與中國大陸永久分離的民意高達八成二，而支持統一（包含「急統」與「緩統」）的僅有一成二。民主政治的基本原理乃是以主流民意為依歸，無論是哪一個政黨執政，都必須回應這樣的民意。

有些人不免因此憂心，分別由民、共兩黨領導的台灣與中國大陸遲早要在國族問題上對撞，而台灣可能將要為此付出慘重的代價，甚至包括戰爭。同一份民調也特別針對這個問題做了調查，結果顯示：支持台獨的民眾當中，僅有二成的人願意為獨立去打仗。但我們不禁要問：為什麼獨立必定（或被認為很有可能）帶來戰爭？為什麼台灣人民僅僅是認為「我們是誰」，就會被視為是個隱含衝突的問題？台灣人民想要當自己，但外在的諸多條件卻不讓台灣人民做自己，這是台灣國族認同問題的基本格局與困境。

台灣的國族困境是一個極為複雜難解的問題，牽涉到不同層次與面向。本文並不打算在現實政治（*Realpolitik*）的層次上討論國族問題，而是希望能把認同議題提高到「理念與價值」的層次來加以析論。現實政治關切的是利益與實力，但認同卻無法迴避價值的問題。正如政治思想家泰勒（Charles Taylor）所指出的，如果我們不能對「善」有更深入的理解，就無法真正把握「認同」這個概念。我們不僅要關注「如何作是正確的（good）」，更要關注「**如何生存才是良善的**（right）」。想要化解台灣的國族認同困境，固然不能無視歷史經驗與現實政治，但也不該拋棄對終極共同之善的追求。這是本文立論的**出發點**。

貳、認同的主體間性

認同預設了「同一之物」，也就是認同主體與認同對象之間的「同一性」（identity）。「台灣人認同」的台灣指的是什麼？「中國人認同」的中國指的又是什麼？不同的人、在不同的情境下，對這些問題的理解可能很不一樣[1]。「九二共識」的問題也正是在這裡：一個中國，指的到底是什麼？

一般對認同的理解與討論，過分偏重在「主體性」（subjectivity）的建立，卻忽略了「主體間性」（intersubjectivity）[2]。認同從來不是自己說了算，而必須有他人的指認或認證（identification）。這個主體間性有兩個面向：從共時面來看，它與制度有關；從貫時面來看，它與歷史有關。

一、制度面向：中華民國的制度困境

在當前的民族國家體系中，創建中華人民共和國的北京政府被普遍承認為代表中國的唯一合法政

府，台灣則被視為中國的一部分，這就是所謂「一個中國」的原則。這必然使得「中國人」的國族認同（而非文化認同）在台灣會逐年遞減，因為「中國」這個意符（signifier）的指涉對象已經被對岸的中華人民共和國所先占（preempt），因此，要讓並未生活在北京政府統轄之下的台灣人民認同「中華人民共和國所界定的中國」，在現實中得不到制度的支持。一個反事實的假設性思考：設若當今世上普遍承認「兩個中國」，那麼，台灣的中國人認同就不會如此之低。對岸所堅持的「一個中國」，恰恰把台灣推向「台灣人」而非「中國人」的認同。這牽涉到制度的運作與功能，同時也牽涉到情感的面向。

「一個中國」的原則使得台灣（中華民國）的制度在民族國家體系中是失效的，這個失效呈現在兩個層次。第一個層次是國家主權地位與國格不被承認，中華民國鮮少被承認為主權國家。第二個層次則在於指稱。台灣（包含台澎金馬的政治共同體）的國號叫做「中華民國」，但在「一個中國」原則之下，台灣在大部分的國際場合既不能被稱為「中華民國」、也不能被稱為「台灣」，僅能被稱為「中華台北」或其他變體（如「台澎金馬個別關稅領域」）。當台灣人自稱為中國人、或是以中華民國／中國作為集體表徵的時候，往往被誤認為是來自中華人民共和國。這兩層制度失效，造成台灣這個政治共同體在國際上無法被代表／再現（represent），也無法被正確指認。這除了讓台灣無法透過參與國際事務來維護自己的權益之外，也給台灣社會及其人民的日常生活帶來極大的困擾，更讓這個共同體的集體尊嚴受到持續的傷害[3]。尤其在所謂全球化的時代，這個社會僅僅是為了「自己是誰」、「如何指稱／代表這個共同體」，每天就必須耗費無數心神與精力[4]。

造成這兩層制度失效的，主要有兩個因素：一個是當年堅持「漢賊不兩立」的國民黨政權，一個則是中華人民共和國的北京政府。這造成了一部分台灣人民對「中國」這個意符的排斥與怨念。

二、歷史面向：衝突的認識框架與歷史記憶

「國族認同」是民族國家的全球體系建立之後才有的東西。這是一個漸進的歷史過程。在民族國家體系建立之前，不存在「法國人」、「德國人」的概念，同樣也不存在「中國人」或「台灣人」的概念。放在世界史的脈絡中來看，當前台灣的國族問題，肇始於十九世紀中期以降，西方帝國主義把勢力擴張到東亞之時。因此，理解台灣的國族問題，第一不能避開這段世界歷史，第二無法跳脫東亞乃至全球的脈絡。

確切地說，十九世紀末以來的幾場區域與世界的重大戰役（包括甲午戰爭、中日戰爭、二次世界大戰、大東亞戰爭、國共內戰乃至韓戰等），關鍵性地決定了台灣國族問題的歷史結構。這不僅使得台灣與中國大陸之間的關係數度發生變化，更形塑了目前生活在這塊土地上不同群體的認識框架——包含高夫曼（Erving Goffman）所說的「社會生活的基本框架」，以及泰勒所說的「道德判斷的基本

框架」[5]。這些框架形塑並組織著人們對過去歷史與當下現實的認知，界定「自己是誰、從哪裡來、到哪裡去」，提供了個體生命存在的價值感與意義感，也形成了「我群」與「他者」的判斷基礎。這些歷史殘留的框架彼此交織衝突，時至今日仍持續形塑著人們對當前台灣社會的認知。例如我們經常聽到人們批評不同政治立場的人「皇民」、「漢奸」或是「叛國」、「賣台」，基本上都是這些認識框架在起作用。曾經打過「日本鬼子」、逃過共產黨戰亂的人們，和曾經躲過美軍空襲、被殖民政府戰爭動員的人們，這兩群不同歷史經驗的群體、以及他們的子孫後裔，對很多事情的情感與判斷不僅不同，而且經常是相互衝突的。當今存在台灣社會的歷史記憶衝突、課綱爭議、乃至對特定歷史人物的不同評價，基本上皆源於此。

參、情感與價值

認同的最核心，在於情感與價值。一個人肯認自己的存在，對土生土長的家鄉感到親近，這是再自然不過的事情，也是許多「原生論」的立論根據。隨著威權轉型與民主深化，台灣認同的上升與穩固並不令人意外，所謂「天然獨」也不完全是「去中國化」的結果。應該追問的問題毋寧是：為什麼台灣人民無法對中國產生認同？為什麼中國人的認同在下降，甚至有些人要努力「去中國化」？

對中國的疏離、反感乃至怨念，主要來自兩個根源。一個是曾經在台灣主導著中國意符的中國國民黨，另一個則是當今先占了中國意符的中華人民共和國。一九四五年代表中國政府接收台灣的中國國民黨，並沒有為「祖國」樹立正面的形象。一九四七年的二二八事件，以及數十年威權統治所造成的白色恐怖與諸多不公不義的體制現象，都在台灣社會中留下不可抹滅的悲情傷痕。許多人在對抗國民黨的過程中，逐漸對中國產生了極深的憎惡與怨恨。

一九八〇年代末期，兩岸開始逐漸開放交流後，台灣社會原本相當陌生的中華人民共和國，面貌開始一點一滴浮現。儘管對一部分的人來說，那裡曾經是自己（或父祖之輩）的原鄉，或是充滿各種發展機會的「新大陸」，但歷經千島湖事件、兩次台海飛彈危機、以及北京政府在各種場合對台灣的文攻武嚇與蠻橫打壓，台灣社會對中國的反感與日俱增，過去國民黨推行不遺餘力的反共意識形態，如今巧妙地轉化成「反中」的情緒。馬政府執政八年期間努力推動兩岸交流，原本期待可以拉近兩岸距離，結果卻是事與願違：兩岸愈交流、差異愈明顯，彼此的隔閡感愈強。一九四九年由中共建立的中華人民共和國，與播遷台灣的中華民國，畢竟不是同一「國」，這是制度使然，與血緣、語言、文化都無關。

民族主義的信念是「文化與政治的屋宇必須合而為一」。為了追求政治上的獨立，台灣民族主義者試圖在文化上將台灣與中國區別開來，這是「去中國化」的濫觴之一。對中國長期累積的怨念，則導致了對中國的負面評價，凡是與中國相關的，必然是邪惡的、落伍的、不好的、壓迫的。但這也因此引起了另一群人（中國認同者）的厭惡與反彈，因為他們心中所珍惜的情感與價值，不斷遭到無情的撻伐與貶斥。

研究民族主義的知名學者葛林菲爾德（Liah Greenfeld）曾指出，民族主義本質上是一種身分地位的政治（politics of status），而怨恨（*Ressentiment*）在推動民族主義的歷史進程中，扮演了相當重要的角色。悲情與怨恨向來是民族主義的催化劑，無論是對尋求獨立、或是對希冀統一的民族主義者來說，悲情只怕少，不怕多，因為愈多的悲情，愈能給民族主義添加動能，愈能正當化民族主義的訴求。然而，怨恨卻是一種心靈的自我毒化，終將導致價值體系的翻轉位移。

怨恨在台灣的國族政治中也沒有缺席，價值體系一再遭到翻轉顛覆。懷抱不同認識框架與情感結構的人們彼此缺乏信任，相互攻訐傷害，乃至彼此仇恨敵視。長年累積的怨恨心態與報復衝動，使得寬容、厚道與慈悲在台灣的政治文化中相對缺乏，不同黨派立場之間的猜忌惡鬥，成為常態。

作為一個內部充滿怨恨、成員彼此仇視對立的政治共同體，當前的台灣如果要凝聚共識、重建新的想像的共同體，首先必須要超克怨恨的政治。民進黨第一次獲得完全執政的機會，或許也將是終結過去「怨恨政治」的一個契機。

肆、新政府的任務：凝聚共識，提出新的共同體論述

在國族問題上，新上任的民進黨政府至少有兩個重大的任務，對外是為台灣的制度困境尋找出路，對內必須凝聚共識，深化共同體意識。

民進黨過去為了扳倒國民黨這個統治台灣長達六十多年、盤根錯節的巨大勢力，必須採取各種對抗策略，無所不用其極。如今民進黨第一次有機會完全執政，必須揚棄短線操作的算計與謀略，展現執政的氣度與高度，避免台灣再度陷入藍綠惡鬥的民主內戰之中。台灣的戰後政治累積了太多怨念與扭曲的價值，如何導正這種怨恨政治，是民進黨必須扛起的責任。蔡英文在當選總統之時，曾經要求支持者「謙卑、謙卑、再謙卑」，然而新一屆的國會才剛開議，許多黨籍立委與政治人物的表現，仍然無法擺脫過去的報復衝動與怨恨心態，顯示從口號到實際行動，仍有一段長路要走。

對新政府來說，更重要的是要提出新的共同體論述。認同是價值的選擇，也決定了這個政治共同體的道德高度。這個論述必須中庸溫和，盡可能包容寬厚，不能再走極端激進的路線。制定政策與戰略，固然必須衡量現實；但制定目標，則不能沒有前瞻的眼光與高遠的理想。

當前的主流民意與民進黨的兩岸論述，都是「維持現狀」，但維持現狀的意義是什麼？維持台灣目前保有的自由民主生活方式，在大國政治中設法維持一定程度的自主地位，這應該是共識，也是前

提。但是，在為台灣（中華民國）當下所處的制度困境尋找出路時，建立一個新的民族國家卻未必是唯一的選項。

揆諸歷史，弱小的群體經常成為大國政治下的犧牲品，台灣如何捍衛自己的主體性而免淪為俎上魚肉，固然有待新政府的努力，但另一方面，當前這個充滿「組織化偽善」的民族國家體系[6]，也不是完全沒有改變的可能。這個看似嚴密的體系仍有大量隙縫，也潛藏著許多危機及轉化的動能。戰後歐洲的轉變、乃至近來的難民問題，至少讓我們看到這個體系鬆動與蛻變的可能性。我們雖然無需盲目附和「後國族」的論調，但在國家主權無法得到充分承認的情形下，如何提出新的共同體論述，不框限在民族國家的形式與格局，在國際間得到更多的支持與認可，是未來新政府可以嘗試的方向[7]。

此外，千萬不要低估、甚至忽略領導人特質可能給共同體帶來的政治效應。陳水扁家族的貪腐形象，重創了民進黨從黨外運動時期累積的道德正當性。馬政府八年執政讓人詬病，甚至讓原本忠心支持的深藍選民失望透頂，原因不僅在於治國無方，更在於領導者的人格特質缺乏領袖該有的格局與高度，完全無法號召人心、凝聚民氣。蔡英文上台之後，千萬不可重蹈覆轍，同時也要把握女性領導人的特質與契機。蔡英文經常被反對者譏為「空心菜」，但「空心」毋寧是果而不是因，是台灣當前國族困境所導致的結果。換個角度來看，空心未嘗不是個無可避免的策略。兩岸關係一旦說實說死，反而失去了「創造性模糊」的迴旋空間，對台灣乃至中、美等國來說，都未必有益。有若無、實若虛，上善若水，柔弱可勝剛強。

伍、平息怨念、展現包容

凝聚共識需要平息共同體內部各種不同群體之間的怨念，這牽涉到所謂「轉型正義」的問題。陳水扁執政八年期間，未能具體落實轉型正義的各項措施，因此飽受批評。但從後見之明來看，當時朝小野大，時機未必成熟，過激的手段恐怕引發更多反彈，畢竟和解是一條漫長的道路，並非一蹴可幾。過去數年來，民間已經針對轉型正義累積不少努力（如「臺灣民間真相與和解促進會」），新政府可以在這個基礎上，整理並清除過去歷史殘留的負面遺緒，透過公權力的運作來加以落實[8]。

然而，必須特別留意的是，處理轉型正義過程中的目標與手段要格外小心謹慎，必須涵攝最大的**包容性**與**前瞻性**。轉型正義的正義是誰的正義？為了什麼的正義？顯然地，它不能只是特定群體的正義，也不能單純地以今非古，而必須是為了共同體的**所有群體**的**共同未來**。轉型正義絕對不能被特定群體拿來當作政治鬥爭的工具，也不能走向極端，執於一偏，妖魔化特定個人或集體（包括中國），否則很容易製造新的不義，激發新的怨恨。國民黨過去引人嫌惡，除了威權統治外，同時在於它所形塑的中國認同是建立在缺乏現實基礎的國族法統神話上，並以壓抑、扭曲台灣的本土認同及歷史文化為代價。許多從「中國認同」轉向「台灣認同」的人，在啟蒙或「覺醒」之後，猶如擺脫枷鎖走出洞穴的自由人，深感自己以前「被騙了」，因此益發對國民黨與中國深惡痛絕，非要與之劃清界線不可。民進黨完全執政之後，切莫犯了同樣的錯誤。若為了短期的政治利益，或是為了區分敵我、確立台灣認同，不惜以顛覆價值、扭曲事實、妖魔化對手為代價，那麼遲早有一天，當民眾發現自己「被騙了」的時候，同樣的反作用力將會加在施為者身上。

陸、情感修復與自我超越

另一方面，轉型正義不是喊喊「可以原諒，不能忘記」的口號即可，更不是找到真相就會自動寬恕。不是每一個人的心理都強大到足以面對真相。當長期被隱蔽的真相重見天日的時候，人們心中油然產生驚異、憤怒、報復、怨恨的心理，是極為常見而自然的事。南非由屠圖主教推動的「真相與和解委員會」廣為人知，常被視為轉型正義的典範，但這樣的和解是有基督教的神學基礎的[9]。哲學家里科爾（Paul Ricoeur）甚至認為，為了寬恕與和解，有時遺忘是必要的。

在積極追求發掘真相、記憶過去，卻又缺乏共同的超越性宗教的台灣，為了避免轉型正義再度撕裂社會，除了政府的努力之外，有兩件事情值得民間社會嘗試：第一是修復情感、重建連帶，第二是自我超越。這兩者是相互關聯的：人們愈能夠放下我執，超越自我的限制，愈能夠彼此傾聽相互理解，重建連帶。

當前台灣所迫切需要的，是透過社會學者亞歷山大（Jeffrey Alexander）所提倡的「民間修復」（civil repair）來重建共同體的社會連帶。這種民間修復，必須在內部與外部同時進行：前者在不同情感結構與認識框架的群體之間進行，後者則是與中國大陸民間社會的交往對話。

一、內部的修復——集體與個人層次的對話與超越

關於內部修復，族群融合、藍綠和解不能只是口號，也不能僅靠形式上的對話，而必須有意識地透過集體與個人層次的不同努力來達成。在集體的層次，不同歷史記憶與情感結構的群體之間，必須相互尊重承認，學習傾聽與對話，甚至需要集體性的儀式來療癒彼此的創傷。透過這個過程，創造出新的認知框架與共處的可能性，把敵對關係轉化為朋友關係，承認多元與差異是這個世界存在的前提，也是這個共同體存在的基礎。

在個人的層次，人與人之間需要情感交流與包容諒解，同時也需要自我心靈的淬煉與提升。它是一種「心的鍾鍊」，也需要療癒的過程。這個過程有階段性，無法一步到位，必須先經過自我否定，然後是自我提升。舊的框架必須被打破，新的框架必須被建立。既有的價值階序必須被重新檢討，新

的存在感與生命意義需要被重新探索與建構。這個過程對個人來說必然是痛苦的，但結果對整體社群來說，應當是有益的。

相對於蔡英文「謙卑、謙卑、再謙卑」的呼籲，人民不妨要求自己「超越、超越、再超越」。超越自我從來不是一件容易的事，需要長期累積的修養與智慧，也需要有良好的典範作為參照。無論是懷抱「台灣認同」或「中國認同」，不同族群的人們都需要自我超越，因為他們在不同階段、不同情境下皆曾處於弱勢，容易陷於怨恨之中。台灣認同者，過去長期對抗國民黨的威權體制，現在則面對北京的霸權打壓；而中國認同者——尤其是一九四九年之後渡海而來的所謂「外省族群」，面對滾滾而來的本土化浪潮，多少也有被邊緣化、弱勢化的「孤臣孽子」心態[10]。處於弱勢、少數、被壓迫位置的人，受害者的心情是難免的，怨恨也是常見的。然而，要指責他人的怨恨很容易，要承認自己的怨恨卻很困難。要承認甚至面對自己心中的怨恨，需要勇氣，也需要彼此的諒解寬恕。一個永不寬恕他人的人，無法超克怨恨，也無法獲得寬恕。

二、超克怨恨——從「不正常國家」的心理桎梏中解放

在民共仍缺乏共識互信的情形下，中國持續在國際場合打壓台灣的生存空間、扭曲名號，這個狀況大概暫時不會消失，甚至可能變本加厲。台灣（中華民國）在國際場合中無法被再現代表、無法被

正確指稱的「不正常國家」狀態仍會持續。在此情形下，台灣不能僅僅被動期待對方的善意，也必須做好自我調適。我們無法改變別人，但至少可以從改變自己著手。外在環境或許無法改變，內在心境卻是操之在我。

作為一個具有獨特歷史脈絡及現實制度基礎的政治共同體，台灣面對中國要不卑不亢，既不需卑躬屈膝，把對岸奉為天朝上國，也要能超克怨恨悲情，擺脫受害者的心態。一個建立在怨恨之上的共同體，不會是個健全正常的共同體。為了維護外在物質上的獨立自主，必須要有足夠強大的政經與國防實力；但為了內在精神上的獨立自主，則需要培養強韌的意志力與精神力。

在主權問題上，台灣社會經常因為缺乏國際承認而躁動不已，甚至因為對於主權過分執念而顛倒價值、付出代價，這和中國大陸動不動將台灣矮化為「中國台灣」一樣，都屬於一種「主權焦慮症群」，是沒有必要的。目前統治著台灣的中華民國其實已經擁有西發利亞主權，缺乏的是國際法理主權[11]，台灣應該要在前者的既有基礎上實事求是，不要為了不切實際的目標盲動躁進，小不忍則亂大謀。

在這方面，台灣必須更進一步，嘗試跳脫民族主義的思維框架，以更為彈性的方式，追求新的政治共同體想像的可能性。許多現在被認為「本質不變」、「不可或缺」的東西，其實都是在歷史中被建構出來的。在民族主義出現之前，沒有人認為「國族」是必要的，但在民族主義的時代，每個人都隸屬於某個國族，卻被認為天經地義。民族國家在人類漫長的歷史中不過存在兩三百年，它可以提供弱小族群反抗壓迫、尋求解放的手段，但卻不是永恆終極的價值。

台灣目前所面臨的國族困境（缺乏再現代表、也無法被正確指稱），在世界上就算不是獨一無二，也是罕見少有。然而，我們不必因此自輕自賤，更無須自憐自傷。台灣的確很小，但胸懷可以很大。統派經常批評獨派心胸狹隘目光淺短，只想偏安海角一隅，失卻逐鹿中原的大志。但換個角度看，逐鹿中原、經略中國的夢想，似乎也過於褊狹（儘管中國表面上看起來「很大」）。如果台灣或台灣人——意指出生或生活在這個島上的人民——具有任何世界史意義的話，那麼，從認同的困境中開啟新的政治共同體的可能性，或許是可以嘗試的積極貢獻。解決認同困境的方式可以更為彈性、開放與包容，不必執意將民族國家的形式當成唯一可能的認同客體（object of identification），而是要更珍惜從衝突、對話與協商的過程中，發現共享的價值理念，凝聚共同體意識。

三、外部的修復——揚棄舊框架，邁向新進境

主體間性的另一個要素，在於他者。由於台灣國族問題的困境，主要來源在於對岸，因此，兩岸之間也亟需修復。政府與政府之間固然需要溝通對話，兩岸社會之間，同樣必須展開民間修復，降低彼此的敵意與怨念，避免相互刺激民族主義的情緒。台灣有台灣民族主義，中國也有中國民族主義。

如果雙方都訴諸民族主義的邏輯，勢必終要在國族問題上對撞，這對雙方都有害無益。

悲情與怨恨，在中國民族主義的發展過程中也未曾缺席。撇開台灣在地緣政治中的戰略地位暫且不提，「台灣問題」在中國民族主義裡具有重大的象徵意涵：台灣一日不「回歸祖國」，就代表祖國的神聖領土完整性受到侵犯，歷史上的屈辱尚未徹底洗刷乾淨。「一個中國」也是典型的民族主義執念，因為一個「民族」只能有一個國家。「一個中國」就像是緊箍咒，北京念得愈緊，早已習慣於民主自由生活方式的台灣人民愈是想從這個咒語中掙脫出來。

如果北京政府與中國人民真的認為悠久的中華文明有其珍貴價值、覺得老祖宗的智慧值得學習的話，那麼就必須謹記「遠人不服，則修文德以來之」這句話。若是文德不修，只強調「打斷骨頭連著筋」，想要以「九二共識」與一中框架來逼使台灣就範，甚至訴諸武力威脅，或是以不同形式的暴力（如象徵暴力、語言暴力等）相向，只會加深人們對中國的怨念，把台灣的民心愈推愈遠而已。借用辯證法來**打個比方**：如果中國民族主義是個正命題，台灣民族主義就是個反命題；唯有將兩者**一併揚棄**，兩岸關係才可能出現新的進境。

柒、前瞻未來：重估價值，開創新的可能性

長遠來看，面對組織化偽善所造成的認同困境，處在大國夾縫中的台灣該如何安身立命？若要超克怨恨與報復衝動，拋棄民族主義的敘事框架來理解一己生命的存在意義，那麼，這個共同體中形形色色不同群體的人們，在過往歷史裡所承受的種種苦難與創傷，又有什麼意義？

民族主義的邏輯是戰爭的邏輯（因此為了祖國統一，不能放棄以武力解決「台灣問題」），民族國家體系是偽善的體系（因此台灣被排除在外，無法被正確代表與指稱）。對此，台灣人民的體認應該比其他人更為深刻清楚。台灣面臨的選擇不出幾種可能：第一是堅持走台灣民族主義的道路，建立一個以台灣為名的新國家，即使付出戰爭的代價也在所不惜；第二是選擇中國民族主義的途徑，與中華人民共和國合而為一（無論是統一或是被統一），雖然後者的實現機率遠遠高於前者），但可能付出的代價是失去當前既有的自由民主生活方式；第三是繼續維持現狀（中華民國），嘗試在困境中開創新的可能性。台灣本來就已經被排除在這個體系的邊緣位置，與其努力迎合這個偽善的權力體系，不如把危機當成轉機，揭穿這個體系的偽善，訴諸更高的價值理念來解決自己的制度困境。

借用尼采的話來說，為了更深刻地了解我們所處的世界，「非邏輯」與「不正義」是必要的，「生命的謬誤」對於活下去也是必要的。一旦了解自己的限制從何而來，我們反而獲得了更大的空間、更

多的自由。台灣的存在提醒人們反省這個體系的偽善，作為這個共同體的成員，台灣人民也應當扮演更主動積極的角色，促使世人反思這個偽善體系的合理性。

作為「現代性計畫」的一個重要組成部分，民族國家體系看似理性，實則充滿了非理性；它表面上宣示和平共存，事實上卻帶來毀滅性的戰爭；它表面看來意圖良善，實際的運作卻是眾人組織起來一起偽善；它宣稱要伸張正義，卻處處帶來不正義的後果。作為被排除在這個體系之外的例外者，台灣奏出的「不和諧音」，益發能夠凸顯這個體系的非理性、暴力、偽善與不公義。怨恨者總是執著於自己的苦難，把自己看得比整個世界更為重要；台灣要能夠走出自己的苦難之外，無所怨恨，無所畏懼。

作為政治共同體，台灣應當訴諸普遍主義的價值理念、而非特殊主義的歷史情境，來重建自己的認同。換句話說，台灣可以訴諸平等、尊嚴、互惠、共生、友愛、和平等價值理念，而非訴諸民族主義的邏輯，來爭取其他人的協助與支持，解決台灣在這個體系中的制度困境。

或許有人認為，當前的國際政治講的是實力，處在大國夾縫間求生存的台灣，即使揭露國際社會的組織化偽善，訴諸理念價值，其結果宛如蚍蜉撼樹，非但產生不了什麼效果，對台灣的生存甚至可能有害無益。然而，受苦的人沒有悲觀的權利，我們又如何承受得起悲觀？國際政治儘管現實主義當道，並不代表理想主義毫無施展空間。二戰以來，在西發利亞主權與民族國家發祥地的歐洲，政治共同體的組織原則、合法性基礎與實際運作，已經和當年導致兩次大戰的民族國家模式漸行漸遠。人們對於民族主義抱持著相當程度的警醒，而民族國家的機制、效能與合法性，也因全球化所導致的結構性變遷而備受挑戰與質疑[12]。借用資訊網路的時代語言來比喻，如果立基於西發利亞主權原則的民族國家體系是「國際社會 1.0」，那麼我們有什麼理由認為一個超越民族國家主權的「國際／全球社會 2.0」不會出現？人類社會的希望就在於源源不絕創造新生的能力，自陷於民族國家的想像與主權魔咒，是缺乏創新力的一種表徵。台灣作為「非國族」（而不是「後國族」），應該要大膽前瞻，密切體察時勢脈動，抓住機遇來解決制度困境，甚至積極為自己、也為他人開創新局。

民族主義乃現代社會的自我崇拜，這是蓋爾納（Ernest Gellner）一針見血的精闢診斷。一個只知道崇拜自我的共同體不會偉大，也不會感人；一個共同體如果能夠偉大，是因為它能夠在文明的高度上建立新的標竿，樹立新的典範。一個黨派、政權、國家或民族的興盛衰亡，如潮汐起落，星辰更替；能夠持久的，唯有崇高的理念與永恆的價值而已。

台灣雖小，但是夢想可以很大。台灣的國族困境，考驗的是這個共同體成員的智慧與道德。我們大可不必為台灣的「認同漂移」感到悲哀，因為這代表新的可能性等著我們去開創。過去的歷史表明，生活在這塊土地上的人民向來創意十足，也能在困境中屢屢開創新局。無論是台灣人還是中國人，能夠貢獻於人類文明的終極價值，而非執念於我族一己的短暫利益或興衰榮辱，讓兩岸僵局與國族困境找到新的出路，才是託付個體與集體生命意義的最佳所在。

1 例如，根據另一家媒體所引述的民調，仍然有超過六成以上的民眾有所謂「泛中國人認同」，因為問題的提問方式不一樣。參見：http://www.chinatimes.com/newspapers/20160408000605-260109。

2 「主體間性」是個現象學的概念，有人譯為「互為主體性」。社會現實的「客觀存在」其實是靠著主體間性才能獲得確保。舉個例子來說，在過去護照還沒有加註「台灣」時，持中華民國護照的旅客常在海外被誤認為是來自中華人民共和國。由於「台灣」或「中華民國」作為一種國籍歸屬或身分範疇，並未進入另一個主體的認知當中，而Republic of China 與 People's Republic of China 又被混同起來，因此儘管當事人自認是台灣人，但別人不認為他是台灣人，而是中國人，「台灣人認同」在這裡缺乏了「主體間性」。只有「我自認是台灣人，別人也認可你是台灣人」的時候，「台灣認同」才有主體間性，台灣人認同才可能獲得確保。

3 周子瑜事件激起許多人「是可忍、孰不可忍」的廣大義憤，可說是絕佳的註腳。如果揮舞中華民國的國旗都被當成台獨，那麼台灣已經找不到任何集體表徵的符號了。

4 若了解到這一點，則無需過分苛責台灣的「小確幸」——也許這某種程度的確反映了因為長期國際孤立與「建國／復國無望」所造成的偏安心態，但是，當整個社會每天不斷為了如何指稱自己而耗費無數心神、為了「我們是誰」而爭辯不休的時候，我們如何期待這個社會的人們有開闊的視野與高遠的理想？

5 這些框架，因為直接或間接被東亞近現代史上的幾場重大戰爭所形塑，因此可稱為「戰爭之框」。參見汪宏倫〈東亞的戰爭之框與國族問題：對日本、中國、台灣的考察〉，汪宏倫編，《戰爭與社會：理論、歷史、主體經驗》，頁一五七—二二五，台北市：聯經出版事業有限公司，二〇一四。

6「組織化的偽善」（organized hypocrisy）是政治學者 Stephen Krasner 所提出來的概念，意指當前國際社會其實說一套、做一套，表面上雖然標榜許多原則與規範，但為了權力與利益，卻經常集體漠視或破壞這些原則與規範；民族主義者念茲在茲的「主權」，其實正是體系成員間有組織地偽善行為。例如在台灣的中華民國，雖然符合事實的（de facto）主權國家條件，但在法理上（de jure）卻不被承認為主權國家。更重要的是，這種「不承認中華民國」的行為，並非僅限於少數幾個成員國，而是整個體系有組織地將中華民國排除在外。這種「明知它的存在（是個國家）、卻又大家聯合起來假裝它不存在（不承認其為國家）」的排除行為，正是一種「組織化的偽善」。換個角度來看，一九七一年之前，聯合國視國民黨政權為中國唯一合法代表，將建立中華人民共和國的北京政權排除在外，也是一種組織化的偽善。進一步說，當今北京政府在國際上堅持的「一個中國」的原則，其實就是一種「組織化偽善」的具體表徵。李登輝時期的「兩國論」，以及陳水扁時期台灣積極打破外交困境、參與聯合國等嘗試，被指責為破壞現狀的「麻煩製造者」，正是因為台灣試圖揭露這種「組織化的偽善」，招致偽善者不快。參見汪宏倫，〈台灣為何要「自找麻煩」?全球化趨勢與台灣的國格問題〉，收錄於林佳龍、鄭永年編，《民族主義與兩岸關係》，頁二六七—三〇二，台北市：新自然主義出版社，二〇〇一。

7例如童振源在本書〈台灣的國際大戰略建議〉一文所提到的「實體」概念（「政治實體」、「經濟實體」、「捕魚實體」等），是「雖不滿意、但可接受」的選項。此外，童文也提到，台灣應該更注重與重要友邦發展實質關係，而非著眼於邦交國數量，否則反而容易因為斷交而備受壓力挫折，影響民心士氣。

8例如可以仿效南非的赦免條款，鼓勵當年白色恐怖的執行者、加害人出面坦承犯行，但可免於追訴刑罰（例如林宅血案與陳文成事件，這些懸案若有人出面，將有助於釐清真相），或是讓過去的統治集團成員（如蔣家後代）參與轉型正義的實務運作，將有助於促進和解，擴大轉型正義的基礎。

9在屠圖主教所主持的公聽會中，禱告是開始與結束時的必要儀式。他在《沒有寬恕就沒有未來》一書，更進一步闡明：「我們的實驗會成功，**因為上帝希望我們成功。這不是為了我們的榮耀和強大，而是為了上帝的世界**。上帝想要表明，衝突和壓迫之後生命依舊；有了寬恕，就有了未來。」必須特別留意的是，這裡訴諸的不是任何世俗的「轉型正義」概念，而是神義論（theodicy）。

10 過去常見「如果本省人執政，外省人都要被趕到海裡去」的說法，正是這種危機意識的展現。此外，所謂「高級外省人」的說法，一方面可能是過去歷史所造成的認識框架所致（把本省人看成曾被敵國「小日本」殖民過的次等公民），一方面可能也是曾經位居優勢的少數族群在喪失昔日地位特權、或感覺到被邊緣化的威脅之後，所產生的過度補償心理。

11 西發利亞主權（Westphalian sovereignty）與國際法理主權（international legal sovereignty）這兩個概念同樣來自國際政治學者Stephen Krasner，前者指的是在特定疆域領土內實際有效統治、排除外來行動者的入侵干涉，後者指的是在國際體系中被承認為一個國家（state）。這兩種主權原則表面上被遵循，實際上卻經常因為各國的現實利益而被打破，因此被視為是「組織化偽善」的最佳例證。

12 關於這些變化的總體觀察與分析，可參見哈伯馬斯《後民族格局》，曹衛東譯，台北：聯經出版事業有限公司，二〇〇二。

台灣的國際大戰略建議

童振源（美國柏克萊加州大學訪問學者）

壹、國際戰略環境

目前國際政治大格局逐漸形成「三超多強」（美國、歐盟、中國大陸與其他強權），甚至在東亞某些議題上形成「兩超共治」（美國與大陸）的局面。大陸在國際強權間快速崛起，國際影響力迅速

＊此文於本人接受行政院任命前以學者身分撰寫，不代表政府之政策或立場。

擴張。面對大陸崛起的事實，美、日、歐等北方強權與國際社會都必須與大陸進行合作與妥協。

不過，國際社會對中國大陸走向仍有很深疑慮與擔憂，包括大陸的發展模式與軍事擴張。因此，國際社會透過兩種途徑降低對中國疑慮與強化對大陸發展途徑的影響：民主自由的社會交往與政治聯盟的軍事嚇阻。民主自由聯盟是民主國家強化彼此互動的韌帶，但是民主陣營對抗非民主陣營並非國際互動主軸，甚至這樣的對抗在國際社會已經非常薄弱而模糊。

第二，台灣的國際大戰略不應該依托北方強權「對抗」中國大陸，而是應該建立在美、日、歐等北方強權在兩岸問題的共識基礎及台灣與北方強權的共同利益與價值上「平衡」大陸的壓力，捍衛台灣的戰略目標與價值，同時追求兩岸關係的緩和與和解。北方強權和大陸有不少政治歧異，但是基本上保持「鬥而不破」的工作關係。北方強權希望兩岸在現狀的基礎上和平對話解決爭端，但不願意被捲入兩岸對抗與衝突當中。

第三，面對大陸國力的急速擴張，大陸相對於台灣的國力優勢愈來愈大，而能支持台灣的美國與日本相對於大陸的國力優勢愈來愈小。過去二十五年，大陸維持九．九％的年均經濟成長率，台灣平均為四．六％，美國維持二．五％，日本是○．九％。因此，國際權力均衡有很大改變。在一九九二年時，大陸的經濟總量（GDP）是台灣的一．九倍，但到二○一四年已經是台灣的十九．六倍。相似的，一九八七年時，美國經濟總量是中國的十七．九倍，美國加日本的經濟總量是大陸的二十七．

圖一、大陸相對於台灣GDP的規模

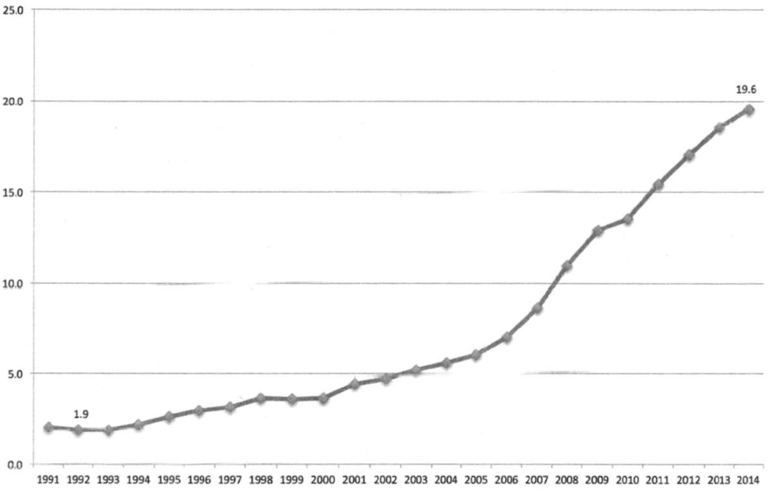

圖二、美日中三國的GDP比例

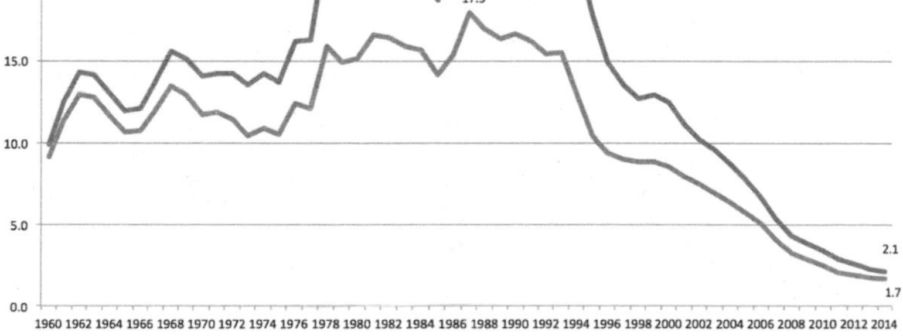

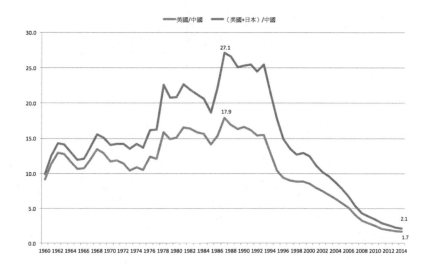

一倍；二〇一四年時，美國經濟總量只是中國的一．七倍，美國加日本的經濟總量只有大陸的二．一倍。（見圖一、圖二）

第四，台灣在東協十國的投資將近千億美元，而且過去十年東協平均經濟成長率為五．九％，印度為七．五％，有很大的經濟發展潛力。這些周邊國家涉及很多台灣的實質利益，包括經貿、投資、金融、人才、技術、能源、移民、傳染病、生態等議題。東亞地區的人力資源非常豐沛與優秀，是台灣未來經濟成長的重要資源。政治上，東南亞國家可能成為台灣平衡大陸壓力的重要夥伴，特別是東亞的議題；經濟上，東南亞國家可以降低台灣對大陸經濟依賴的風險。

第五，台灣剛好處於自由國家與非自由國家的交界，凸顯台灣作為東亞民主燈塔與示範櫥窗的國際戰略優勢地位。根據自由之家在二〇一五年對全世界二百一十一個國家或地區的評估，台灣是八十八個自由國家或地區之一，而且平均分數為八十九分、全球排名五十一名。在東亞地區，台灣是五個自由國家之一，二十個國家中排名第二、僅次於日本。東協十國有四個為部分自由、六個不自由，平均分數為三十七．九分。大陸為不自由國家，平均分數只有十六分、全球排名一九〇名。北韓為不自由國家，平均分數更低到三分、全球排名二〇七名。（圖三）

第六，儘管過去廿五年台灣人民的國家認同與統獨立場發生天翻地覆的變化，但台灣人民相當務實，再加上民主化讓中華民國台灣化，維持台海和平現狀的願望愈來愈強烈。根據政治大學選舉研究中心的民意調查，排除儘快統一與儘快宣布獨立的支持者之外，目前廣義維持兩岸現狀（包括永遠維持現狀、維持現狀以後再決定統獨、維持現狀以後走向統一、維持現狀以後走向獨立）獲得大約八十五%的台灣人民支持。

第七，台灣的國際大戰略須納入大陸民意與社會的變數。兩岸人民承載的歷史記憶與發展經驗不一樣，而且大陸人民無法在民主自由的環境表述意見，台灣無法準確理解當前大陸的民意，也難以與大陸人民進行直接溝通與交流。不過，大陸社會愈來愈開放，特別是大陸人民透過網路可以

圖三、東亞各國自由程度：2015

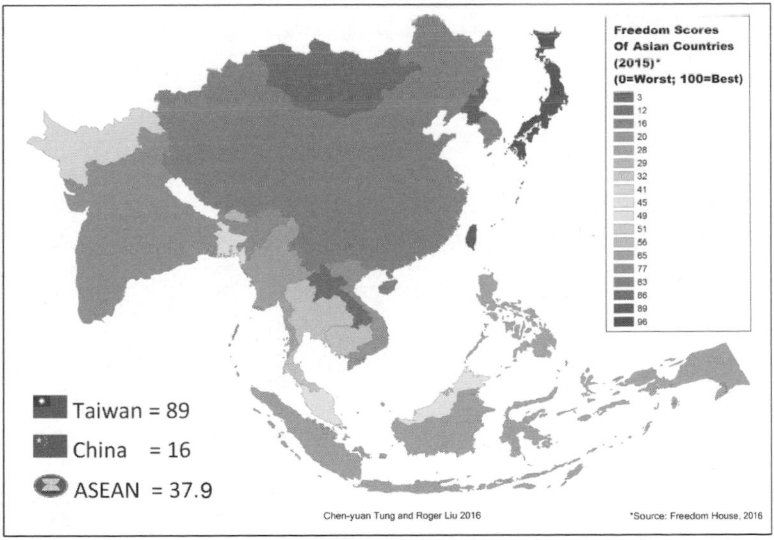

資料來源：Produced by Chen-Yuan Tung and Roger Liu, based on Freedom House, “Freedom in the World 2016”, https://freedomhouse.org/report/freedom-world/freedom-world-2016。

接觸到全世界的大部分訊息，不少人可以來台灣進行觀光與交流。更重要的是，他們已經對大陸政府的施政形成制約力量，甚至可以直接影響兩岸交流。因此，台灣新政府應該對大陸人民表達善意，透過適當的方式與途徑進行溝通與交流，才能讓大陸民意扮演兩岸關係發展的正面力量。

面對國際戰略環境的改變，台灣新政府需要建構新的國際大戰略均衡點，在台灣民意、北方強權、大陸人民、大陸政府、東亞國家之間取得均衡。戰略均衡點不只是軍事平衡，是指符合各方利益、實力與情感的平衡點，包括軍事、政治、經濟、文化、認同、國內政治、兩岸關係與國際情勢等面向。以下便論述台灣的三大戰略目標與價值。

貳、三大戰略目標與價值

台灣的國際大戰略應該先確立三大目標與價值：民主、和平與繁榮，才能作為後續戰略規劃的座標。

首先，「民主」是捍衛台灣的民主、自由與人權，在處理國際關係與兩岸關係時，應該遵循台灣的主流民意，以民主解決兩岸的政治爭端，同時強化台灣與國際社會的戰略價值連結。這些都是台灣國民最珍惜的價值、最核心的利益，也是美、日、歐等北方強權所推崇的價值與利益。

其次是「和平」。為了自身的安全，台灣需強化與北方強權的安全夥伴關係。在促進與維護區域和平上，台灣受限於自身的實力與大陸對台灣的國際圍堵，台灣能夠參與傳統安全合作的空間有限。但是，台灣可以凸顯非傳統安全合作的角色，包括經濟、金融、衛生、網路、生態、人道救援等等議題。此外，面對兩岸經濟安全的顧慮，台灣可以借助先進國家的安全防衛機制，協助台灣評估與防範兩岸經濟安全風險。

第三，「繁榮」的定義應該是永續發展，包括經濟繁榮、人道關懷、公民社會、文化多元、生態環境。台灣要捍衛民主與和平，便需要經濟繁榮為基礎，要參與國際經濟整合與合作。台灣具有公民社會與多元文化的優勢，需要生態環境的可持續性，都應該積極推動國際合作與交流。在國際志工、人道救援、疾病防治方面，台灣可以協助與回饋國際社會。政府應該整合與協助民間組織的力量，以便發揮更大功效。

參、五大戰略支柱

台灣的國際大戰略必須是整合性的、前瞻性的、跨領域的、整體性、國際性的戰略觀點，以統合國家的力量、確立施政方向、結合友台力量、擴大台灣機會、化解對台威脅。台灣的國際大戰略包括五大支柱：安內、實外、倚北、聯南、和中。

首先是「安內」。台灣的國際大戰略需要建立國際權力均衡基礎上，但如果忽略民意的支持與社會的共識，將導致戰略基礎不穩、事倍功半。因此，台灣必須先凝聚國內共識，在國內民意與共識基礎上，拓展國際關係與促進兩岸和解。

第二是「實外」。台灣的國際參與需要強調實質關係與充實外交利益，而不是強調名義邦交或形式參與。台灣的國際參與必須獲得台灣人民的支持，必須強化台灣已參與的國際組織之角色與國內能見度。其次，台灣要獲得國際支持，必須強化台灣人民與各國人民的共同利益與價值，推動人民對人民的外交，或者稱為公共外交。因此，在國內共識與民眾利益基礎上，台灣政府應整合出台灣民眾利益攸關的三至五個國際組織或活動，整合外交資源與民間力量共同推動。

第三是「倚北」。在兩岸主權衝突尚未緩和前，大陸仍是台灣的最大國家安全威脅與國際參與阻礙。因此，台灣倚靠北方強權以增加實力，平衡大陸對台灣的軍事、政治與經濟壓力，台灣才有安全感及籌碼，與大陸展開兩岸談判與互動。台灣不僅要強化與北方強權的政治與軍事夥伴關係，更要建立經濟夥伴關係，包括經濟繁榮與經濟安全，這是台灣當前最迫切的挑戰。例如，美國仍是全球最大市場、最重要技術與創新來源、最重要的人才與資金來源，對台灣發展創新經濟非常關鍵。美國的台灣關係法也強調，美國將協助台灣抵抗大陸採取對台灣的經濟抵制、禁運或其他高壓手段。（見圖四）

第四是「聯南」。南方的發展中國家應該是台灣積極推動合作的對象。從地緣政治經濟角度，台灣應該優先推動與東南亞及南亞的合作關係，一方面擴大台灣發展經濟的腹地與資源，另一方面創造互惠雙贏的合作關係，維護台灣在東亞的利益，並結合東亞友善力量平衡大陸的壓力。

第五是「和中」。台灣的國際戰略應該要倚靠北方強權的力量平衡大陸的壓力，促進兩岸和解而不是對抗。台灣應對大陸政府展現善意與推動合作，發展與大陸和平互惠關係，才能緩和兩岸衝突與促進兩岸和解。這不僅符合北方強權的利益，也容易獲得北方強權對台灣其他目標的支持。

總而言之，台灣的國際大戰略方向包括：

圖四、台灣的平衡戰略圖示

依靠台灣共識、推動公共外交、強化實質關係、鞏固強權支持、深化東亞合作、團結大陸人民、爭取中共諒解、創造兩岸和解。要達成三大戰略目標與價值，需要上述五大戰略支柱。要鞏固五大戰略支柱，需要強化六大戰略基礎，說明如下。

肆、六大戰略基礎

一、奠基和平現狀、緩和兩岸關係

台灣的國際大戰略首先要建立在中華民國憲政體制的和平現狀基礎上。維持國際和平的最重要原則便是權力均衡，台海和平現狀便是國際權力均衡結果。台灣、美國與大陸或許都不滿意，但都無力改變這個現實。台灣處弱勢一方，更要強調捍衛台海現狀的政策與決心，才能獲得北方強權的支持與大陸的諒解。這項立場也獲得絕大多數台灣民意支持，台灣指標民調與兩岸政策協會在去年底公布的民調都顯示，超過三分之二的受訪者都支持兩岸關係建立在中華民國憲政體制基礎上。

在蔡總統承諾維持中華民國憲政體制與維持台海現狀之下，民進黨可以考慮凍結「台獨黨綱」與通過「中華民國決議文」，落實「台灣就是中華民國，中華民國就是台灣」的台灣共識，實質接受中華民國憲政體制的內涵、強化維持兩岸現狀的承諾，藉此降低大陸對台灣改變現狀（宣佈法理台獨）的疑慮。

其次，關於兩岸現狀定義與兩岸關係定位，建議新政府根據中華民國憲政體制與兩岸現狀處理，尋找兩岸可以互動的政治基礎。中華民國憲政體制是兩岸歷史與政治的連結，存在一中概念，但也歷經台灣六十六年的休戚與共發展及民主憲政改革，兼具台灣主體性與民意。對內事務與對外關係上，中華民國政府可以強調台灣主體性的國家定位；在兩岸關係上，中華民國政府應該定義兩岸關係為管轄境內與境外之特殊關係，兩岸對等分治、互不隸屬。

第三，在中華民國憲政體制的和平現狀基礎上，台灣應該推動兩岸善意和解工程，以合作互惠替代零和對抗：

①在沒有任何政治前提下，兩岸組成永續發展委員會，共同維護兩岸生態環境的可持續性。

②在沒有任何政治前提下，在兩岸共同參與的國際組織當中，兩岸組成合作委員會，展現台灣的善意，推動兩岸在國際組織的互惠合作。兩岸可以先從亞太經濟合作會議（APEC）、亞洲開發銀行、世界貿易組織（WTO）分別組成兩岸合作委員會，開始推動試點合作互惠，逐漸擴及到其他國際組織，包括台灣未來加入的國際組織。

③只要大陸宣布放棄對台灣使用武力，兩岸便組成和平繁榮委員會，促進兩岸更多政府合作與兩岸

共存共榮。

④如果大陸希望統一，只要大陸實施民主，兩岸便可以組成民主和平統一委員會，商議兩岸民主和平統一的內涵與方式。兩岸要統一，必須在和平友善的環境下，經過民主程序獲得台灣人民的同意。這便是民主和平統一原則。

兩岸人民共源同文、沒有仇恨，只是因為六十多年歷史隔閡與不同發展經驗才造成彼此不同的認知與對立的觀點。台灣政府需要尋找兩岸人民互動的政治基礎、情感基礎、發展原則與共同目標，推動兩岸社會和解。台灣新政府可以中華民國憲政體制為共同政治基礎，以華人認同為共同情感基礎，以兩岸民主和平統一為共同發展原則，以現代化中華文明與公民社會為共同目標與價值，靈活積極促進兩岸人民溝通與交流，團結大陸人民共同促進兩岸政治和解。

二、立足普世價值、發揮戰略優勢

從硬實力來看，大陸對台灣的壓力會愈來愈強，而且北方強權能協助台灣的力量愈來愈侷限。因此，台灣的國際大戰略必須立足在普世價值的軟實力，包括民主、自由、人權、人道、公民社會、多元文化、生態環境，才能平衡大陸的硬實力壓力，包括國際圍堵與軍事威脅。台灣應該成為進步文明的模範，這是台灣的戰略優勢。

民主是台灣爭取北方強權支持的最關鍵資產，台灣應繼續扮演大陸與亞洲民主化燈塔的國際戰略角色。特別是，台灣應協助大陸融入國際普世價值體系，促進大陸的民主和平崛起。台灣可以成立民主發展研究所與博物館，展示台灣民主化的歷程與經驗，同時顯著擴大台灣民主基金會的規模。當然，更重要的是完善台灣的民主體制，作為各國借鑑的民主發展成功經驗。

台灣的軟實力對大陸政府與人民都有相當吸引力。即使大陸人民擔心立即民主可能造成的經濟與社會的動盪，但是民主是絕大多數大陸人民長期追求目標，希望台灣能協助大陸推動民主與保障人權。對大陸政府而言，過去的經濟改革效法台灣經驗，目前很多大陸官員到台灣借鑑社會治理經驗。未來，兩岸可針對文明發展、公民社會與生態環境進行交流與合作。長期而言，大陸還是會需要台灣分享政治改革與民主發展的經驗。

三、尊重北方共識、鞏固強權支持

在兩岸關係上，美、日、歐等北方強權逐漸形成「北方共識」，包括五項元素：

①北方強權支持台灣的民主與自由、希望維持與台灣的實質關係、默認台灣的事實主權，但無法在法理上承認台灣或中華民國是主權獨立的國家。

②北方強權支持兩岸對話協商、支持兩岸問題和平解決、支持台灣的前途必須獲得台灣人民的同意、

支持兩岸政治爭議的和平解決需要兩岸人民同意。

③北方強權反對中國大陸對台灣的武力威脅、防止兩岸發生軍事衝突、對台海穩定與發展有相當大的利益。

④北方強權支持台灣實質參與國際組織，但希望台灣不要過度凸顯主權意涵或象徵，但也反對國際組織片面決定台灣的國際地位（例如，反對聯合國將台灣視為中華人民共和國的一部份或中國的一省）。

⑤北方強權支持台灣的民主自由，但不希望台灣以民主作為改變國際現狀的手段。例如在二〇〇四年與二〇〇八年，台灣透過總統大選推動和平公投與入聯公投都無法獲得北方強權的支持，美國甚至表示台灣在破壞現狀。

上述北方共識不完全符合台灣人民的願望，但卻是目前台灣能獲得北方強權支持的極限。台灣要北方強權支持，以平衡大陸的壓力及拓展台灣的國際參與空間，便必須遵守與運用上述五項北方共識，極大化機會與極小化威脅。台灣的重大兩岸政策與外交政策應以「北方共識」為推動前提，藉此穩定兩岸關係與強化台灣的談判籌碼。

此外，北方強權與大陸在某些議題上可能有衝突，甚至要聯合台灣對抗大陸，例如南海與東海議題。在大陸未顯著減緩對台灣的安全威脅與國際圍堵前，基於台灣安全與國際參與需要北方強權的支持，台灣應該在北方強權可以諒解的前提下採取與大陸非對抗性的立場，維持兩岸關係緩和與和解的空間。

四、平衡兩岸國際、參與區域整合

大陸的國力強大之後，已經無法再像一九九〇年代中期以前有北方強權支持，台灣便可以參與APEC與WTO。為了降低大陸對台灣參與區域經濟整合體制的政治阻撓，降低台灣對兩岸經濟交流的經濟安全顧慮，同時極大化經濟利益，未來台灣應該平衡發展兩岸經濟關係與國際經濟關係。

面對被排除在東亞經濟整合體制之外的困境，台灣應以「平衡與多軌並進」原則化解大陸障礙的因素、避免受制於大陸的政治企圖，達成台灣參與東亞經濟整合體制的國家目標。整體而言，台灣應優先推動兩岸經濟整合協議與台美經濟整合協議，同時積極推動台灣經濟體制自由化。

台灣完整的國際經濟整合戰略建議如下：

（一）在多邊層面

★積極推動WTO與APEC等多邊自由貿易體制的建立，主動提出各項國際貿易自由化與經濟整合協定的議程、積極推動各項貿易與投資自由化與合作的措施。不過，台灣要落實多邊自由化議程的困難度相當高。

★推動參與跨太平洋戰略夥伴協定（TPP）與區域全面經濟夥伴協定（RCEP）的準備、溝通與談判。由於這兩個協議涉及國際政治（大陸政治阻撓）與多邊複雜談判及開放要求，而且美國目前主要總統參選人都不贊成TPP，台灣不宜將參與這兩個協定當作優先目標。

（二）在雙邊層面

★優先同時完成兩岸經濟整合協議與台美經濟整合協定。

★第二優先目標為日本、香港、東南亞、歐盟。

★第三優先目標為印度、澳洲、紐西蘭、中南美洲、加拿大與俄羅斯。

★台灣與美、日、歐應簽訂全面經濟伙伴協定，包括經濟互惠、綜合功能議題與政策合作。

★在雙邊協商過程當中，台灣的名稱可彈性、作法應務實、管道要多元、議題分階段。

（三）在單邊層面

★積極推動台灣經濟體制自由化，以提升台灣的國際經濟競爭力。

此外，台灣可與美國商議，建立特殊的經濟互惠合作關係，恢復台灣經濟成長動能，同時運用美國的安全防護機制作為台灣的經濟安全閥，例如：在美國獲得頂尖大學學位、工作簽證與居留權一定年限的大陸人才可以到台灣工作。

五、優先實質參與、爭取國際空間

為了避免大陸對台灣參與國際組織的實質阻撓，台灣在名稱與身份上都必須更加彈性。台灣可以參與WTO的模式作為參與其他國際組織的典範。根據關稅暨貿易總協定第三十三條及WTO章程第十二條，台灣是以一個獨立關稅區加入世界貿易組織，享有完整與獨立的會員資格，但又沒有被矮化或隸屬於他國的意涵。

在目前北方強權無法接受台灣以主權國家的身份參與國際組織的情形下，台灣應該以WTO參與模式作為次佳的政策選項，以政治實體、法律實體、經濟實體、社會實體、文化實體、衛生實體、民航實體……等等身份要求成為國際組織的會員。

例如，國際社會普遍認為台灣應納入國際漁業管理體系，所以援引一九九五年「聯合國魚群協定」第一條第三款「本協定各項規定應比照適用於船隻在公海捕魚的其他捕魚實體」，讓台灣於一九九七年以後得以「捕魚實體」的身份參與多個區域性漁業管理組織之公約協商。從一九九七年至二〇一一年，台灣便以「捕魚實體」身份陸續參加至少九個國際漁業組織，其中至少五個是在陳水扁總統執政時期加入。此外，陳總統執政時，台灣還以「衛生實體」的身份要求成為世界衛生組織的觀察員。

然而，顧及到國際組織的章程沒有類似WTO的獨立關稅區的設計，在第一階段，台灣應該以「實體」的身份先成為各國際組織的觀察員，但是不能被矮化、不能隸屬於大陸、必須經由國際組織大會同意、必須享有完整而獨立的觀察員權益。在第二階段，台灣盡量遊說各國（包括大陸）修改國際組織章程，讓台灣以「實體」的身份成為國際組織的完整而獨立會員，解決台灣的國際參與問題，降低兩岸長期對抗的根源，對於區域與兩岸的長期穩定都有幫助。

在台灣的國際參與上，台灣應推動北方強權支持下的國際參與議程、不挑戰大陸根本立場（例如以實體身份、觀察員身份參與相關國際組織）、在參與的國際組織可與大陸進行合作、優先爭取參與民眾利益攸關的國際組織與非政府國際組織、平行雙軌與大陸及美國簽署經濟整合協議或其他合作協議。

六、拓展周邊國家、深化互惠合作

台灣目前維持二十二個邦交國，但在全世界六十一個非邦交國有代表處及辦事處，駐外機構共有一百一十六個、分佈在八十三個國家。因此，台灣應該強調的是與八十三個國家維持實質關係，而不是強調只有二十二個邦交國，而受制於大陸的斷交壓力，造成台灣內部民心與政府士氣的挫折感。

不管有無邦交關係，台灣與各國應發展互惠合作與共享價值的實質關係。在邦交國方面，台灣應該根據相當經濟水平國家的國際援助經費比例，給予邦交國人道與發展的協助，善盡國際公民的責任，更感謝他們對台灣的外交支持。除了北方強權之外，台灣應優先促進與東亞地區的多面向實質交流與合作關係，這將是未來外交工作的重點區域。

伍、總結

台灣為一個中型國家，無法獨自面對大陸作為世界強權的軍事、政治與經濟壓力。台灣的國際大戰略要以北方強權共識平衡大陸對台灣的壓力，推

圖五、台灣的國際大戰略圖示

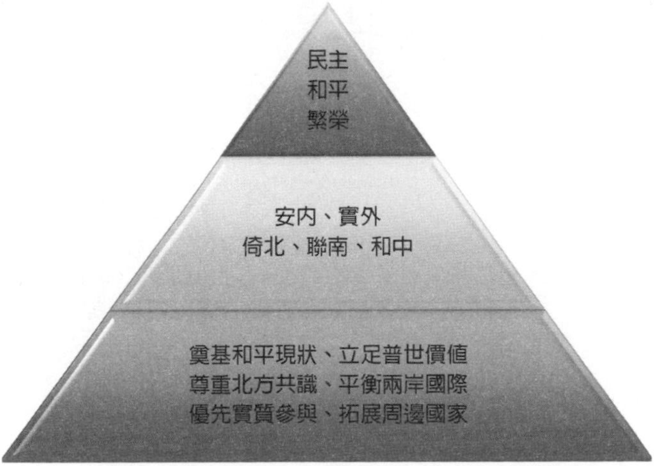

動兩岸和解，但不是倚靠北方強權對抗大陸。其次，台灣不要與大陸硬碰硬，需要以軟實力平衡大陸的硬實力、以柔克剛，因勢利導、趨吉避凶、團結內部、結盟國際，並且爭取大陸人民與社會的支持，才能促進兩岸和平與長期和解。

具體而言，台灣的國際大戰略應有三大目標與價值：民主、和平與繁榮；台灣的國際大戰略要有五大支柱：安內、實外、倚北、聯南、和中。台灣的國際大戰略方向包括：依靠台灣共識、推動公共外交、強化實質關係、鞏固強權支持、深化東亞合作、團結大陸人民、爭取中共諒解、創造兩岸和解。

要鞏固五大戰略支柱達成三大戰略目標與價值，台灣應該強化六大戰略基礎：第一，奠基和平現狀、緩和兩岸關係；第二，立足普世價值、發揮戰略優勢；第三，尊重北方共識、鞏固強權支持；第四，平衡兩岸國際、參與區域整合；第五，優先實質參與、爭取國際空間；第六，拓展周邊國家、深化互惠合作。

憲改人權的新趨勢：國際人權入憲

張文貞（國立台灣大學法律學院教授）

前言　下一波憲改的正當性在人權

台灣在民主轉型的過程中，迄今共歷經七次憲改，但這七次憲改主要是針對憲政體制的漸進改革，並未對人權清單或人權保障有進一步的強化。這種完全以政治權力為中心的憲改，在台灣已初步完成民主轉型，加上因中國崛起而憲改空間受到極度壓縮的今日，已不再具備任何說服力，亦欠缺正當性基礎[1]。如何重塑憲改主張的論述，賦予其更高的正當性，使憲法修改的議題不被政黨利益所綁架，而能真正彰顯與回應民意，是啟動下一波憲法修改所應思考的問題。

若我們認真檢視過去修憲的內容，可以發現沒有一次修憲是針對人權清單進行修改，相較於全球憲政主義重視人權保障的潮流[2]，既有憲法的人權清單過於保守與老舊。為了回應這一個問題，本文認為台灣新一波憲改的論述，應從深化人權價值與保障的角度出發；亦即，必須由憲改的深層理念來著眼，改變原有憲改論述的工具性基調，強化憲改重視人權的目的性，藉以提升憲政改造的高度和創造其時代的價值。

為了引領相關的討論，本文旨在討論如何將國際人權納入憲法。除了前言和結論外，本文的第一部分先檢視現有憲法權利清單的有限性，第二部分討論司法院大法官如何在憲法解釋中增加權利的種類和內涵；最後，本文的第三部分是在當前全球憲政主義的潮流下，分析國際人權法與憲法匯流的模式，以及在台灣脈絡下可能採取的模式與新人權清單。

本文主張，面對憲法改革的契機，考量台灣的特殊脈絡，我們應在憲法中規定全面遵行國際人權法。具體的作法是在憲法中訂立「優先條款」或「尊重條款」，讓國際人權法在我國憲法取得優越地位，將其內容一次性的包裹憲法化。此外，我們也應在權利清單中，回應已具有高度社會共識的權利議題，例如，降低公民權行使的年齡限制。

一、我國憲法權利清單的有限性

我國憲法本文第二章規定了人民基本的權利與義務，相關條文共有十七條。第二章所保障的權利為：

第七條　平等權、

第八條　人身自由、

第九條　人民不受軍事審判權、

第十條　居住遷徙權、

第十一條　言論、講學、著作及出版自由權、

第十二條　秘密通訊權、

第十三條　宗教自由權、

第十四條　集會結社自由權、

第十五條　生存、工作及財產權、

第十六條　請願、訴願及訴訟權、

第十七條　選舉、罷免、創制及複決權、

第十八條　應考試服公職權。

除了權利保障以外，第二章亦規定人民基於憲法所應負擔起的義務，這些義務是：

第十九條　人民有依法律納稅之義務、

第二十條　人民有依法律服兵役之義務、

第二十一條　人民有受國民教育之權利與義務。

此外，為補充我國憲法基本權利清單列舉權利保障的不足，我國憲法第二十二條規定：「凡人民之其他自由及權利，不妨害社會秩序公共利益者，均受憲法之保障。」此為概括保障條款。憲法第二章所保障的自由與權利並未有絕對性，我國憲法第二十三條規定在「防止妨礙他人自由，避免緊急危難，維持社會秩序，或增進公共利益」的必要情況下，得以法律限制這些自由與權利。

若與其他國際人權公約相比，我國憲法第二章所保障的權利種類與內涵其實相當有限。例如，一九四八年聯合國大會決議通過《世界人權宣言》（Universal Declaration of Human Rights,

UDHR），該宣言中有十九條條文保障公民政治權利，另有六條保障經濟社會文化權利。其所保障的權利為：

第二條　平等權、
第三條　生命自由與人身安全權、
第四條　禁止為奴的權利、
第五條　禁止酷刑的權利、
第六條　法律人格權、
第七條　法律平等不受歧視權、
第八條　訴訟權、
第九條　人身自由權、
第十條　公平審判權、
第十一條　無罪推定原則、
第十二條　家庭權與名譽權、
第十三條　遷徙自由權、

第十四條　庇護權、
第十五條　國籍權、
第十六條　婚姻家庭權、
第十七條　財產權、
第十八條　思想良心宗教自由權、
第十九條　表意自由權、
第二十條　集會結社自由權、
第二十一條　參政權、
第二十二條　享有社會保障權、
第二十三條　工作及職業自由權、
第二十四條　休憩權、
第二十五條　健康權、
第二十六條　受教權、
第二十七條　文化權[3]。

除了《世界人權宣言》之外，被稱為是國際人權清單（International Bill of Rights）的《公民與政治權利國際公約》（International Covenant on Civil and Political Rights, ICCPR）及《經濟社會文化權利國際公約》（International Covenant on Economic, Social and Cultural Rights, ICESCR）不僅進一步具體化了《世界人權宣言》的內容，更涵蓋了該宣言所未包括的一些基本權利[4]。例如，《公民與政治權利國際公約》保障了例如：

第一條　保障人民自決、

第二條　要求國家平等尊重人權、

第三條　性別平等權、

第四條　緊急狀態不得扣減基本權利、

第五條　禁止破壞公約所保障的權利、

第六條　生命權、

第七條　禁止酷刑、殘忍或不人道的處罰、

第八條　第一項禁止奴隸及第二項禁止強迫勞動、

第九條　人性尊嚴與人身自由權、

第十條、第十一條　禁止因契約不履行而受監禁、
第十五條　罪刑法定原則、
第十六條　法律人格的承認、
第十七條　隱私權、
第十八條　思想自由、信仰及宗教自由、
第十九條　表意自由權、
第二十條　禁止鼓吹戰爭與仇恨性言論、
第二十一條　集會自由權、
第二十二條　結社自由權、
第二十三條　婚姻家庭權、
第二十四條　兒童權、
第二十五條　參政權、
第二十六條　法律之前平等權、
第二十七條　少數族群的文化權[5]。

除了基本的公民與政治權利外，《經濟社會文化權利國際公約》則保障了與經濟社會文化相關的權利，例如：

第三條　男女對經濟社會文化權利平等享有的權利、
第六條　工作權、
第七條　工作條件與休憩權、
第八條　勞動基本權、
第九條　社會權、
第十條　家庭兒童權以及保障母職、
第十一條　適當住屋權、
第十二條　健康權、
第十三條　教育權、
第十四條　初等教育受教權、
第十五條　文化權[6]。

從上述《世界人權宣言》、《公民與政治權利國際公約》與《經濟社會文化權利國際公約》相比，不論是在權利主體或是權利範圍上，都能發現我國憲法第二章是一份非常有限的權利清單。在權利主體上，**我國憲法第二章並未細分不同權利主體，尤其是居於弱勢的權利主體如婦女、兒童與少數族群所需要的權利保障與程度**。而在權利範圍上，我國憲法第二章僅有列舉基本的公民與政治權利，並未規定與經濟、社會與文化相關的權利。

二、增加與補充權利清單的途徑：司法解釋

如前所述，我國憲法第二章是一份有限的權利清單，為解決權利保障不足的問題，我國司法院大法官透過憲法解釋的途徑，增加與補充權利的種類與內涵。司法院大法官主要是透過兩種解釋的途徑，一是透過解釋憲法第二十二條概括權利保障的條文，二是透過援引國際人權法，增加與補充權利的種類和內容[7]。

① 憲法第二十二條的解釋途徑

為了實現憲法保障人權的目的與精神以及補充憲法中列舉權利的不足，司法院大法官透過憲法第

二十二條概括權利保障條款的解釋，增加若干憲法第二章所未列舉的權利。這些權利是：

姓名權、婚姻自由、

性行為自由、隱私權、

受國民教育以外教育之權利、

名譽權與人性尊嚴。

舉例來說，司法院大法官在釋字第二九九號解釋中認為：「姓名權為人格權之一種，人之姓名為其人格之表現，故如何命名為人民之自由，應為憲法第二十二條所保障。」在釋字第五五二號解釋中面對一夫一妻婚姻制度問題時，司法院大法官認為：「婚姻自由雖為憲法上所保障之自由權，惟應受一夫一妻婚姻制度之限制。」同樣在處理婚姻制度問題時，司法院大法官在釋字第五五四號解釋中認為：「性行為自由與個人之人格有不可分離之關係，固得自主決定是否及與何人發生性行為，惟依憲法第二十二條規定，於不妨害社會秩序公共利益之前提下，始受保障。是性行為之自由，自應受婚姻與家庭制度之制約。」

此外，大法官在釋字第五〇九號解釋、釋字第五三五號解釋與第五八五號解釋中認為：「隱私權雖非憲法明文列舉之權利，惟基於人性尊嚴與個人主體性之維護及人格發展之完整，並為保障個人生活秘密空間免於他人侵擾及個人資料之自主控制，隱私權乃為不可或缺之基本權利，而受憲法第二十二條所保障。」

再者，司法院大法官在釋字第六二六號解釋認為憲法第二十二條保障人民受國民教育以外教育的權利，只是在教育資源有限的情況下，受該條所保障的內涵是：「以學生在校接受教育之權利不受國家恣意限制或剝奪為主要內容，並不包括賦予人民請求給予入學許可、提供特定教育給付之權利。」

名譽權也是司法院大法官透過解釋憲法第二十二條所承認與增加的權利，大法官在多號解釋中承認該項權利，例如大法官在釋字第六五六號解釋中認為：「名譽權旨在維護個人主體性及人格之完整，為實現人性尊嚴所必要，受憲法第二十二條所保障。」

② 國際人權法的解釋途徑

除了透過憲法第二十二條增加憲法本文所未列舉的權利外，司法院大法官在相關解釋中，藉由直接援引或參考國際人權法的相關規定、解釋或判例，增補基本權利[8]。例如，在釋字第三七二號解釋，大法官在解釋理由書一開始即援引《世界人權宣言》作為人格尊嚴保障之基礎：

人格尊嚴之維護與人身安全之確保，乃世界人權宣言所揭示，並為我國憲法保障人民自由權利之基本理念。憲法增修條文第九條第五項規定：「國家應維護婦女之人格尊嚴，保障婦女之人身安全，消除性別歧視，促進兩性地位之實質平等」即在宣示上述理念……

不過，大法官在此處的論述方式，卻仍未直接以《世界人權宣言》作為我國憲法上保護人格尊嚴之法源基礎，反而是強調人格尊嚴為《世界人權宣言》所揭示，並為我國憲法保障基本權利之基本理念。顯然司法院大法官對於直接援引國際人權法作為憲法保障基本權利內涵之直接法源，仍有相當之猶豫及疑慮。也因此，大法官必須強調對於人格尊嚴之保護，儘管沒有憲法明文規定，但也早就在我國憲法保護基本權利的理念之中，同時也可以從增修條文第九條第五項的文字規定進一步看出[9]。

此外，大法官也曾在釋字第五八七號解釋中援引《兒童權利公約》第七條。在該號解釋理由書中，大法官一方面認為子女獲知其血統來源之權利，為《兒童權利公約》所確保；另方面也同時強調此一權利內容，攸關子女之人格權，已受憲法第二十二條所保障。從而，大法官仍未直接以《兒童權利公約》作為我國憲法保障子女獲知其血統權利之直接法源，而是相當間接地以此來補充憲法第二十二條納入保護之人格權。

司法院大法官除了藉由援引國際人權法增補人權清單及內涵外，其也會援引國際人權法作為人權保護的論述補充。也就是說，相關人權的保護，雖可從我國憲法人權清單或所規範的內容推導得出，但司法院大法官仍進一步援引國際人權法作為論述上的補充，以強化其論證，這也是我國司法院大法官援引國際人權法的主要功能之一。釋字第三九二號解釋和第五八二號解釋，對於公民及政治權利國際盟約、《歐洲人權公約》的引用，都是此一功能的典型案例。不過，在這些解釋中，大法官都是先以我國憲法相關條文為依據，再援引國際人權法作為補充的規範論述基礎。如此的援引方式，究竟意味著大法官對這些國際人權法的規範地位採取何種規範立場？事實上並不清楚。

除此之外，憲法解釋援引國際人權公約，還有另一個相當特別的作用，是作為將來檢討政策或法律的指引[10]。在釋字第五四九號解釋中，大法官以國際勞工公約對於遺屬津貼作為所得替代之補助功能，來指摘我國立法者將遺屬津貼定位為遺產之不當，並要求必須於二年內，對遺屬津貼等保險給付及與此相關事項，參酌有關國際勞工公約等進行通盤檢討設計。

三、國際人權法與憲法匯流的立法模式與對我國的啟示

如前所述，我國憲法第二章是有限的權利清單，為了要加強與深化基本人權的保障，司法院大法官於是藉由憲法解釋的方法來增加權利的種類與內涵。然而，司法解釋有其限制的地方，在於司法院

大法官必須透過受理個案才有機會增加新的權利與其內涵，無法主動給予全面性的權利保障。

為落實人權保障的承諾，我國在二〇〇〇年之後積極地加入國際人權規範的體系。二〇〇七年一月五日，立法院議決通過《消除對於婦女一切形式歧視公約》（Convention on the Elimination of All Forms of Discrimination against Women）。之後，二〇〇九年三月三十一日，立法院以條約案方式通過《公民與政治權利國際公約》及《經濟社會文化權利國際公約》，同時制定《兩公約施行法》。二〇〇九年十二月十日，《兩公約施行法》正式施行，兩公約所保障的人權規定，從此成為我國內國法的一部分。此後，立法院仿效兩公約施行法的立法例，於二〇一一年五月二十日通過《消除對於婦女一切形式歧視公約施行法》。之後，立法院於二〇一四年六月四日和八月一日在未議決通過《兒童權利公約》（Convention on the Rights of the Child）與《身心障礙者保護國際公約》（Convention on the Rights of Persons with Disabilities）的情況下，分別通過《兒童權利公約施行法》、《身心障礙者保護國際公約施行法》。透過施行法，這些國際人權公約所保障的人權，均具有內國法效力。這些施行法的通過，不僅讓這些國際人權公約所保障的人權，均具有內國法效力，更讓國際人權公約與我國內部的規範體系，有了匯流與互動的機會。然而比較可惜的是，這些施行法僅賦予各公約相當於國內法律的位階，尚未達到憲法的層次，如此作法並不令人滿意[11]。

為回應此一情況，以及當前「國際法的憲法化」及「憲法的國際化」之全球規範秩序的潮流，本文認為應在下一波憲法改革的機會和時刻中，認真思考如何讓國際人權法入憲的議題。為了深化此議題的討論，本文先分析當前國際人權法與憲法匯流的主要模式，並且討論在台灣的脈絡下，應採取何種模式以及相應的權利清單內涵。

① 國際人權法與憲法匯流的三種模式

第二次世界大戰結束後，隨著國際人權法的逐步成熟發展，許多國家在重新制定或修改憲法時，很自然會受到國際人權法規範內容的影響，這也是國際人權法與憲法的最直接而根本的一種匯流，其具體表現方式還可以進一步區分為三種：一是將國際人權清單及內涵**直接憲法化**，其次是將國際人權法及其主要原理原則予以**包裹憲法化**，最後則是透過立法方式，將國際人權法之內容予以**準憲法化**。

1．國際人權清單及內涵的直接憲法化

第二次世界大戰結束後，許多國家的憲法基本權利之內涵，受到《世界人權宣言》的影響[12]。兩大人權公約於一九七六年正式生效之後，也直接影響後來許多憲法的制定及修改。加拿大在一九八二年所通過的《加拿大自由權利憲章》（Canadian Charter of Rights and Freedoms）就清楚地受到《世界人權宣言》、《歐洲人權公約》、兩大人權公約的權利清單及內容的影響。一九九〇年代第三波民

主化帶動許多新興民主國家制定或修改憲法，這些憲法中關於基本權利的規定，更是清楚表現出兩大人權公約以及區域人權公約的內涵。

其中一個最明顯而直接的例子是波士尼亞－赫塞哥維納共和國（Republic of Bosnia and Herzegovina）的新憲法。此一新憲法的附件同時列舉十五項應適用於該國的重要國際人權公約，諸如兩公約、人道法始祖的《日內瓦公約》、《兒童權利公約》等都在其中。這種方式等於將所有重要人權公約都一次納入新憲法之中，可說是最直接、也最廣泛地將國際人權清單及內涵直接憲法化的例子。此外，其憲法第二條第一項也明確宣示該國將以國際上所承認的最高標準來保障人權；第二項規定《歐洲人權公約》及其議定書對該國直接適用，其效力優先於法律；第三項列舉保障之各款基本人權，亦與《歐洲人權公約》以及議定書所保障的人權清單內容有相似之處。當各國憲法所規定的基本權利之內涵與國際人權規範相同或幾乎相同時，憲法與國際人權法之匯流，自是不在話下。

2．國際人權法的包裹憲法化

即使新近制定或修改的憲法人權清單與國際人權法不盡相同，國際人權法仍可藉由內國憲法的「優先條款」（supremacy clause）或「尊重條款」（respect clause）的方式來取得優越地位，並將其內容予以一次性的包裹憲法化。

第一種方式是在憲法上明文給予國際法一個整體的優先地位。例如，匈牙利憲法第七條就明文規定該國的規範體系接納國際法一般原理原則，同時必須使其內國法與國際法上之義務予以協調一致化。這種規定方式使得國際法（當然亦包括國際人權法）的內涵一次包裹性地納入匈牙利內國規範體系，促成兩者之匯流。當然，倘兩者相衝突時，何者取得優先地位，仍有待憲法法院之具體衡酌。

第二種方式是特別指明人權領域，而且規定在人權的解釋上必須考慮國際法。例如，南非憲法第三十九條就規定法院於解釋憲法基本權利之內涵時，必須參考國際法，同時也可以參考外國法。此一規定要求法院在解釋憲法所定人權內涵時，必須將國際人權法考慮在內，等於是一次性地將所有國際人權法的內容都納入南非憲法之人權體系之中。當然，法院解釋內國憲法人權規定時必須考慮國際人權法，並不表示當國際人權法與憲法規定不一致時，國際人權法就一定會取得優先地位，但至少在憲法與國際人權法的匯流趨勢表現上，已是直接而明顯。俄羅斯憲法第十五條也有類似的規定。

第三種方式就是東歐新興民主國家憲法最常見的包裹條款，是特別對國際人權法採取一元論，同時給予至少是高於法律但低於憲法的一般性效力。例如捷克憲法第十條就規定該國加入之國際人權條約或公約，應立即生效並優於法律。斯洛伐克、羅馬尼亞、保加利亞、立陶宛、喬治亞、哈薩克等東歐國家都有相同或類似的規定。當然，此種條款對國際人權法採取一元論，並給予國際人權法優於內國法律的效力，但國際人權法仍低於內國憲法，而須受內國憲法的檢證，還不算是國際人權法與內國憲法的完全匯流。不過，即使是如此，這種規定所能造成之匯流效應還是不容小覷。雖然國際人權法之效力位階僅高於法律，仍須受內國憲法之拘束，但這些人權規範因其內容之高度規範性與倫理性，仍彰顯出「準憲法」之功能地位。至少我們很難想像這些高於法律位階之國際人權規範會很輕易地就被內國法院予以排除適用、甚或認定與內國憲法有違。

除了在憲法中明文規定國際人權法的優先地位或效力之外，還有一種將國際人權法包裹憲法化的特別方式，是在憲法中賦予人民向國際人權保障機制（如國際法院或人權法院）提起訴訟救濟的機會。例如俄羅斯憲法第四十三條第三項就明文規定人民在用盡內國救濟途徑後，有權向俄羅斯為會員國之國際人權保障機制尋求人權及自由的保障。這種方式雖然沒有直接揭示國際人權法的優先性，但允許人民在認為其人權無法受內國法充分保障時，可以尋求國際人權保障機制（尤其是法院）的介入，等於間接承認國際人權法在規範上的優先地位。

還有一種方式是要求國會在立法時必須特別注意國際人權條約。例如同屬新興民主國家而位於南美的阿根廷，就在一九九四年的憲改條文中加入第七十五條，要求國會立法必須特別注意國際人權條約，尤其是有關兒童、女性、老年或身障者等的國際人權條約。不過，值得注意的是，此種課予國會在立法時必須注意國際人權法的義務性規定，往往必須仰賴國會的主動遵行以及人民的政治壓力，在效果上有其限制。

3．國際人權法的準憲法化

除了前述二種方式，國際人權法也可能透過內國立法的方式，取得準憲法之地位或功能。此種將國際人權規範內國法化的機制，往往也會連帶促進內國法院對國際人權規範或國際人權法院判例的關心與引用，間接強化國際人權法與內國憲法的匯流。

英國在一九九八年制定的《人權法》（Human Rights Act），就是將《歐洲人權公約》予以內國法化的適例。《人權法》授權法院審查國會立法是否與《人權法》所納入之《歐洲人權公約》的權利（Convention rights）相容（compatible），這使得法院可依《人權法》規定進一步發揮司法審查之準憲法功能，而使得《人權法》之準憲法地位得以彰顯。雖然法院對於法律與公約權利不相容的認定及宣告並不影響系爭法律的效力，法院亦不得在具體個案拒絕適用該法；不過，法院的宣告還是可以促使政治部門儘速採取修法的行動。

此外，《人權法》也要求政府相關主管部會在提出新法案時，必須作出新法案並未（或其確信並未）牴觸《人權法》所納公約權利的聲明。法院在解釋任何法律時，亦必須取向於《人權法》，盡可能作成與公約權利相符之解釋。同時，該法也規定法院在解釋相關公約權利時，可以參考歐洲人權法院的判例，但並不受其拘束。在《人權法》施行之後，英國法院確實能引據公約權利而發揮功能，甚至晚近在國際反恐潮流下，法院對人權保障之堅持亦未曾動搖。二〇〇五年，英國上議院即認定該國《反恐法》授權行政機關得在特定情形羈押犯罪嫌疑人之作法，牴觸《人權法》之相關規定。尤須值得一提的是，由於英國並沒有成文憲法，亦缺乏違憲審查之傳統，透過《人權法》之立法將國際人權公約內國法化的作法，不但更加確立《人權法》之準憲法位階，也使國際人權法與內國憲法之匯流更加緊密。

內國立法可以透過前述一般性立法方式，也可能透過個別法律或特定條文的方式。例如，美國在《外國人損害賠償請求法》（Alien Tort Claims Act）規定，對於外國人基於美國聯邦政府之條約法上義務或各國共通認可之規範（the law of nations）之違反，所主張之損害賠償請求，聯邦地區法院享有管轄權。透過此種條款規定，也可以間接使國際人權法納入內國規範體系，甚至進而取得相當重要之地位。因為此一條款也使得美國聯邦最高法院在二〇〇四年一件相當著名之Sosa v. Alvarez-Machain案中，必須直接處理國際人權法對於美國聯邦政府之拘束力。雖然最高法院最後仍然認為《世界人權宣言》、公民及政治權利國際盟約對美國政府之規範並無法直接於聯邦法院中執行，但此一條款至少促成國際人權法與憲法對話之功能，則是無庸置疑。

②我國可能採取的模式與新人權清單

立基於前述的討論，本文認為，在台灣的脈絡下，為深化憲改的理念，在下一波憲法修改機會來臨時，應全面遵行國際人權法，考量採取第二種模式——國際人權法的包裹憲法化，在憲法中訂立「優先條款」或「尊重條款」，讓國際人權法取得優越地位，將其內容一次性的包裹憲法化。如此一來，目前納入我國法律體系的國際人權公約，將享有憲法的位階與效力，各該公約所保障的權利，也將自然地成為我國憲法的權利清單。此一作法，也可使職司釋憲之責的司法院大法官更理所當然地援引國際人權法到憲法解釋中，提升與強化人權的保障。

除了透過包裹立法的模式將國際人權法納入憲法外，本文認為，在下一波憲政改革中，應在權利清單中回應已具有高度社會共識的權利議題，例如，近年來青年積極地參與各種政治與社會的改革運動，其公民意識與社會關懷已具相當成熟的程度。因此，台灣社會開始出現是否應該「降低在憲法中公民權行使的年齡限制」的討論。鼓勵青年參與政治是當前世界的潮流與趨勢，許多國家都已降低公民權行使的年齡限制。為鼓勵青年關心與參與公共事務，實應認真考量降低公民權行使的年齡限制。當今社會與各政黨在降低年齡限制的議題上已凝聚相當的共識，因此，在下一波憲法修改的機會中，應具體修改憲法中有關公民權行使年齡限制的條文。

結論

台灣經歷長達四十年的戒嚴與威權統治，才能在一九九〇年代開始民主轉型，建立民主法治、保障平等尊嚴與人權。我們必須對人權的深化與保障，賦予更高的標準。令人遺憾的是，臺灣民主化之後歷經七次修憲，卻沒有一次修憲是針對人權清單進行修改，不但未能強化或細緻化既有的人權保障內涵，也未能新增二次戰後進一步發展出的新興人權，更沒有如本文前述民主化國家所常採行廣泛納入國際人權清單的條款。這也是台灣在人權保障與深化的進程上，最大的挫敗，也是最嚴重的隱憂。

為了回應此一問題，考量台灣的特殊脈絡，我們應在憲法中規定全面遵行國際人權法。具體的作法是在憲法中訂立「優先條款」或「尊重條款」，讓國際人權法在我國憲法取得優越地位，將其內容一次性的包裹憲法化。此外，我們也應在權利清單中，回應已具有高度社會共識的權利議題，例如，降低公民權行使的年齡限制。

1 張文貞，二〇〇六，〈積極面對全球重整：台灣以憲改工程與國際接軌〉，《新世紀智庫論壇》，三十五期，頁四七—五二。

2 當今全球憲政主義在發展上一個非常重要的特徵，即是人權全球化。目前全球最重要的二個國際人權公約：《公民及政治權利國際公約》（International Covenant on Civil and Political Rights）與《經濟、社會與文化權利國際公約》（International Covenant on Economic, Social and Cultural Rights），其中至少三分之一上的會員國，都是在一九九〇年代以後加入。分別在一九八〇及一九九〇年代才真正生效實施之《消除對婦女一切形式歧視公約》（Convention on the Elimination of All Forms of Discrimination against Women）及《兒童權利公約》（Convention on the Rights of the Child），亦很快相繼成為全球第二及第一大公約。人權全球化不僅表現在各國積極加入人權公約，在全球憲法發展趨勢中更特別的一點是，還表現在各國積極以憲法來直接適用、完全遵行國際人權公約的規範。同前註。

3 《世界人權宣言》（Universal Declaration of Human Rights, UDHR）的中文文本可見法務部人權大步走專區：http://www.humanrights.moj.gov.tw/ct.asp?xItem=233066&ctNode=30749&mp=200 。

4 張文貞、呂尚雲，二〇一一，〈兩公約與環境人權的主張〉，《台灣人權學刊》，一卷一期，頁六九—一〇二。

5 《公民與政治權利國際公約》（International Covenant on Civil and Political Rights, ICCPR）的中文文本可見法務部人權大步走專區：http://www.humanrights.moj.gov.tw/lp.asp?ctNode=32913&CtUnit=12352&BaseDSD=7&mp=200

6 《經濟社會文化權利國際公約》（International Covenant on Economic, Social and Cultural Rights, ICESCR）的中文文本可見法務部人權大步走專區：http://www.humanrights.moj.gov.tw/lp.asp?ctNode=32913&CtUnit=12352&BaseDSD=7&mp=200

7 張文貞，二〇〇九，〈人權保障與憲法解釋：對司法院大法官釋憲的期許〉，《台灣法學雜誌》，一二七期，頁九四—九八。

8 張文貞，二〇〇九，〈憲法與國際人權法的匯流—兼論我國大法官解釋之實踐〉，收於廖福特主編：《憲法解釋之理論與實務》第六輯，台北：中研院／元照出版，頁二二三—二七二。

9 張文貞，〈憲法與國際人權法的匯流—兼論我國大法官解釋之實踐〉，頁二六〇。

10 張文貞，〈憲法與國際人權法的匯流—兼論我國大法官解釋之實踐〉，頁二六三。

11 張文貞，〈兩公約實施兩週年的檢討：以司法實踐為核心〉，《思與言》，五〇卷四期，頁七—四三。

12 戰後許多國家憲法的基本權利的規定內容，包括西德基本法、甚如波多黎各憲法之基本權規定，都受到世界人權公約規定之內容及文字之影響。人格或人性尊嚴之保護普遍出現於戰後憲法之人權清單中，就是世界人權宣言的直接影響。

取向程序的國會改革

蘇彥圖（中央研究院法律學研究所助研究員）

國會改革的政治

對於許多關心台灣國會改革的人們來說，民主進步黨「永遠的總召」柯建銘與代表時代力量的太陽花律師邱顯智在新竹市這個選區的競爭，應該算是二〇一六年國會大選中寓意最為深長的一場選舉戰役。這不是一場勢均力敵的對決，大衛最後也沒有擊倒哥利亞。可是柯、邱兩位候選人及其團隊，毋寧共同創造了一個歷史，就是讓國會改革這項長年議題，從無關緊要的政見花絮，一躍成為選舉政治與公眾議論的焦點。在後太陽花時代，台灣的公民社會或許早就能夠預見、也期待這麼一天的到來。國會（乃至包括選舉、政黨等制度在內的整個代議民主制度）必須進一步改革，畢竟是台灣當前極其稀有的憲政共識之一。話說回來，如果不是邱顯智及其團隊的努力，我們對於往昔「王柯體制」所做的分析與批判，或許仍會與「馬王政爭」的恩怨情仇，糾纏不清。如果不是柯建銘及其團隊的努力，我們可能也無法比較同情底理解「喬事天王（們）」的認真與承擔。年初的大選終究不是國會改革的政策公投，我們因此還不知道台灣社會所認同與選擇的，究竟會是什麼樣的國會改革。不過，如果年初的國會大選結果有任何選舉授權（electoral mandate）可言的話，國會／代議民主制度的結構改革，應該會是其中之一。

柯建銘與邱顯智兩人的選舉競爭，或許為國會改革的冷灶添加了選舉政治的薪火，也具象化了轉動時代巨輪的世代差異。不過，讓備受非議或者誤解的「王柯體制」開始走入歷史、並且讓台灣現階段國會改革的政治進程露出一絲曙光的，主要還是台灣人民的集體智慧——也就是台灣民主史上國會的首次政黨輪替。在二〇一五年歲末，也就是第八屆立法院的最後一個會期就快結束的前夕，在位長達十六年的立法院院長王金平，曾經嘗試推動國會改革法案而未果。除了時機啟人疑竇，這段失敗的改革經驗，毋寧說也受限於再怎麼圓融的國會領袖也無法化解的政策歧見。

近幾年來，朝野政黨都說要推動國會改革，但是它們各自所提出的，是非常不同的改革方案。中國國民黨的兩大國會改革主張，一是弱化黨團協商制度對於國會多數／執政黨的牽制，另一是得據以排除（反對黨）議事抗爭的國會警察權。民主進步黨一來力爭強化國會調查權，二來也要求改革國會選制以及開放委員會的公眾參與。這次大選的結果，除了國會領導的人事更迭所捲動出來的改革動能，國會的政黨輪替起碼也讓台灣的兩大政黨都有了居於國會多數與國會少數的經驗，從而讓兩大黨比較有機會在「互諒」的基礎上，尋求跨黨派的改革共識。國會的政黨輪替也有可能只是讓兩大黨在改革主張上攻守易位。不過，再怎麼昨是今非，從政者總得顧慮形象與信譽。在選舉競爭的壓力下，民主進步黨有可能不去遷就失勢的中國國民黨，而以國會多數強力推動相關法制改革。我們正處於一個國會改革的政治新局。如果國民黨黨團或者時代力量（邱顯智）所提出的國會改革主張，最後是由柯建銘所帶領的民進黨黨團付諸實現，我們可以喟嘆歷史的弔詭，但是我們毋須感到詫異。

國會改革的傳統智慧及其侷限

國會改革已然箭在弦上，蓄勢待發。問題是，改革的箭究竟應該射向何方？在制度改革的傳統思維的影響下，改革者往往是根據他們對於制度現況所做的病理分析（或者說診斷），決定哪些事情要做何種變革。許多人期待制度改革能夠對症下藥，然後藥到病除。不過，由於國會制度工程具有多重的系統效應（牽一髮而動全身）與複雜性，並且經常面臨高度的規範異議（公說公有理，婆說婆有理）以及實證上的未知與不確定性（我們無法確知改變制度現狀的結果是什麼）。現實上的制度改革，更多時候其實是在嘗試錯誤。在這個恆常的民主實驗過程中，我們可以而且應該借重改革社群的傳統智慧（conventional wisdom），但是我們無疑也不能怯於或者怠於對制度改革的「實驗設計」本身，進行反省與創新。

在新任立法院院長蘇嘉全的領導下，二〇一六年二月開議的新國會，選擇以強化國會運作的開放透明，作為這一波國會改革的起手式。從落實黨團協商的紀錄與公開、開放公民記者採訪、以至國會頻道的試播——國會行政的新團隊積極回應了公民監督國會的資訊需求，也試圖藉此終結「密室黑箱」這個長年加諸台灣國會政治的汙名。在「陽光是最好的防腐劑」這個有相當之意義與道理可言的傳統智慧加持下，雖然說透明與開放有可能增加而不是減低國人對於國會政治的惡感（人們通常不會想要知道香腸是怎麼做的），也不無可能會助長表演政治或者政治極化，這一系列不待修法、實行起來相對容易的改革措施，還是受到了普遍的肯定。

藉由強化公民的國會監督、開放與透明，確實具有翻轉、改變國會政治的一定潛能。不過，多數國人恐怕不會就此滿足，而是對接下來的、更進一步的國會改革，有著強烈的期待。依循「先易（修法）後難（修憲）」的改革議程規劃，民主進步黨黨團在二〇一六年四月公布了一整套針對國會法（包含國會內規）之修正的改革方案，其中包括了廢除國是論壇、議長中立化、正副議長選舉記名投票、開放委員會旁聽、設置國會頻道、完善國會調查權（含聽證程序）、強化委員會中心主義、單一召委（次屆實施）、保障院會少數委員異議權以及強化立法委員利益迴避規範等多項內容。這份琳瑯滿目的修法清單，一定程度上反映了我國國會改革社群經過多年討論所累積出來的智慧結晶。然而，其間的許多改革提議（特別是國會調查權法制）仍然不乏爭議。這個方案也並未觸及若干重要議題——例如「不分區立法委員喪失黨籍即喪失議員資格」之「反叛黨法」（anti-defection law）的去留，以及程序委員會的運作（也就是國會的議程設定）。就算民主進步黨憑藉其國會多數強力通過了上述方案，此等法制改革究竟會有多少成效可言呢？不少論者就此抱持著觀望甚至質疑的態度。

有些論者認為，如果不先尋求憲政體制的結構改革（例如將現行的半總統制改為內閣制或者總統制），再怎麼用心良苦的國會法制改革，也無關宏旨。這種看法恐怕高估了現階段台灣改變大格局的制度設計（institutional design writ large）的憲政可能，也低估了國會法這類小細節的制度設計（institutional design writ small）所能發揮的憲政效用。問題是，我們對於國會政治的理解與想像，基本上決定了我們會提出什麼樣的法制改革方案，而我們的理解可能有誤，我們的想像也可能過於天真或者囿於世故。比如說，晚近邱訪義等學者對於我國黨團協商制度的研究[1]，就推翻了「讓小黨與大黨平起平坐的黨團協商阻礙了國會多數（聯盟）意志之貫徹」這樣的流行觀點。

我們關於國會法制的既有政策討論，主要聚焦於國會的各個組織單元（個別議員、委員會、黨團、院會）及其間的權力消長。在這個傳統的議題框架下，國會法制改革主要事關國會的組織改造，與／或國會權力的重分配。如果國會政治的問題出在權力之過度集中於黨團（或者說，少數幾個黨團幹部），我們很自然地會想去強化委員會的功能。如果我們的病理診斷指向國會少數的阻撓甚或專擅，那麼尋求多數統治的貫徹，毋寧也是事理之當然。

然而，如果其他制度條件沒有跟著改變，委員會的運作並不見得會比黨團協商的問題來得少。如果國會政治可以任憑上一次選舉的贏家「整碗捧去」的話，真正得利的反而可能是極少數的政商權貴。聚焦於組織改造的國會法制改革，倘若無法跳脫不同組織單元之間的權力拉鋸，或者「你怪我，我怪你」的責任互推，改革難免流於「頭痛醫頭，腳痛醫腳」的循環。台灣上一次最主要的國會組織改造是國會席次減半，可是不過十年的光景，許多論者已疾呼台灣國會的席次規模應予擴充。承認並改正錯誤當然是一件好事。不過如果我們不希望其他方面的國會組織改造也受困於類似的輪迴，我們還需要對執著於組織結構的傳統改革思維，進行更根本的反省與檢討。

國會改革可視為程序改革

國會不只是一個政治組織；國會也是一組政治程序——是代議民主政體在這次選舉與下次選舉之間做成國家重要集體決策的過程。我們可以從宏觀的程序觀點，重構我們對於國會制度的理解與想像。簡單地說，整個國會法制在屬性上是廣義的程序法，或至少是以「國會決策程序的構成」為其骨幹；包括各種國會組織法在內的整個國會法制，其最主要的任務，即在確保國會經由適當的組織與程序安排，得以代表人民做成適正的代議民主決策。我們可以而且應該基於這種「國會作為政治程序」的規範理解（我們不妨稱之為「國會程序觀」），重新構思國會改革的目的與手段：

國會改革就是國會程序的改革；不論國會改革的具體標的為何，檢驗改革成敗的標準，都是整體的國會運作與決策能否因而向上提升。

由委員、委員會、黨團、院會、議長、議事人員與國會幕僚等單元所構成的國會權力結構，當然是國會程序的重要面向，也往往確實是國會失靈的問題癥結所在。不過，國會的組織改造，顯然不是國會改革的全部，也未必是C／P值最高的改革政策工具；取向於國會程序之其他面向——特別例如資訊、倫理、時間與空間——的制度改革，無疑還有待我們認真評估與考慮。如果我們接受了「國會程序觀」這個看事情的新方法，我們將不難發現，立法院近期內即將展開審議的兩岸（台灣與中國）協議監督條例草案，其實也是一部國會改革法案，而且對國會改革來說，是極其重要的一部法案。

藉由提供一個得以貫連國會各個次系統的全局視野，國會程序觀除了可以協助避免國會改革犯了見樹不見林的偏狹錯誤，還有可能促成朝野政黨形成進一步的改革共識。關於「適正的國會程序」，雖然說不同的人容有不同的規範想像，而且在國會多數與國會少數之間，尤可能存有相當的利害衝突，不過，在透明與開放以外，我們應該還是可以探尋出更多程序取向的規範共識，據以引導並挹注接下來的國會改革。我們就此需要重新探問一個非常根本的問題：我們理想中的國會程序，究竟應該具備何種功能？

概略而言，也許我們多少都可以、也應該同意以下三件事情：

①我們理想中的國會，應該要是一個可以講道理的地方，不會只問立場、不論是非，也不會濫情媚俗。

②理想的國會應該要能經由必要的折衝妥協，尋求所屬民主社群的和平與進步。

③公開而且紀錄分明的表決，應是國會履行其代議責任的基本（default）決策模式。

審議、協商、表決——讓這三種國會功能（或者說，國會程序的三種模式）適得其所、為所當為，應該可謂「適正的國會程序」的重要內涵，也有相當之機會成為「多數型國會」、「共識型國會」、「院會中心主義」、「委員會中心主義」這些不同國會制度理念間的最大公約數。針對一項特定的國會程序規則／建制，我們終究需要在不同的制度方案之中做出抉擇。不過，即使不同論者對於國會應該如何審議、協商與表決，還是會有相當的歧見，在這組議題框架底下，我們的政策討論至少比較不會混淆了目的與手段，也比較不至於淪為雞同鴨講。

國會程序的三個環節：審議、協商與表決

我們可以試著進行幾個初步的思想實驗，據以評估以「國會程序觀」重構改革思維的可能效益。台灣現行國會體制存在著不容否認或忽視的嚴重審議赤字。許多論者將這個問題歸咎於立法委員的素質（不夠專業）與角色錯亂（把國會議員當里長、黨僕、或名嘴做）。在多數立法委員庸碌於選民服務（特別是跑紅白帖）或者爭取媒體曝光的國會政治生態下，有些論者也懷疑，如果不尋求國會選舉制度的根本改變（例如增加國會席次規模、擴大適用甚或全面改採政黨比例代表選制、建構公費競選制度等）而僅改革國會法制，國會審議的品質將不會有顯著的改善。人的因素確實很重要，卻未必是

建立國會審議文化、決定國會決策品質的關鍵。

國會議員的角色與行為固然深受選舉制度左右，但是在選舉之外，還有很多制度與非制度因素也會型塑國會議員的誘因結構（例如憲政體制、國會程序、媒體報導、公民的國會監督與評鑑等）。如果沒有充分而且正確的資訊、妥善的國會時間與議程管理……等得以助成、促進國會審議的程序安排，即使我們的立法委員都是碩彥才俊，也都專心國政、勤於議事，他們可能還是只能繼續既往那種炒作短線、疲於應付危機、或者被政黨與行政部門牽著鼻子走的國會政治。有不少論者擔心，現階段如果強化國會調查權，台灣的民主將被麥卡錫主義的幽靈所吞噬。然而，國會調查權（特別是國會聽證程序）的健全化，搭配現行委員會之公聽會與備詢制度的改革，其實可能才是強化國會審議機能的正辦。我們固然必須對制度與權力的濫用可能有所提防，但是我們也必須明辨——什麼是合理的懷疑，什麼不過是反動的修辭。

代議民主程序與司法程序、直接民主程序的最大差異，或許在於前者得以（或者說較易）經由協商，達成政治交易（換票）或者政治妥協，而後兩者則否。如果協商無門，協商的交易成本過高，又或者協商的結論可被輕易推翻，不僅國會的議事運作可能出現困難，國會的多席次代表結構所要促成的多元民主（也就是讓國會的多數與少數可以隨議題不同而有所改變），也將無從實現。

然而，這個世界是這樣的，有高貴的民主妥協，就會有惡質的魔鬼交易。從本土經驗發展出來的我國現行黨團協商制度，之所以備受論者詬病，每為國會改革的眾矢之的，除了是因為其運作往往嚴重擠壓到委員會與院會的審議和表決，多少也是由於它讓協商的權力長期集中在議長與少數幾位黨團幹部手上，再加上不夠透明的運作過程，以致時有狗皮倒灶的情事發生。許多論者主張以「委員會中心主義」的制度典範，置換往昔「王柯體制」所表徵的「黨團協商中心主義」。有的論者更直斥這個運作十多年的制式協商平台已經信用破產，應該逕予廢除。誠然，即使沒有黨團協商的制度建制，透過其他制度設計（例如美國參議院的議事杯葛規則與終結討論規則），國會法制仍然可以助成國會內部的對話與協商。不過，有鑑於委員會在事務管轄與組成結構上的限制，黨團對黨團的協商——即使不再是正式的制度——還是會有相當重要的角色扮演。就此而言，強化黨團內部的民主決策以及國會倫理法的執行機制，對於今後我國國會協商程序的改革，應有重大的意義。

在代議民主的規範理論上，國會作為國家最高的代議民主機構，不只要代表人民議論國是，也要代表人民做成立法等重大國家決策。只要一項議案的討論沒有形成全體一致的共識，國會就其所為決策，原則上就應以記名表決的方式進行，好讓每一位國會議員得據以向人民負責。不過，在政黨紀律的貫徹下，除了極其少數的獨行俠，絕大多數的國會議員，不論是經由何種選舉程序取得人民之託付／授權的，往往只不過是聽令於所屬黨團之黨鞭的投票部隊。換句話說，國會的表決通常只是國會既有政黨疆界的再確認；國會表決所檢驗的，不再是個別國會議員的良心，而是國會各政黨的意志與動員力。

在過去的十餘年來，由於黨團協商制度的強勢運作，再加上由國會多數（聯盟）主導的程序委員會所做的消極議程控制（也就是「擋案」），表決更已不再是平凡的國會慣常運作，而是難得一見的新聞事件。有些論者將台灣國會表決機能的萎縮，歸咎於王金平院長以和為貴的議事主持風格，或者認為王院長（乃至其他參與協商之國會領袖）是這種鮮少表決之國會運作模式的最大受益者。不過，由於會議多半毋需表決，個別委員既可以簽到後就閃人，國會出了事又有大局承擔者在前面擔著，許多委員應該也樂得輕鬆。就此而言，就算國會的表決僅具儀式意義，其常態化就會對個別議員的問政行為與國會整體的議事文化，產生一定程度的正面影響。然而，如果我們期盼中的國會表決，不是一種劇本已定的政治表演，而是可以回過頭來強化國會審議與協商的開放表決，我們就必須深入檢討黨紀的必要及其限度，並重新反省進而尋求「個別議員與其所屬黨團／政黨」以及「黨團與所屬（國會外）政黨」等既有權力關係的觀念與制度改變。

國會法層次的改革正是憲政改革

在討論國會改革的時候，許多論者關注的焦點，是被憲法鎖定的國會選舉制度；行政—立法關係

（也就是憲政體制定位問題），也被不少論者認為是國會改革終須面對的憲政結構議題。不論是國會選制改革，抑或是權力分立秩序的重整，都必須啟動高難度的修憲程序。根據民主進步黨所提出的國會改革三階段論，此等修憲是被排在改革議程的最後一個階段處理。這項安排可能主要出於現實考量：修憲畢竟有賴四分之三的國會超級多數與選舉人總額過半數之同意，如果沒有諸多條件的配合，修憲工程極易一事無成、血本無歸。這樣的修憲態度恐怕過於消極、保守。在後太陽花時代，民主進步黨無疑應該對修憲工程展開更積極的規劃與作為，才能回應台灣公民社會對於憲政改革的殷切期待。不過，如果認為國會改革的重心應該置於修憲，否則就是捨本逐末，那毋寧也是一種錯誤。國會法制是小寫c的憲政體制的其中一個重要環節；國會法制的改革從而也是一種憲政改革——小寫c的、實質意義的憲政改革。我們不要小覷了國會法層次的制度改革，因為我們就此所做的，是不折不扣的、無可取代的，憲政工程。

1 邱訪義、鄭元毓，〈立法院黨團協商：少數霸凌多數亦或是多數主場優勢〉，《政治科學論叢》，六十二期，二〇一四年十二月，頁一五五—一九四。

台灣社會公平：廿年新自由主義經濟的社會後果及其解方

林宗弘（中央研究院社會學研究所副研究員）

近年來，社會公平已經成為全球各國重要的公共議題，其中又以「分配正義」問題最受關切。在二〇〇八年全球金融海嘯以前的將近三十年，由於資本主義全球化幾乎沒有遇到危機，因此學術界曾經長期忽視貧富差距惡化的問題。然而，隨著社會科學研究的進展與大蕭條所造成的全球政治動盪，社會公平議題再次浮上檯面（Atkinson 2015; Piketty 2014）。在本文中，筆者首先將介紹近年來對分配正義的研究發現，其次將討論台灣在新自由主義政策下經濟分配的現況，以及稅收與移轉支付的效果，最後依據創新福利國家的原則，提出一些政策建議。

壹、貧富差距的當代學術研究成果

近年來，社會科學領域在社會公平議題方面出現了哪些新觀點呢？首先，實驗經濟學與神經科學研究的一些觀察發現，正如馬克思所謂「屁股決定腦袋」，人類對社會公平的心理感知是很矛盾的，其成因與自己處在富人或窮人的處境有關：一方面，社會中的強勢者或勝利者會以為自已獲得更多的利益是理所當然的（Piff 2012）；另一方面，無論是人類、或甚至接受實驗的猿猴都會有一種素樸的正義感，會對不公平的待遇感到義憤填膺（De Waal 2008）。與此同時，富人與窮人在居住空間或社會網絡方面的隔離，則會減輕強勢者的同理心或罪惡感，因而抗拒公平分配（Chiang 2015）。正所謂「朱門酒肉臭、路有凍死骨」，只要富人看不到社會慘況，難免會建議窮人「何不食肉糜」。總之，與新自由主義經濟學者對人們總是追求自我利益的假設不同，人類（甚至是實驗動物）擁有天生的公平感或同理心，而社會隔離則會顯著降低人們進行重分配的動機。

從實際數據來看，經濟全球化是否造成全球經濟不平等的惡化？近年來的研究顯示，國與國之間平均國民所得的不平等程度可能在下降（Firebaugh 2003），其原因是三十年前最貧窮而且人口最多的國家（如中國與印度）的平均國民所得大幅提升（Kung and Jaime 2011），但在每人加權或個體層次數據方面，全球不平等的程度似乎是上升的（Milanovic 2005），而且包括中國與印度在內，絕大多數國家的國內不平等程度都上升了（Atkinson 2015），其主要原因可能是國家透過財政重新分配所得的能力減弱了（Pikkety 2014）。透過筆者個人研究所收集的跨國數據（Lin 2015），我們可以發現分配不均所導致的許多社會後果。

筆者所研究的吉尼指數（Gini index），是判斷年所得分配公平程度的指標之一，是吉尼係數的百分比，吉尼係數最大為「1」（100%），表示國民年所得分配絕對不平均（即該年所有收入都集中在一個人手裡，其餘國民毫無所得），最小等於「0」，表示每個人的收入絕對平等。本文所採用的稅後淨所得吉尼指數，數據來自世界銀行學者研發的標準化世界所得不平等數據庫（SWIID，Standardized World Income Inequality Database）。

一、貧富差距導致公共衛生惡化

貧富差距為何會造成社會各方面的負面影響？學界研究顯示，吉尼指數所衡量的所得分配不平等上升，會導致一個社會對公共財（包括醫療、教育、防火防災）的投資減少，因為權貴自己擁有足夠的財富或所得等資源，可以投資家庭醫療或教育、改善居住環境或買保險等，導致他們不願意出錢給整個社會進行公共投資（Anbarci et al. 2005），而窮人則沒錢，也很難跨越集體行動的門檻去進行公共投資，因而淪落疾病、文盲或受災的處境（Deaton 2013, 2003）。

依據上述研究，筆者用初生嬰兒死亡率（一般是每一千個活產嬰兒在兩年之內死亡的人數）作為各國醫療或公共衛生投資的指標（Deaton 2013, Wigley and Akkoyunlu-Wigley 2011），以全球一百五十個國家在一九九五年至二〇〇九年之間的數據來檢驗，結果以圖一來表示，橫軸是指貧富差距的吉尼指數（0-100%），縱軸是指用來測量公共衛生質量的嬰兒死亡率。從圖一的簡單迴歸直線可以很清楚地發現，全球各國貧富差距從最少約二十二到最大約六十二的惡化，會導致嬰兒從平均每千人幾近於兩人死亡成長到八十人死亡。

類似的情況出現在筆者所研究的天災死傷比率，由於防災（主要是投資在消防部門

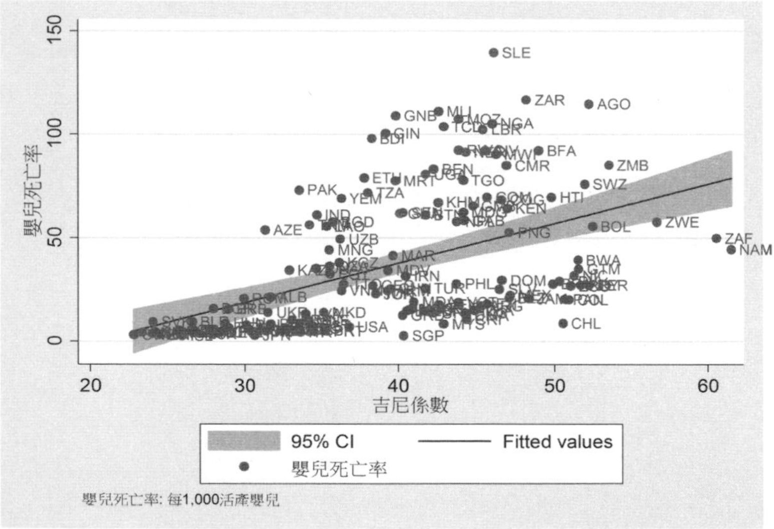

圖一　全球150國1995-2009年的平均吉尼指數與初生嬰兒死亡率正相關，也就是貧富差距愈大，表示公共衛生質量偏低的嬰兒死亡率愈高。

的器材與人力，以及公共衛生體系的急診資源）需要政府出錢，貧富差距愈大的國家，防災與醫療投資就愈私人化；加上窮人比富人更容易受災，這使得貧富差距愈大的國家，天災的傷亡就愈慘重。圖二橫軸是指貧富差距的吉尼指數（0-100%），縱軸是指每十萬人遭到天災死傷的災民比率之對數，以全球一百五十個國家在一九九五年至二〇〇九年之間的數據來檢驗，兩者之間亦呈現顯著的正相關（Lin 2015）。

貧富差距導致人力資本投資減少

高等教育是另一個政府投資的重要指標，其與貧富差距的關係為何？筆者用高等教育的粗入學率（一般是十八至二十二

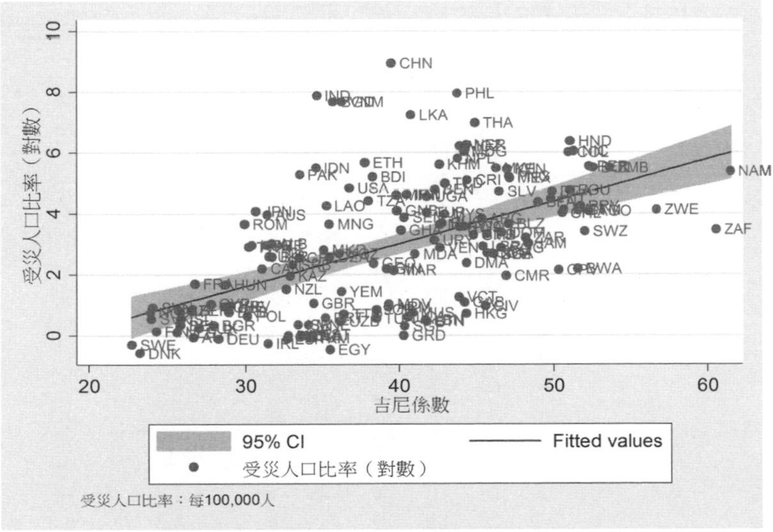

圖二 貧富差距與每十萬人遭到天災死傷的災民比率之對數正相關，全球150國1995-2009年的平均值（Lin 2015）

歲人口當中每一百人裡進入大學的人數）作為各國高等教育投資的指標，以全球一百五十個國家在一九九五年至二〇〇九年之間的數據來檢驗，結果以圖三來表示，橫軸的平均吉尼指數與縱軸高等教育入學率呈現負相關，也就是貧富差距愈大，進大學的人愈少；反之，大學菁英愈少、貧富差距也愈大。這顯示菁英主義下的大學，能進大學的通常是權貴子弟，因此貧富差距不可能改善。這種情況是否會導致一國對人力資本的投資過少，進而影響長期經濟成長呢？

經濟成長與貧富差距的關聯相當複雜，諾貝爾獎得主經濟學家顧志耐認為，貧富差距在經濟成長初期會上升，之後則會下降，這就是著名的顧志耐倒U形曲線（Kuznets 1955）。如圖四所示，全球數據顯示作為橫軸的吉尼指數與縱軸的每人平均GDP的對數之間，確實仍有個倒U形、或者說更像倒J形曲線。然而，顧志耐曲線並沒有顧及反向的影響：當一國的貧富差距擴大時，是否可能因緊縮公共投資而導致經濟衰退？在跨國數據裡，兩者的內生性問題雖然很難處理，不過還是可以發現，對中高所得國家而言，兩者是明顯的負相關：貧富差距愈大，則平均國民所得愈低；而那些平均國民所得最高的國家，往往就是貧富差距最低的北歐國家。

三、貧富差距導致公民權利惡化

最後，最近比較政治經濟學界非常熱門的議題之一，是貧富差距與政治獨裁之間的關係。有不

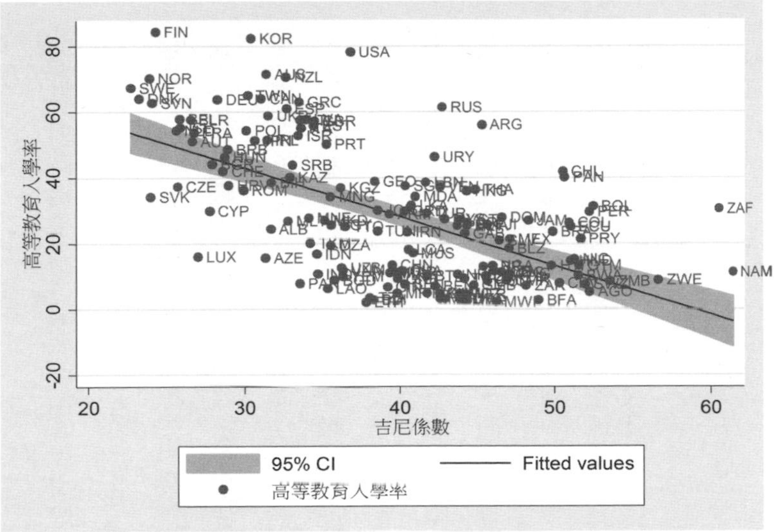

圖三　全球150國1995-2009年的平均吉尼指數與高等教育入學率負相關，也就是貧富差距愈大，進大學的人愈少，反之大學菁英愈少貧富差距也愈大。

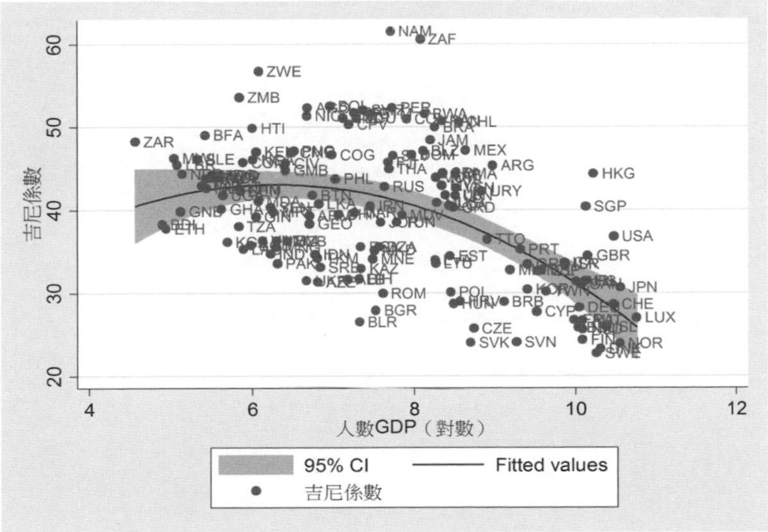

圖四　全球150國1995-2009年的平均吉尼指數與人均GDP對數所呈現的顧志耐曲線。

少學者認為，貧富差距愈大時，民主化或革命行動對政治權貴所造成的個人與家庭財產損失就愈大（Bueno de Mesquita and Smith 2012），這會導致獨裁者採用更專制的方式來統治國家（Boix 2003; Acemoglu and Robinson 2010）。貧富差距愈大是否會造成政治愈專制？如圖五所示，橫軸的吉尼指數與縱軸的自由之家民權指數（一表示完全自由，七表示完全專制）確實顯示了這種關係：貧富差距愈大的國家愈專制，而且也無法提升公共財的供給質量。近年來，中國大陸貧富差距的惡化，就與中共政權的獨裁傾向同時發生，值得關注。

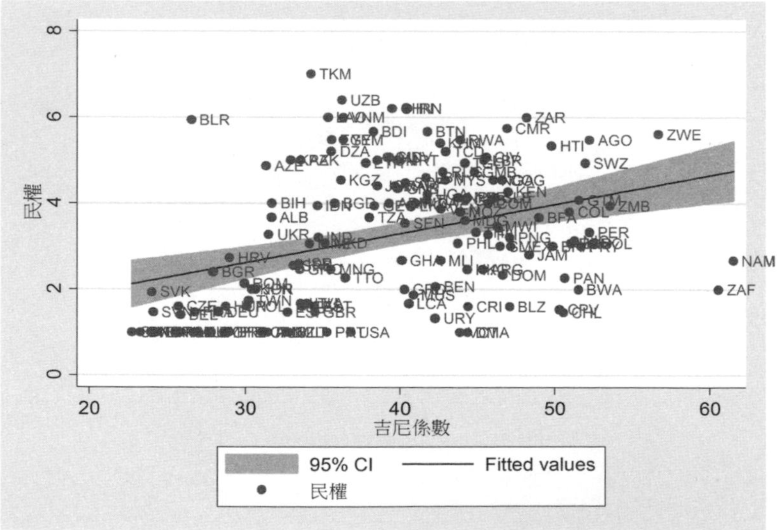

圖五　全球150國1995-2009年的平均吉尼指數與政治專制程度正相關，也就是貧富差距愈大，自由之家民權指數的專制程度也愈大。

貳、台灣貧富差距惡化的原因與後果

根據前述的社會科學研究成果，無論是從人類本性的同理心，或是從貧富差距對公共財供給量的負面影響來看，以漸進改革手段來減少貧富差距似乎是合情合理之事；然而，心理學研究也指出富人往往更為自私、將自己的成就視為理所當然，而傾向維護或擴大既得利益的政策。過去三十年，在全球政治經濟局勢改變之下，各國貧富差距多半逐漸擴大，而且無論是在民主或威權國家，富人對政治的影響力都有所增強，他們要求政府對富人減稅或削減社會福利支出、或是降低勞動條件；這種傾向因而激起了各種反全球化的社會抗爭（Graeber 2013），台灣也不例外。

過去三十年，各項指標顯示台灣的貧富差距儘管起起伏伏，但主要趨勢就是「惡化」。主計處根據家庭收支調查大約兩萬戶樣本，所獲得的吉尼係數，從一九八六年的二十九．六％上升到二〇一二年的三十四．二％，其中前五分之一所得家庭所占的比例大約是四十％，前百分之五所得家庭所占比例則大約是十四％，然而家庭收支調查的兩萬戶樣本基本上是志願參與者，因此富有家庭經常拒訪而造成對其家庭所得的低估，所算出的吉尼係數偏低。從中研院朱敬一院士整理財政部綜合所得稅的研究資料顯示，從一九七七年到二〇一二年，前百分之一所得家庭占全國總所得比例，已從六％竄升至十四％，前百分之五所得家庭占全國總所得比例則高達近三十五％（朱敬一 2015），與家庭收支調查的落差甚大，也成為立委質詢主計處的話題。儘管如此，在跨國比較上，台灣的吉尼係數抽樣調查與計算方式無異於其他國家，而且仍低於全球各國三十九%的平均值。

與台灣過去相比或是與他國相比，貧富差距的惡化趨勢有多嚴重，固然是個重要的研究議題，更重要的或許是台灣貧富差距惡化，是否已經造成公共財投資的倒退、與各種社會層面的負面後果？很不幸地，與跨國研究類似，數據顯示台灣貧富差距逐漸惡化確實造成了一些社會後果。本文使用主計處家庭收支調查有低估嫌疑的吉尼係數，來呈現造成台灣貧富差距惡化的原因與後果。

一、失業與減稅：台灣貧富差距惡化的來源

過去二十年來，無論是藍綠執政，主導台灣經濟政策的都是所謂的「新自由主義」經濟學，其主要信念是市場機制與私人企業比公共部門能更有效配置資源（林宗弘等 2011）。因此，新自由主義所建議的政策方向如下：

①財政與投資：減稅並且減少公共投資可以促進私人投資，因此促進經濟成長與就業；

②工資與貿易由市場機制決定，開放貿易可增加本地就業機會，因此可以刺激創業並減少失業率。

上述的政策觀點，從台灣的實際數據來看，幾乎都是錯的（見表一）。

筆者收集了一九九二年到二〇一三年的台灣總體經濟與社會數據，研究顯示台灣歷年的減稅政策使得稅收占GDP比例（也就是所謂的實質稅率）大幅衰退，但民間投資毫無起色（見圖六A），同時政府投資則隨著賦稅減少而大幅衰退。更有趣的是，台灣稅收占GDP的比例與金額愈低，台灣資本外流到中國大陸的比例與金額就愈高（見圖六B）。當然，台商對中國大陸的投資比例，與台灣實質稅率的關係很複雜，但是絕非正相關——並非台灣稅率偏高才導致台商出走，只要減稅就可以讓台商回流；而是每次減稅之後，反而有更多台商資金外流到中國大陸。

在工資與失業率的關係方面，新自由主義主張工資提升會導致資本外移與失業，因此最好不要由政府干預來提高工資；並且認為兩岸經貿往來可以擴大台灣就業，工資可能因此而提高。然而，台灣實際的數據也出現與新自由主義或擴張兩岸經貿之說法相反的情況。圖七A顯示台灣的工業與服務業薪資與

表一、台灣的新自由主義政策與實際後果

領域	新自由主義政策	台灣的情況
財政與投資	小國家：減稅能增加民間投資	減稅造成貧富差距惡化、資本加速外移中國大陸
工資與貿易	提高實質工資會增加失業率，開放貿易Trickle Down減少貧富差距，可以提高工資並且促進社會流動	工資停滯卻無法吸引民間投資，開放貿易使失業率上升與所得分配惡化，且導致中小企業創業困難

圖六A

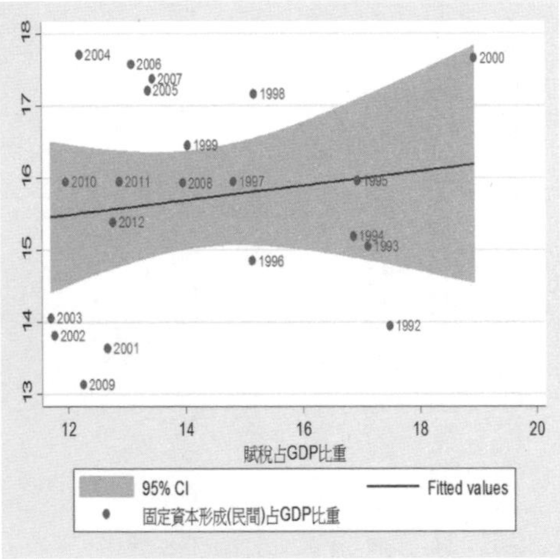

圖六B

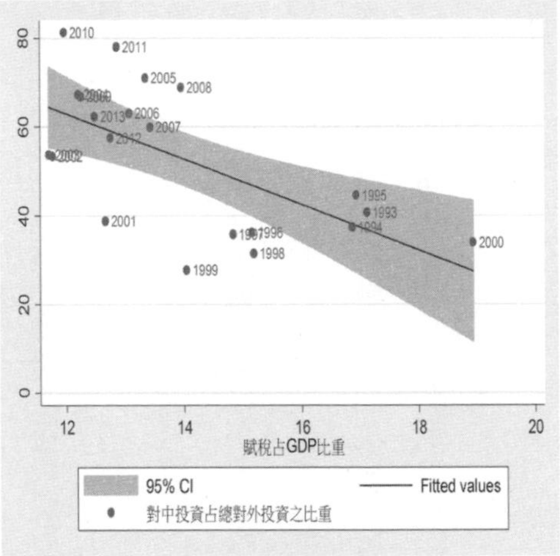

左側圖A顯示實質稅率與民間資本形成比例毫無關係，右側圖B顯示實質稅率降低時台商對中國投資比例不斷升高（依年代順序由左向右）。

圖七A

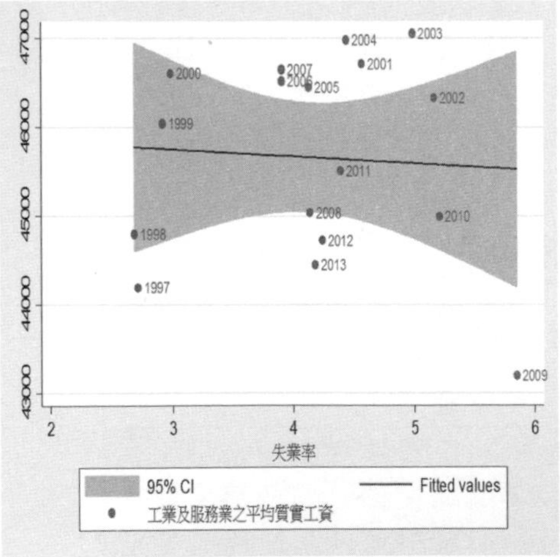

圖七B

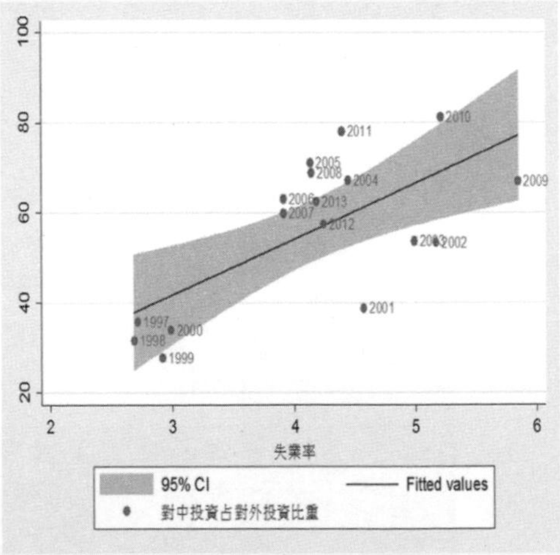

左側圖A顯示台灣的工業與服務業實質薪資與失業率毫無關係，右側圖B顯示對中國大陸投資增加時，本地失業率不斷升高。

失業率毫無關係，而圖七B卻顯示台灣的失業率，主要是被台商對中國投資比例擴張所推升的；兩岸經貿往來愈是擴張，台灣本地的失業率就愈高，跟工資毫無關聯。

新自由主義認為減稅可以刺激投資，間接增加就業並減少失業率；在台灣，減稅與失業率實際上的關係卻也是相反的。如前所述，減稅並沒有帶來台灣內部的民間投資，而是使資本持續外流到中國大陸，更糟糕的是政府投資也因此減少。如圖八A所示，過去二十年來的減稅政策造成公部門資本形成大幅萎縮，而圖八B則顯示公部門資本形成愈低，政府就愈無法用財政政策來刺激景氣，使得失業率進一步上升。

最後，減稅與資本外移導致失業率增加，

圖八A

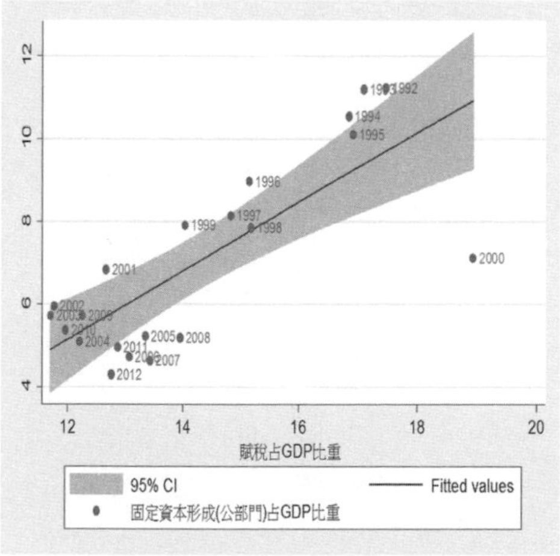

圖八B

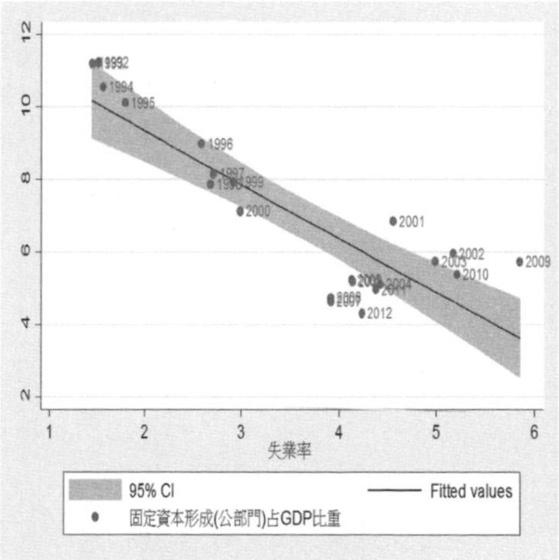

左側圖A顯示台灣的租稅負擔率（賦稅占GDP比例）下降導致公部門資本形成下降，右側圖B顯示公部門資本形成下降時，本地失業率不斷升高。

兩者共同推高了台灣的貧富差距。相對於圖六與圖七顯示新自由主義主張的減稅與民間資本形成、以及工資與失業率之間的毫無關聯，圖九A所顯示的是，租稅負擔率與吉尼係數兩者有明顯的負相關，亦即過去二十年來，減稅等於是讓有錢人更有錢，直接使貧富差距惡化；而圖九B則顯示，在資本外移與公部門資本形成減少導致失業率攀高的情況下，失業率跟吉尼係數有非常強的統計關聯。總之，新自由主義所主張的減稅、與資本西進中國大陸所引起的失業，是導致近年來台灣貧富差距惡化的主要元兇。

二、台灣貧富差距惡化的後果

如前所述，在跨國數據裡，貧富差距對醫療與教育等公共財供給有明顯的負面影響，但是在個別國家如台灣的時間序列數據裡，貧富差距對公共財提供的影響不如跨國數據那麼明顯，反倒是對結婚與生育等家庭決策造成衝擊，特別是因為青年失業率上升所造成的生育率下滑、離婚率上升與自殺率上升。如圖十A所示，吉尼係數與總合生育率兩者之間呈現明顯的負相關，亦即過去二十年來，台灣貧富差距惡化的同時，生育率正迅速下滑；圖十B則顯示，吉尼係數與離婚率同步上升，由於失業率跟吉尼係數有非常強的統計關聯，其中最可能的中介因素，就是青年世代的高失業率。與此同時，台灣的吉尼係數與自殺率也同步惡化（林宗弘等 2011）。

圖九A

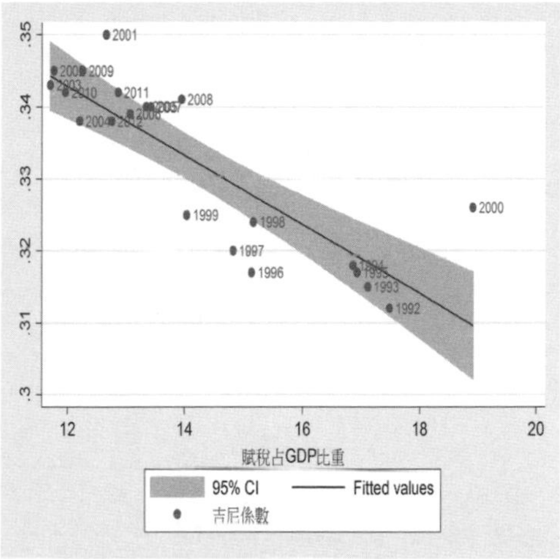

圖九B

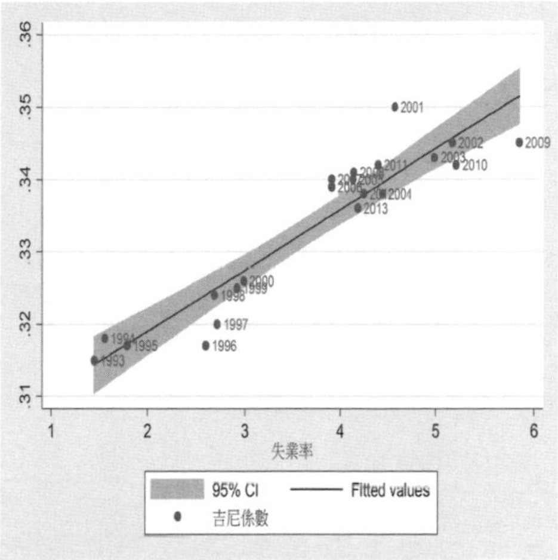

左側圖A顯示台灣的租稅負擔率下降（年代由右往左增加）導致吉尼係數（貧富差距）上升，右側圖B顯示失業率升高，導致吉尼係數（貧富差距）上升。

圖十A

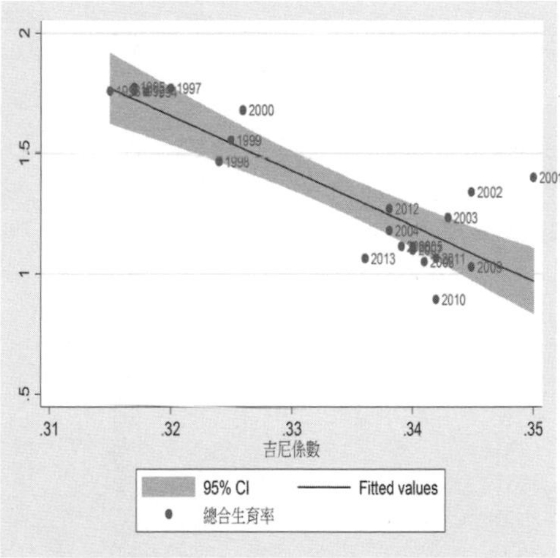

圖十B

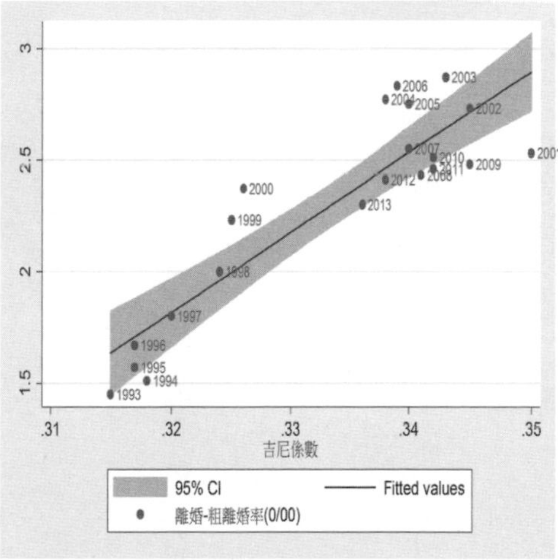

左側圖A顯示台灣吉尼係數上升與總合生育率下降的趨勢同步發生，右側圖B顯示吉尼係數上升與離婚率上升同步發生。

總之，台灣貧富差距惡化的影響，已經是青年個人或弱勢家庭可以明顯感受得到的負面打擊，而且貧富差距惡化確實跟新自由主義的減稅政策，以及全球化之下的兩岸經貿整合有關，這也是太陽花運動背後的重要社會基礎。

參、政策建議

如前所述，新自由主義的政策建議，不僅經常無法達到實際的經濟成長預期，反而可能造成相反的效果，表面上資方獲得了短期的減稅利益，資本外移到工資更便宜的中國大陸，實際上犧牲了政府的長期公共投資與社會公平，卻毫無提高投資與技術創新的作用。顯然，台灣社會需要一套截然不同、而且較有實證基礎支持的經濟政策與重分配機制。

在《崩世代》（2011）一書當中，筆者與其他作者們曾經提出過創新福利國家的想法（如表二），以下是筆者建議的政策重點：

一、恢復國家自主性並改善民主國家效能

過去二十年來由於減稅導致台灣的國家能力衰退嚴重，中央財政與決策權力過大而地方自主權過

小，中央各部會之間整合程度微弱導致政策矛盾，決策不透明且民眾參與程度低落，因此需要針對中央與地方分權、部會與決策整合、民主參與以及績效評估進行改革。

二、減少對中國的貿易依賴並提高內需動力

外銷導向——特別是兩岸貿易開放——所能帶來的經濟成長已經逼近極限，所造成的失業與貧富差距等後果卻相當嚴重，海外台商甚至成為台灣經濟的「葉克膜」，加上中國已經陷入衰退，應該盡快降低對中國貿易的依賴度，轉進其他外貿協議並提升內需。

三、溫和漸進且堅定地加稅與加薪

政府應該透過提高勞工薪資（基本工資是重要的政策槓桿）與擴大財政收支（同時增加富人稅的方式，增加內需對經濟成長的比重，也能藉此增進國家能力、改善貧富差距、減少社會後果。

四、國家鼓勵企業轉進「福利創新」

重新盤點台灣的中小企業隱形冠軍，了解其發展機制與在地網絡特徵，在擴大內需與結合高齡照

護等國家福利需求，提供創新方向的建議與政策誘因，這些在地產業如創新成功，將來亦可外銷。舉例而言，面對人口老化的現實，相對於以舉國之力開發癌症新藥之類的產品，需要官商長期投入成本、並徵收土地才能建立生技產業聚落，卻可能面對高風險以及歐美先進對手的競爭，台灣可能更適合擴大原有的在地機械與電子業優勢，搭配國家投資的社區照護網絡等社會福利創新系統、發展結合智慧型電子產品的醫療器材或機器人，或是開發減少高齡生育風險的基因晶片檢測與母嬰照護產品，建構在地的醫療服務與製造周邊產業聚落。

五、建構性別平權與世代正義的福利政策

提供性別平等的勞動市場法律規範與老幼的公共照護體系，才能鼓勵女性就業，考慮將現行剝削性的

表二、新自由主義與創新福利國家的政策差異

政策	新自由主義	創新福利國家
財政	縮小國家管制範圍 繼續減稅	擴大國家自主性 恢復稅基、提高富人稅
貿易	建立自由貿易特區 擴大對中國大陸開放	審慎評估產業後果 先推動TPP等對歐美貿易
工資	持續壓制基本工資與社會福利	創造就業、基本工資溫和成長、擴大內需與消費
創新	由企業與市場決定	國家引導創新、配合未來福利需求（托育與照護）
人口	推給家庭與市場解決	國家介入生育與移民政策

外勞政策改變成更長期可行的移民政策，並且將國家資源從年金移轉至幼教，才能解決台灣少子女化、人口老齡化之下的社會發展與市場需求（Cheng and Loichinger 2015）。

參考文獻

朱敬一，二〇一五，〈經濟轉型中的「社會不公平」〉，《臺灣經濟預測與政策》，45（2）：1-22。

林宗弘、洪敬舒、李健鴻、王兆慶、張烽益，二〇一一，《崩世代：財團化、貧窮化與少子女化的危機》，台北市：台灣勞工陣線。

Acemoglu, Daron, and James A. Robinson. 2012. Why Nations Fail: the Origins of Power, Prosperity, and Poverty. New York: Crown Business.

Anbarci, N., Escaleras, M., and Register, C. A. 2005. "Earthquake fatalities: the interaction of nature and political economy", Journal of Public Economics, 89:1907-1933.

Atkinson, Anthony B. 2015. Inequality: What Can Be Done? Cambridge, MA: Harvard University Press.

Boix, Carles, 2003. Democracy and Redistribution. New York: Cambridge University Press.

Bueno de Mesquita, Bruce, and Alastair Smith. 2012. The Dictator's Handbook: Why Bad Behavior is Almost Always Good Politics. New York: PublicAffairs.

Cheng, Yen-hsin Alice and Elke Loichinger, 2015. “Women’s Labor Potential in an Aging Taiwan: Population and labor force projections by education up to 2050”, paper presented at The 3rd APA Conference, Kuala Lumpur, Malaysia: the Asian Population Association, 2015-07-27 ~ 2015-07-30.

Chiang, Y-S. 2015 "Good Samaritans in networks: An experiment on how networks influence egalitarian sharing and the evolution of inequality". PLoS ONE, 10（6）: e0128777.

Deaton, Angus. 2003. “Health, Inequality, and Economic Development.” Journal of Economic Literature 41（1）: 113-58.

Deaton, Angus. 2013. The Great Escape: Health, Wealth, and the Origins of Inequality. Princeton: Princeton University Press.

Firebaugh, G. 2003. The New Geography of Global Income Inequality. Cambridge, MA: Harvard University Press.

Graeber, David. 2013. The Democracy Project: A History, a Crisis, a Movement. New York: Spiegel & Grau.

Hung, H. F. and K. Jaime, 2011. “Globalization and Global Inequality: Assessing the Impact of the Rise of China and India, 1980-2005.” American Journal of Sociology 116（5）, 339-350.

Kuznets, Simon. 1955. “Economic Growth and Income Inequality.” The American Economic Review 45（1）: 1-28.

Lin, Thunghong. 2015, “Governing Natural Disasters: State Capacity, Democracy, and Human Vulnerability”, Social Forces, 93（3）, 1267-1300.

Milanovic, Branko. 2005. Worlds Apart: Measuring International and Global Inequality. Princeton, NJ: Princeton University Press.

Piff, P. K., Stancato, D. M., Côté, S., Mendoza-Denton, R., & Keltner, D. 2012. “Higher social class predicts increased unethical behavior.” Proceedings of the National Academy of Sciences, 109, 4086-4091.

Piketty, Thomas. 2014. Capital in the Twenty-First Century. Cambridge, Mass.: Belknap Press.

De Waal, F. B. 2008 "Putting the Altruism Back into Altruism: The Evolution of Empathy", Annual Review of Psychology, 59: 279-300.

Wigley, Simon, and Arzu Akkoyunlu-Wigley. 2011. “The Impact of Regime Type on Health: Does Redistribution Explain Everything?” World Politics, 63（4）: 647-677.

Part2

願景工作室專題報導

尋找經濟活路

新政府將上台　產業領袖對經濟遠景既憂慮又期待

聯合報系願景工作室訪談百餘家公協會對新政府經濟政策的期望，結果顯示產業界期待總統當選人蔡英文能交出拚經濟的好成績，在期待中也有三個主要憂心：憂心台灣今年經濟表現、憂心台灣加入區域經貿整合的速度過慢、憂心兩岸貨貿談判在今年內無法完成。

調查結果顯示，對於新政府迫切要解決的經濟議題，八十．五八%的受訪者選擇「加入區域經貿整合」，此結果呼應有八十一．三七%的受訪產業領袖說，若兩岸貨貿談判無法在今年內完成，對台灣經濟有壞的影響。

今年一月十六日，蔡英文當選後，聯合報系願景工作室隨即啟動全國百大公協會問卷大調查，詢問包括工總、商總、電電公會等各公協會理事長，也請這些產業界領袖預期台灣今年的景氣走向與面臨的挑戰，提供總統當選人蔡英文與新政府參考。

此次調查採問卷方式，聯合報系記者走訪百餘家公協會，提出包括「新政府拚經濟的優先作為」等九項題目，邀請各公協會理事長或代表填寫，回收一一〇份，扣除八份無效作答的樣本，最終共有一〇二份有效問卷。

調查顯示，六十三．七三％的受訪公協會代表將「提升政府效能」，列為迫切要解決的經濟議題。逾半數受訪者預期今年台灣景氣表現差，但也有逾四成受訪者看好蔡英文上任後拚經濟的表現，在預期今年台灣經濟吹逆風的同時，仍有四成多的受訪企業家對新政府拚經濟有信心，這凸顯企業界對新總統與新內閣，有相當的期待。

在兩岸議題上，逾六成受訪者預期新政府上台後，兩岸關係走向為持平，二成三表示很難預測，看壞兩岸關係的受訪者有一成二。蔡英文的能源政策是在二〇二五年實施非核家園，受訪公協會代表中，六十一．七六％的受訪者擔心電力供應會因此不穩定，廿五．四九％擔心電價上漲，十二．七五％的受訪者表示不擔心。

（二〇一六年三月七日／綜合報導）

新政府產業政策如「抓週」 學者質疑走不出困境

經濟學者表示，從問卷的回答狀況來看，企業領袖客觀上預期今年台灣經濟表現不理想，但主觀上對總統當選人蔡英文的執政能力有期待，對新政府的產業政策沒有特別意見，但擔心新政府把能源和兩岸關係搞糟。

台灣經濟研究院景氣預測中心主任孫明德表示，廠商對今年景氣預測認為「普通」和「差」的約有九成，認為今年影響台灣景氣走向最大變數是國際市場的，也高達六成；顯示在「八分靠國際，二分靠自己」的拚經濟時代，廠商對於誰當選，對經濟景氣有什麼影響，沒有特別的看法。

對新政府上台後的兩岸關係，認為更壞或很難預測的廠商不少，還有六成廠商擔心電力供應不足。孫明德說，無論是兩岸或能源議題，都是選前就存在的問題，但蔡英文選擇以比較模糊的方式帶過，從問卷回答的狀況來看，企業擔心會變差。

中央大學台灣經濟研究發展中心主任吳大任表示，交叉比對第一題和第六題可以發現，從各項客觀數據來看，企業認為今年經濟表現會不理想，但在蔡英文還沒開始當總統之前的蜜月期，對蔡英文是有期待的。

孫明德表示，問卷第五題蔡英文政見的五大創新計畫，哪一項對台灣經濟最關鍵，結果五項得票數都不高，可能是受訪的廠商多數不是這五大產業中的一項產業，因此對這五大產業比較無感。吳大任表示，台灣的強項並不在這五大，新政府將來要怎麼推，成效如何，

蔡英文的五大創新計畫

五大創新1：綠能產業

五大創新2：亞洲矽谷

五大創新3：國防科技

五大創新4：智慧機械

五大創新5：亞太生技

令人存疑，因此企業反應也較冷淡。

孫明德說，這凸顯了從過去國民黨時代到未來民進黨時代，一直以來每一任政府都重複做一樣的事情，就是重點式挑選產業來扶植，但民眾票投給蔡英文，不是因為這五大，事實上根本也沒有多少人記得這五大產業是哪五大。

孫明德說，這種選產業給予政策扶植的思維，就好像嬰兒抓周，但小朋友兒戲，抓了以後豈能用來訂終身？從廠商的冷漠反應可以看出，這種抓周式的產業政策，並不適合用來解決台灣目前的經濟問題。

（聯合報記者仝澤蓉）

九項問卷調查統計圖

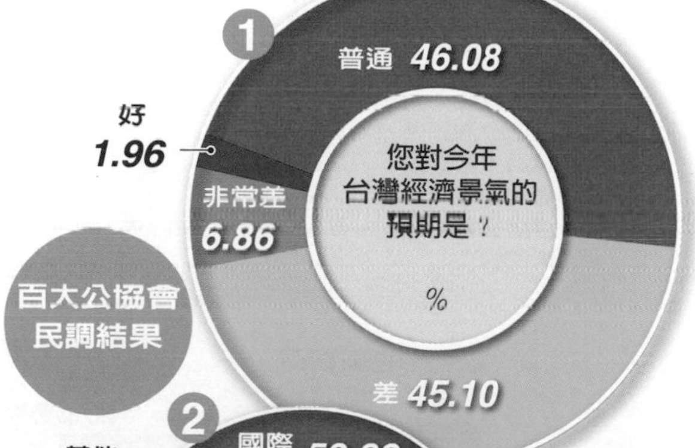

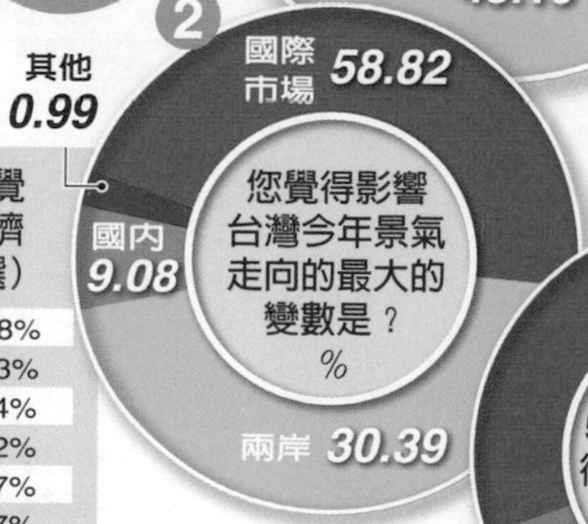

3

對於台灣當前的情勢，您覺得新政府迫切要解決的經濟議題是？　（複選）

加入區域經貿整合	80.58%
提升政府效能	63.73%
產業升級	48.04%
人才供應	44.12%
環評程序	36.27%
水電供給	21.57%
土地取得	20.59%
融資	12.75%
其他	1.96%

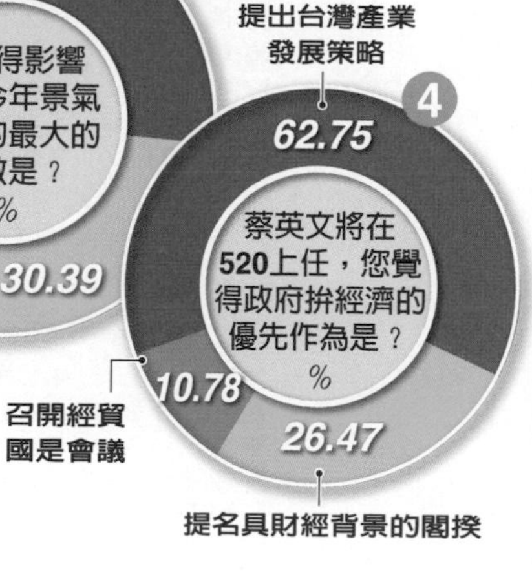

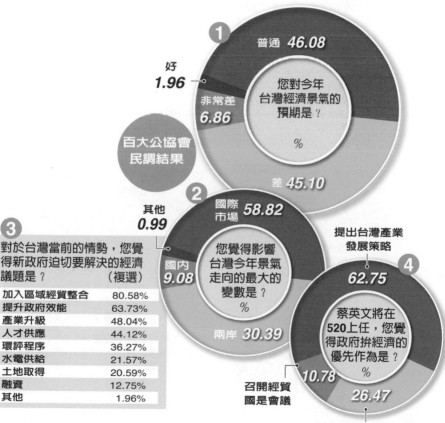

5 您覺得準總統蔡英文政見的五大創新計畫，哪一項對台灣經濟最關鍵？

拚機械智動化	30.39%
打造亞洲矽谷	19.61%
建構生醫聚落	18.63%
衝刺綠能科技	17.65%
國防接軌工業	5.88%
未回答	7.84%

6 您對準總統蔡英文或新內閣拚經濟成果的信心為何？

持平	42.16%
有信心	40.20%
沒信心	14.71%
非常有信心	1.96%
非常沒信心	0.97%

7 您對新政府上台後，兩岸關係走向的預期為何？

持平	61.76%
很難預測	23.53%
更壞	12.75%
更好	1.96%

8 若兩岸貨貿談判無法在今年內完成，您認為對台灣經濟的影響是？

有壞的影響	81.37%
無影響	13.73%
有好的影響	2.94%
未回答	1.96%

9 準總統蔡英文主張2025年實現非核家園，也就是不再使用核電，您最擔心的用電問題是？

電力供應不穩定	61.76%
電價上漲	25.49%
不擔心	12.75%

製表／王茂臻　　■聯合報

眼看南韓ＦＴＡ一個個簽　企業好焦急

商總與工總表示，聯合報系願景工作室的問卷調查結果顯示，工商界對經濟前景、經營環境高度憂慮，工商界不要口號，要具體產業政策，更要能夠落實政策的執行力。

工總秘書長蔡練生表示，台灣對外貿易倚賴程度高，油價下跌、國際經濟不好，國人對今年經濟預期不佳，可以理解；從九成以上公協會理事長持平或看壞景氣，高達六成認為影響台灣景氣最大的變數是國際市場，都可看出企業界面對國際形勢的憂心忡忡。

他說，有八成的公協會理事長認為新政府迫切要解決的經濟議題是加入區域經貿整合，顯示工商界對此議題高度關注，且已形成共識，並認為時間愈來愈急迫。

他表示，事實上區域經濟快速形成，已對國內產業形成極大壓力，以南韓來說，在和美國簽訂自由貿易協定（ＦＴＡ）以後，市占率成長百分之廿三，而我們則是負成長；南韓和中國大陸也簽了ＦＴＡ，可以預見情況會重演，企業界更是著急。

蔡練生說，大多數人認為應先提出台灣產業發展策略，而非提名閣揆或召開經貿國是會議，也在告訴新政府，不要再喊口號、提計畫；我們國家不缺計畫，馬英九總統上任時也提出很多計畫，重要的是執行力。

蔡練生表示，國內產業現在面臨的是五缺六失，企業希望看到的，就是針對這些產業問題提出具體解決方案，台灣產業非常靈活，只要給它一個可以發展的環境，它就會闖出一片天地。

全國商總理事長賴正鎰表示，多達八成工商團體領袖對蔡英文或新內閣拚經濟成果持平或有信心，並有六成的人認為蔡政府上台後，兩岸關係走向持平，是蔡英文當選後所作所為給人感覺，讓人覺得有信心。

他說，蔡英文在立法院長選舉這件事上，就讓很多企業界人士認為她的用人哲學不會過於堅持她喜愛的人，而是廣召英雄，以專業和能力作考量，她的作法，也讓企業界對未來閣揆、各部會首長人選增加不少信心。

賴正鎰表示，問卷結果顯示，企業對兩岸貨貿、服貿談判，爭取加入跨太平洋夥伴協定（TPP）及區域全面經濟夥伴協定（RCEP）都有高度共識，新政府上任後，應督促立法院盡快完成兩岸監督條例審查立法，兩岸服貿及貨貿談判要趕快復談，與更多國家簽定FTA，享受多國的經貿關稅優惠，才能保有台灣在國際市場的出口優勢。

（聯合報記者游智文）

百大公協問卷調查
民進黨：將作為未來策略參考

對於百大公協會問卷調查結果，民進黨表示，為發展台灣新經濟模式、帶動薪資成長，民進黨分別從跑基層了解業界需求、法規制度翻修、涉外事務布局來準備，這份問卷調查結果會做為未來政策策略上的指標性參考。

民進黨政策會首席副執行長施克和表示，總統當選人蔡英文在選前與產業有密切互動，主要是和工商團體溝通，選後從春節後展開企業參訪之旅，和公協會進行深入交談、對話，從第一線去了解業界的需求與想法。這部分是由蔡英文在第一線和企業界對話，建立對話的介面。

第二部分是選後針對整體財經法規的調整翻修，施克和說，包括政府採購法、促參條例、公司法等都需要大翻修。他指出，過去台灣 直以製造業角度看經濟發展，現在要走向創新，很多法規自然要翻新。

這部分有兩個層次，一個是產業面，一個是公司治理面。施克和指出，產業面方面有針對五大創新研發計畫的策略性產業發展條例的立法，要讓五大創新產業能適用；另外一個是公司法，以前公司法是高度管理性質的法律，對於現在要發展的新創產業會有些約束，未來希望彈性化，鼓勵新創產業，目前針對公司組成、運作、募資到解散等各層面，正在做全面性的檢討。

民進黨智庫產業小組召集人龔明鑫說，部分過時的財經法規必須修改，有些不須大修，比如科學技術基本法、公司法就需大修，包括閉鎖型公司法規的修改；此外，為了下一世代產業發展；民進黨目前正在研擬策略性產業發展條例，作為推動五大創新研發產業的依據，相關法規都有盤點。

第三部分是對外經貿。龔明鑫表示，包括跨太平洋夥伴協定（TPP）小組、全面經濟夥伴協定（RCEP），兩岸協議監督條例都是重點；智庫去年已成立TPP小組，由智庫執行長林全領軍，五二〇後還會有一個經貿小組，納入新南向政策，過去南向政策強調外交層面，現在要加入財經層面。

（經濟日報記者何孟奎）

看到近四十年來最嚴峻的形勢　歷任五經長提建言

「韓國一個FTA、一個經濟特區，創造了很好的故事；中國有自貿試驗區、一帶一路、龐大的中等所得人口，也是外界期待的故事。台灣呢？」在二〇〇八年到二〇〇九年擔任經濟部長的尹啟銘問。

「台灣如果沒有經濟，其他一切都是假的」，一九九六年總統民選以來第一位經濟部長王志剛，點出台灣最重要的命脈就是發展經濟。而「投資」是支撐經濟成長非常重要的動力，多位經濟部長對新政府共同的建議是，「台灣要創造自己的故事，吸引投資」。

新政府即將在五二〇上任，本報採訪團隊特地採訪民選總統以來（二十年）歷任經濟部長，五位受訪。而這些曾經擔任國家經濟舵手的部長們，對於台灣的經濟現況，無不憂心忡忡。

王志剛表示，當前台灣在經濟上所面臨的困境，是他近四十年來所看到最嚴峻的情勢，出口連十二黑，創金融海嘯以來最長衰退紀錄，投資情況也非常不好，僑外資、陸資投資金額雙雙衰退，兩岸關係也因政黨輪替面臨新的挑戰。

九年前台灣前三大出口產業依序是半導體、液晶面板、油品，去年前三大出口產業結構完全一樣，只是油品竟然竄升到第二位，「這是很可怕的」，尹啟銘說，台灣的油是靠進口的，提煉後再出口，是把二氧化碳留在台灣，算在台灣的碳排放量額度，這是「不太正常的」出口結構。

台灣經濟目前已處於非常不好的狀況，包括林信義、王志剛、尹啟銘、張家祝、杜紫軍都認為，挽救台灣經濟，當前最重要的就是改善投資環境。

林信義指出，投資環境是比較利益的競爭，除了生產要素（土地、水、電、人力）之外，稅率誘因也是關鍵；有好的投資環境，才能吸引外資或國內企業投資，才能創造新的就業機會，如此民間消費能力才會增強，這是一個正向循環。

尹啟銘強調，所謂改善投資環境，一方面要改善基礎建設，即所謂生產要素水、電、土地、人力和人才，也就是工總說的五缺。

「大立光的台中廠缺水，這是一葉知秋。」尹啟銘說，接下來是否還有別的企業會缺水，甚至缺電，這些問題恐怕會慢慢浮現。

另方面要改善市場面，即簽訂自由貿易協定（FTA）、推動貿易自由化，讓企業有更開闊的市場。

「一個push、提供生產要素，一個pull、拉市場」，尹啟銘說，這就是經濟學上說的，兩隻手的問題獲得解決，才能「創造故事」。

張家祝當初在經長任內，就把改善投資環境、吸引投資作為最重要的任務。為排除投資障礙，他改變經濟部招商長年由國貿系統主導的格局，改由工業局主導，重點放在把投資帶進來台灣，而不是協助台商業外投資；他任命的三位經濟次長中，即有兩位是工業系統出身；他並親自主持經濟部投資障礙排除會議。

他說：「投資少，沒有產業，沒有工作，沒有收入，出口也會下降。根本不可能改善薪資。」林信義則提出，促進投資，必須重新檢視目前法令。目前中央與地方財政收支劃分制度的缺失，使得地方無法取得合理的中央稅收分配比率，也常有以環保為由而限制產業投資的現象。

此外，原本應該落日的促進產業升級條例，立法院在落日前又修法大幅放寬適用對象，造成企業對租稅優惠過於依賴，租稅優惠應訂定落日條款，把資源轉移獎勵更高階的創新升級項目。

王志剛建議，投資問題涉及中央、地方政府、各部會和跨越黨派，應一起共同解決，建議新政府成立跨部會的「投資推動小組」，一定會有績效。

「投資推動小組」還有一個很重要的工作是「找新的東西」，王志剛舉例說，他任經長時，當時推動液晶顯示器（TFT－LED），委託工研院深入研究，再移轉給民間企業，後來面板產業蓬勃發展，也變成台灣ICT產品輸出的主要項目。新政府應主動找出新的投資項目，由政府推動，對促進投資會有很大的幫助。

政治惡鬥政策卡關　那些年五位經濟部長的遺憾

「過去我在經濟部做的事，民進黨都反對，他們又不是我的朋友，為何要幫新政府想辦法，他們自己解決。」當本報採訪團隊邀約採訪歷任經濟部長、希望為新政府提供建言時，一位前經長如此說。

台灣經濟低迷不振，本報採訪團隊特地採訪民選總統以來（二十年）曾擔任經濟舵手的歷任經濟部長，請他們暢談任內對台灣經濟最大貢獻的政策、最遺憾的事情，以及對新政府提出建言，如何讓經濟振衰起敝。

的確，台灣政治長期藍綠惡鬥，成為歷任經濟部長要推展政策時的掣肘。採訪歷任經長時，問「哪項政策沒推成，最為遺憾？」很多部長的回答，都是因為政治因素、或在野黨反對，讓想推的政策推不成。

尹啟銘：ECFA沒完成衝擊大

尹啟銘說，兩岸經濟協議（ECFA）後續沒有辦法完成，「是我很大的遺憾」。他說，中韓自

任期　2008/5~2009/9
遺憾　ECFA後續沒辦法完成
建言　❶ 以科專計畫帶動新興策略性高科技產業
　　　❷ 兩岸經貿關係不能欠缺

記者程宜華／攝影

任期　2014/8~2014/12
遺憾　推動兩岸服貿協議受阻
建言　❶ 自由化與產業升級並進，缺一不可
　　　❷ 穩定兩岸和平

記者黃義書／攝影

由貿易協定（FTA）已經啟動，這對台灣的影響非常大，尤其是對傳統產業的衝擊非常大。

尹啟銘說，傳產業的關稅稅率都很高，例如紡織十%，一個企業出口要賺十%，相當不容易，獲利卻可能全部被關稅吃掉，自然沒有競爭力，關稅障礙對傳產業的衝擊非常大。看看韓國，「過去八年，在野黨讓台灣喪失了很多經濟發展的關鍵時機」。

杜紫軍：服貿受阻失先機

杜紫軍同樣認為，推動服貿受阻最為遺憾，導致台灣失去進入中國市場先機與夢想。

他表示，本來在簽署ECFA時，當時各國都認為台灣在兩岸跨出一大步，後續服貿和貨貿陸續完成，台灣成為中國大陸對全球開放的試點，若能跟台灣合作，將來進入大陸，可享受中國對台灣企業的優惠。當時很多外商來詢問投資機會，韓國甚至創造「Chiwan」這個名詞，恐慌台灣在大陸市場取得先機。但隨著洽簽服貿受阻，這個機會無法繼續發展下去，使得許多外商對台灣夢想產生改變。

張家祝：經濟協議簽署卡住

令張家祝最遺憾的是，他原本希望在卸任前，繼成功簽署台紐、台星經濟合作協議之後，能夠再簽一個國家，兩國都已談好將飛新加坡簽署，但國內爆發太陽花反服貿學運，最後喊卡收場。

張家祝在經長任內曾與很多國家經長會商，很多國家都說，「很樂意跟台灣交往，但沒人願意激怒你的大鄰居（中國），很抱歉，只要中國不反對，我們可以進一步合作」。

任期 2013/2~2014/8

遺憾 簽署台灣第三個經濟協定未成

建言 ❶ 將改善投資環境、吸引投資作為最重要的任務

❷ 確保製造業競爭力

記者黃義書／攝影

「看到別人簽約合作，我們只能遠遠看，連到旁邊一起談的機會都沒有」，張家祝說，台灣面臨全球區域經濟整合的挑戰，但台灣與中國洽簽服貿、貨貿都受阻，無法吸引外資投資，這是相當嚴峻的問題，民進黨執政主張要「從世界走向兩岸」，這幾乎是不可能。

任期 1996/6~2000/5

遺憾 推動「品牌台灣」沒有成功

建言 ❶ 提升國際競爭力，加速推動工業4.0

❷ 積極加入區域經濟整合

記者曾吉松／攝影

任期 2000/5~2002/1

遺憾 沒成功讓核四停建

建言 ❶ 因應環境驟變修改法令與制度

❷ 產業研發創新與轉型

記者陳立凱／攝影

林信義：核四未停建白花錢

林信義最遺憾的事情是：沒成功讓核四停建。他說，台灣在電力供應上所遭遇的問題是輸配電品質的問題，而非電力不足的問題。當時基於台灣並不缺電與做過續不續建核四廠的利弊得失及替代方案之後，做出停建核四的決議，但最後沒有成功，後來停建又續建，截至二〇一四年政府決定核四廠暫時封存，總計已花費三千三百億元。若當時他成功讓核四停建，就不必花這麼多錢。

王志剛：台灣品牌待加把勁

王志剛認為，比較可惜的是推動「品牌台灣」運動，績效沒有很顯著，直到他出任貿協董事長仍在推動。他說，二〇一一年宏達電名列 Interbrand 全球百大品牌第九十八名，但非常可惜只是曇花一現。

王志剛說，台灣現在在世界舞台上沒有非常知名的品牌，不談美國，跟韓國、日本比較，遜色很多，沒有品牌就沒有辦法真正在市場紮根，對出口影響非常大。

展望未來 對內拚工業4.0、對外要區域整合

談到台灣發展經濟的問題，受訪的幾任經長不論藍綠，態度相當一致。除了吸引投資外，經長們認為，對內要推動產業研發創新與升級轉型，其中最受關注的就是工業4.0計畫，對外則要加強區域經濟整合，避免被邊緣化。

很多人都提出台灣產業要升級轉型，但要怎麼轉？王志剛提出「工業4.0計畫」。王志剛指出，目前美、德、日都在進行第四次工業革命，大陸十三．五規劃「中國製造二〇二五」，去年八月行政院也提出生產力4.0，這些要把互聯網、物聯網，運用到製造工廠，變成智慧工廠，利用大數據，預測未來產能，探討消費者未來需求動向，利用人機協同作業，提高生產效率，大幅降低不良率。

王志剛說，數位化生產、大量化生產、多樣化生產，可以提昇國際競爭力，服務業、農業也可以利用此一方式提高生產力。美國、德國已到了成長期，台灣才剛剛起步，新政府接手後，應該加強推動，尤其是人才培育，目前並不足。

張家祝表示，台灣若不自立自強，靠美靠中都不可靠。台灣出口產品與市場都太集中，這肇因於台灣產業結構。他認為製造業比重不能再下降，必須找到出口利基，確保優勢競爭力；另一部分是占GDP達七成的服務業也必須升級、出口發展，以台灣人的創意與活力，服務業出口應有成長空間。

對外部分，受訪經長一致建議台灣要積極爭取加入區域經濟整合。林信義指出，台灣要加強區域連結，不但要避免被邊緣化，還要努力成為區域不可或缺的一員。我國主要競爭對手加入參與區域經濟整合，已威脅到台灣出口競爭力，南韓與中國自由貿易協定（FTA）第一階段已經生效，將影響台灣在主要外銷市場的市占率，台灣要盡全力加入TPP（跨太平洋夥伴協定）、RCEP（區域全面經濟夥伴協定），並拓展新興市場。

此外，杜紫軍提醒新政府，在台灣經濟發展過程中，兩岸關係是必然要面對的一道牆，新政府必須要面對。對外商來說，台灣下一個夢想可能在物聯網（IoT），台灣IC設計及半導體製造，能力與產業遍布性廣，能量強，有機會成為各國發展IoT的基礎。但IoT的相關製造與應用的廣大市場就在中國大陸，若兩岸關係無法穩定和平，情況對台灣非常不利，這也使外資亟為擔憂。

杜紫軍強調，扭轉外資對台灣憂慮，必須確保政治穩定、兩岸和平，並掌握中國大陸市場進入優勢，或者，要至少維持現狀或更好，才有可能吸引外人來投資。

（聯合報蘇秀慧、江睿智、何孟奎）

招商外資需鬆綁法規　連玉蘋：應延長台灣產業鏈

過去二十年來，外人來台直接投資（ＦＤＩ）曾歷經兩波高峰，一是二〇〇〇年時，政府開放固網市場，國內不少電信業者由境外反向回台投資，造就當年ＦＤＩ高達四十九・三億美元，第二波是二〇〇六年至二〇〇八年，因國際私募股權基金熱衷來台併購金融與有線電視業者，三年年平均ＦＤＩ是六十八・七億美元。

經濟部投資處長連玉蘋分析，過去二十年來，台灣每一次湧現的ＦＤＩ大小高峰，都與政府開放市場或推出大型法規鬆綁有關。

舉例來說，一九九七年，電信三法通過，當年ＦＤＩ就從前一年的十八・六億美元，拉高到二十二・五億美元，此後受亞洲金融風暴影響，ＦＤＩ在隔年滑落，但此後幾年，特別是二〇〇〇年之後，政府開放固網市場、也鼓勵金融整併，又逢國際私募基金大舉來台，那幾年的ＦＤＩ自然水漲船高。

可惜，歷經前兩波高峰期後，近幾年我ＦＤＩ表現約在三十億美元上下，不復見當年盛況。關鍵原因，除了國際經濟一直未能走出金融海嘯與歐債風暴陰影外，二〇一一年六月，經濟部投審會否決國際私募基金ＫＫＲ來台併購上市公司國巨，也成一大變數，自此掀起一連好幾年的寒蟬效應。

當年，ＫＫＲ開價四百四十六億元收購國巨，還打算讓國巨下市，投審會聯合各部會審查此案，最後是以資本弱化、資訊不透明等理由駁回。台灣併購與私募股權協會理事長黃日燦直言，台灣的行政裁量空間太大，讓不少國際私募基金不想把時間耗在台灣。

他批評，每一任政府都很用心要改善投資環境，也花了很大心力做招商引資，「但好不容易把人吸引來了，卻審得亂七八糟，不是很費工夫嗎？」乾脆把審查機制提到行政院去。

連玉蘋也提到，這幾年，民眾對於環保、國土利用有較高期待，加上政府大力推動產業升級轉型，台灣不大可能再像過去一樣，吸引大批外資來台蓋工廠，「現在的招商引資，都是要盡量補足、延長台灣的產業鏈。」例如，台灣比較缺的半導體設備或是面板用得到的化學材料。

（聯合報記者林安妮）

面對紅潮　不能「封起海峽」將市場拱手讓人

台灣各產業幾乎都面臨紅色供應鏈的挑戰，更有人視之為洪水猛獸。行政院副院長杜紫軍認為，要有策略面對並運用紅色供應鏈，將正面影響擴大，負面影響降至最小。

杜紫軍表示，紅色供應鏈興起是正常的，供應鏈在地化叫做「進口替代」，台灣經濟發展過程中，曾大力推動進口替代，例如江丙坤在經長任內，為減少我對日貿易逆差，選擇幾項產品進口替代，當時稱之為「藍色供應鏈」。

他表示，任何國家都會希望減少進口，自己生產製造。「中國製造二〇二五」要求每一樣產品有一定百分比在中國製造，全世界各國產業政策都是如此，沒什麼好意外的。中國工業發展第一天起，就是走向自主供應鏈，只是台灣要去掌握這樣趨勢，將負面影響減到最少，正面影響擴大。

杜紫軍分析，中國供應鏈在地化，要求外商在當地投資，最明顯的例子就是面板，現在則是鎖定半導體。正因為看到中國半導體供應鏈在地化勢在必行，因此必須開放台積電登陸。事實上，三星和

Intel早就登陸，政府讓台積電以百分之百獨資、掌握公司及技術，登陸去設十二吋晶圓廠，將來要接大陸在地單子，若在大陸無法生產或是做不完，單子可以轉到台灣，估計台積電產能八十五%在台灣生產。

面對紅色供應鏈，杜紫軍說，「要有策略，策略正確，才能趨吉避兇」。若能透過兩岸產業合作協商與談判，爭取策略可行，將影響降到最小，台商若不去大陸，就是韓國拿走，台灣要學習更早去面對紅色供應鏈，「若是把海峽封起來，市場就拱手讓給競爭對手。」

工研院產經中心主任蘇孟宗表示，如果兩岸在同一個位階上競爭，紅色供應鏈勢必帶來很大威脅；因此，在微笑曲線上，台灣必須往曲線兩端，即研發和品牌上移動，掌握使用者價值創造的制高點，轉而將紅色供應鏈當作夥伴；就像蘋果是利潤分配者，它利用紅色供應鏈生產，別人辛苦，蘋果卻獲得最多利潤，一樣的道理。

「紅色供應鏈不是問題，重點是我們做了些什麼！」一位不願具名的高階文官表示，過去一段時間來，台灣社會氛圍不開放，投資環境欠佳，無法吸引投資，「要怪大陸很積極？要怪我們自己吧！」

加入TPP及RCEP兩大區域經濟整合是台灣重要課題，但也夾在美中兩大國角力之間。「兩大國都無法依賴，惟有自立自強，」開發工銀董事長張家祝說：「台灣沒有選擇，只有不斷往上升級，不斷往前跑。」

（經濟日報記者江睿智）

航太產業處境如飛魚遭夾擊　漢翔仍逆風起飛

二〇一六年一月，台中沙鹿風沙吹起，台灣航空產業奮力逆風起飛。

漢翔十一號廠房中間高掛著青天白日滿紅國旗。二十年前這裡是經國號戰機的生產線，而今已成為世界商用民航機的組裝生產線。技師們在機殼上打鉚釘的聲響清脆，此起彼落，一排巨大圓形A321機翼後加長段機身等著組裝、裝箱，排隊出貨。

十一號廠房另一頭是波音737主輪機艙門、B787夢幻客機水平尾前緣等零組件組裝，在波音生產鏈中，由漢翔獨家生產；美國總統專屬直昇機座機「陸戰隊一號」S-92直昇機性能提升，採用的是漢翔設計製造機頭；去年底首飛日本三菱商務噴射客機MRJ，機殼複合材料出自漢翔設計製造，是亞洲唯一打入MRJ設計製造的外商。

高雄岡山陽光耀眼，漢翔發動機匣一號廠生產線大型車床和銑床一字排開，日夜趕工，專為奇異（GE）生產各種材質飛機發動機匣，外觀像似大圓桶，圈內人俗稱為「浴缸」，上面布滿各種細緻凹痕，「一口浴缸價值如一台 Jaguar、Benz 汽車。」漢翔發動機事業處處長王欽漢比喻，提醒技術員必須注意所有細節。

慘遭夾擊　自謀生路要活下去

「國際上只要在天上飛的民航機，有九成都有來自台灣漢翔零組件，包括葉片、發動機匣、水平尾翼尖、機腹整流罩等，漢翔更是GE在亞洲第二大夥伴。」漢翔董事長廖榮鑫自豪地說。

自己的道路自己開。過去幾年間，國內為了是否簽署服貿和貨貿爭吵不休、藍綠對決，漢翔悄悄地打入國際民用航空供應鏈，多樣化生產線令人刮目相看。

「為了生存啊，我們要活下去！」漢翔副總何保華坦率地道出。二〇〇〇年最後一架經國號出廠後，漢翔面臨無飛機生產的困境。對當年不眠不休投入經國號戰機研發生產的年輕工程師來說，懷抱著最熱情的夢想，卻遭到最無情的破滅。

漢翔工程師提著皮箱，自己去敲波音、空巴的門，不知吃了多少閉門羹；面對國際大廠，幾乎沒有談判籌碼，甚至賠錢履約，不知繳了多少學費。而今漢翔已取得國際航太八百五十多項認證，重燃航太產業希望。

長榮航空董事長張國煒為一圓航太夢，也轉投資長榮航宇搶進波音供應鏈，誓言要串起台灣航太供應鏈；漢翔投資近四十億元，投入先進航太複合材料中心擴廠、F-16A/B性能提升維修廠、第三座飛機引擎機匣廠，預計今年內啟用，盼在全球航太市場搶到更大的餅。當國內各產業遭遇紅色供應鏈挑戰，廖榮鑫下定決心絕不去大陸投資，他說，航太是高附加價值產業、訂單能見度長，他希望能留在台灣發展。

儘管訂單滿載，「挑戰比機會多，」廖榮鑫話中透露著焦急與擔憂，他更以「飛魚」來形容台灣航太產業處境。海中飛魚被鬼頭刀追趕，緊急時會跳出海面，但天空又有白腹鰹鳥在等著抓飛魚，「鬼頭刀就是後進國家國際競爭，白腹鰹鳥就是來自如德國等高工資國家，夾工業4.0優勢，竟能壓低成本來搶單。」

整合上下游　一起打進世界盃

如何突圍？為擺脫夾擊，近來廖榮鑫積極奔走，聯合長榮、華航，攜手中鋼、台塑，結盟工具機廠，合組航太A-Team 4.0，整合國內航太產業上下游供應鏈，並運用工業4.0，達到精實製造、提升競爭力的目標，「一起打進世界盃」。

航太產業背後象徵的是國家力量，也是難度最高的系統整合，漢翔希望，台灣早有國機國造的能力，爭取國軍高教機、甚至下一代戰機留在台灣研發、生產製造，從中培養台灣航太系統整合能力，從原料、設備、製造，帶起產業鏈，累積實力。

東台精機董事長嚴瑞雄也說，國機國造，技術自主，把航太產業留在台灣，不僅可降低生產及維修成本，一架飛機上百萬個零件，改採用國內製造機台，可帶動台灣工具機產業往航太升級，「國機國造，這個產業才抓得深，產業鏈才會起來」。

台灣航太業從死亡幽谷殺出一條血路，是台灣產業堅苦卓絕、努力奮起的縮影，再怎麼苦難，都想努力拚命地留在台灣。而其他產業亦復如此，只要有機會也想留在台灣，「如果可以留在台灣，誰想要遠渡重洋？」一位不願具名產業界人士說。

眼前台灣經濟處境，遠比想像中艱難。台灣紡織業為了跨太平洋夥伴協定（TPP）布局，近期被迫紛紛前往東南亞設廠；台灣之光、近來是台灣投資主力台積電被迫登陸設晶圓廠，「不怕紅色供應鏈怕缺電」、「擔憂環團抗爭」，連老帥張忠謀也不禁擔心台積電未來能否順利在台擴產。

工總喊出五缺，行政院副院長杜紫軍憂心，若不採取行動排除投資障礙，可能未來將難有新增投資案。台灣若沒有具體投資來帶動成長，產業外移會導致「就業機會減少，及薪資不成長」。

中華開發工銀董事長張家祝觀察台灣經濟變遷指出，一九六〇年代紡織業、一九七〇年代石化業、一九八〇年代電子業、一九九〇年代半導體、二〇〇〇年光電產業，曾經是帶動台灣經濟成長主力；

二〇一〇年之後，政府扶植生醫、綠能及民生產業，但都未成氣候，還在摸索中，並沒有紮實產出。他表示，電子資訊半導體業或還有十年發展光景，「台灣未來的核心產業，現在仍看不到」。

新政府：創新與投資是經濟成長兩大關鍵

總統當選人蔡英文財經智囊、台灣經濟研究院副院長龔明鑫樂觀地表示，創新與投資是促進成長與就業的兩大關鍵要素，新政府已明確提出包括生技、物聯網（IoT）、智慧機械、綠能及國防產業作為下一世代產業，新政府將創造政策工具，引導民間投資未來。

但業界認為，除了兩岸政策外，國、民兩黨相關經濟政策並無明顯差異，五大產業中不少已是既定政策方向。一位產業界人士說，「未來願景已經談太多了」；業界更關心的是，「如何排除投資障礙，解決五缺，讓產業能安身立命，不用擔心隨時要被趕走」。

最黑暗的時代 也是最關鍵的時刻

「台灣經濟陷入『均勻衰退』，不是景氣問題，結構問題之多，如同多重器官衰竭，卻不覺得自己已然重病，甚至社會仍沒有自覺需要改變。」中央研究院院士朱敬一直指台灣經濟及社會核心問題。

最黑暗的時代，往往是關鍵時刻。一九六〇年代美蘇太空競賽，當時美國太空科技相當落後，經濟實力亦不像現在強大，美國總統甘迺迪卻誓言十年內登陸月球，當時美國人認為根本做不到。他在著名的「Moon Speech」說，選擇這個目標，「不是因為他們很簡單，而是因為他們很艱難」，「所有偉大的行動，都伴隨著巨大的困難，需要我們用無盡的勇氣去面對，努力去完成和克服。」

面對台灣眼前經濟挑戰，沒有簡單的答案。但能否再創造台灣奇蹟、台灣能否成為偉大國家，存乎於國家領導人的格局與決心，以及用何種態度面對挑戰。

（經濟日報記者江睿智）

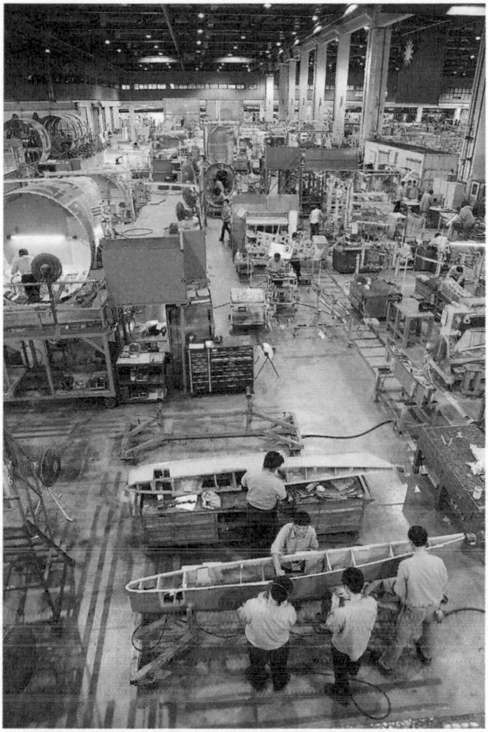

國內航太龍頭漢翔公司因應民航機二十年大換機潮，以及航太零組件複合化趨勢，積極整建台灣先進複材中心，近年來陸續接獲國際重要航太大廠如波音、空中巴士、龐巴迪航太、賽考斯基飛機等複材訂單，並持續堅持落實國防自主，加強國家安全；發展航空工業，促進經濟繁榮為使命。（記者林俊良／攝影）

產業轉骨　加速邁向工業4.0

南科路竹園區東台精機廠房角落，一架直立機器手臂正賣力工作，它俐落地將原料送進切削機台，過一會再拿出來翻面；它的動作迅速、從不懈怠，且可以不休息，生產效率高。未來，產出的機台上將會裝上感測器，達到「機聯網」，透過數據分析及掌握，進一步找出改善機台效率空間，「工具機廠邁向工業4.0，目的是提高機台效率，幫老闆賺更多的錢。」東台精機董事長嚴瑞雄說。

技術紮根於台灣本土的工具機及精密機械產業，近來也遭逢中國大陸、印度等國競爭，而日本將工具機目標鎖定「中品級、低價格」，因而加入搶台灣的單；過去國內工具機主要支援 3C 機殼加工及汽車零件製造，前者受到中國經濟趨緩衝擊及紅色供應鏈替代，訂單大幅萎縮，後者發展面臨瓶頸，工具機必須切入新產業。

「因環境改變，台灣工具機業成了夾心餅乾。」嚴瑞雄表示，工具機雖遭逢紅色供應鏈威脅，但沒有電子業嚴重，加上大陸業者尚無力揮軍國際，因此台灣工具機業還在國際市場努力；另方面，東台也積極邁向工業4.0，提高機台和生產線效率，並且跨入航太產業，「若能做出航太機台，我們也水漲船高，不僅支援國內航太產業，將來還能賣到海外。」

工業4.0是當下在國內倖存、有競爭優勢產業的關鍵字。放眼到國際，先進工業國家紛紛掀起再工業化的浪潮，開啟全球製造業全面升級的超級競賽。

自全球金融海嘯之後，美國感受到過度依賴虛擬經濟的切身之痛，總統歐巴馬在二〇〇九年啟動「再工業」國家發展戰略、提出「重振美國製造業框架」；之後相繼啟動「先進製造業夥伴計畫」及「先進製造業國家戰略計畫」，以積極工業政策，提供優惠政策，鼓勵高端製造業重返美國，並且投入研發新技術，以達到優化產業結構，創造就業，帶動美國經濟復甦，確保美國在全球科技領先地位。

向來專注在工業的德國，二〇一三年推動「工業4.0」國家戰略，指出第四次工業革命將著重智能工廠、智慧製造，並支持工業領域革命性技術研發與創新。「工業4.0」已成為引領世界製造發展方向。去年法國效仿德國修正「新工業法國」，工業生產朝智慧化轉型，以和德國工業4.0對接。

中國國務院二〇一五年發布「中國製造二〇二五」，將推動五大工程、十大重點領域，包括機械設備、智慧製造、綠色產業等為重心，全面推動製造強國戰略，從價值低端往高端升級，由「大」變「強」，目標是在二〇二五年，跳過台灣，成為世界製造強國。

東台精機工具機廠房機械手臂。（記者屠惠剛／攝影）

工研院產經中心主任蘇孟宗觀察，過去歐美國家以為只要抓住占國內生產毛額（ＧＤＰ）比重七十五％的服務業就行了，將低附加價值製造業外包，生產線移到低成本的中國大陸，但歷經金融海嘯及歐債危機後，歐美國家發現，製造業雖僅占ＧＤＰ二成多，但對服務業嘉惠是倍增，換言之，少掉製造業，在地消費與ＧＤＰ也會明顯減少，歐美國家「再工業化」真正目的都是「經濟掛帥」，都是為了經濟成長。

蘇孟宗也指出，台灣工業占ＧＤＰ比重約二十八．五％，服務業占比達到近七成，但能出口、創造外匯的服務業極有限；過去以來，帶動經濟成長，主要仍是來自製造業的投資與發展。他強調，台灣製造業必須在既有基礎上升級、提升競爭力，這是永無止盡的競賽。

「台灣一定要有製造業，作為經濟發展領頭羊，」嚴瑞雄向新政府喊話，日本永遠強調「製造立國」，德國和美國亦復如此，「台灣二千三百萬人沒辦法只賺服務業，靠觀光餐飲，是永遠低薪。」國家要盤點出適合台灣發展的製造業、台灣要攻哪些產業，國家資源及人才科系依此投入並分配；而不是像現在經濟決策，哪些人、哪些團體聲音大，政策傾向哪邊。

製造業升級的全球競賽早已開始，反觀台灣，還深陷在政治惡鬥之深淵中、產業未來發展仍一片茫然。「紅色供應鏈興起，紫光集團大舉欲併購台灣企業，中國大陸下定決心要提振工業水準；台灣經濟若要有長遠發展，必須重新喚起台灣社會對工業的重視。」清華大學榮譽教授李家同疾呼。

（經濟日報記者江睿智）

經濟再起　政治鬆手才能飛

一九九六年當時經濟部長江丙坤在國民黨中常會專題報告：「非經濟因素影響了經濟。」事隔二十年，很遺憾，政治因素對經濟發展的干擾變本加厲，台灣投資環境可說被政治搞垮；產業界人士更直指，民粹政治導致台灣反商、反產業，產業無所適從，只好往海外發展。

近年來國內重大投資案飽受環保抗爭干擾，只要「環團一出，無人可與爭鋒」。一位不願具名、熟悉產業發展的高層財經官員感慨地說，扁政府時代推動兩項大型投資計畫：台鋼及國光石化，最後都失敗收場，前者早已外移到越南，後者落腳到古雷；之後，台灣就沒有大型投資計畫，世界特有的環評制度最為企業詬病。

官員表示，外界都把鋼鐵、石化認為是汙染產業，但台灣經濟發展仍需要基礎工業，不僅掌握料源，也讓台灣產業及出口結構多元化，而且台灣汙染排放標準之嚴格已超越日韓，卻仍無法在台設廠。官員進一步指出，自二〇〇八年後環評大會上，立委和環團都可以出席阻撓環評，對環評委員進行人身攻擊，讓專業環評委員噤聲；從中科案例來看，司法制度還可以介入環評，環團不惜「玉石俱焚」的態度讓投資卻步。

前經濟部長張家祝在任內親自召開投資障礙排除會議，感觸最深。他表示，台灣各項生產條件都有問題，業者反映投資障礙都是：沒水、沒電、沒土地，還有環評。環評是行政程序中最具代表性一項，業者明明符合環保法規，卻不一定能拿到許可，只要環團及政治介入後，抗爭就來，首長就不敢通過，要業者自己去擺平抗爭，業者搞不過，最後就算了，張家祝感慨，「政府不僅無法幫忙，反而形成投資障礙。」

財經官員表示，近年來民粹環評，還一路延燒到科技產業，連環保資優生台積電都很困難，科學園區自二〇〇八年後沒有可擴建的土地，試想，「台積電若想要再蓋一座廠，台灣有無可能？那台灣還剩下什麼？」近來，又遭逢減排、PM2.5的議題，台灣又訂高於韓國的排放標準，無排碳權可用，可預期未來更不會有新增投資案。

這些年來，「台灣產業創造就業，帶動經濟發展，卻被說成財團，怎麼不令人傷心。」一位企業界人士說。

政治的干擾除了環評民粹外，還有無限上綱的民族主義。接近市場亦是吸引投資的主因，但台灣市場開放及自由化之路布滿荊棘。行政院副院長杜紫軍表示，當年台灣推亞太營運中心，之後簽署

ECFA（兩岸經濟協議），就是要創造台灣成為外商進入中國的跳板，為台灣創造發展基礎，當時韓國很恐慌台灣取得先機，創造了「Chiwan」這個字，很多外商亦來詢問投資機會。但這個機會，隨著服貿及貨貿洽簽受阻，已無法繼續。

「外商和企業家是追尋夢想的機會，投尋投資點，」杜紫軍說，就如同台商現積極外移到越南投資，因為越南同時為TPP（跨太平洋夥伴協定）及RCEP（區域全面經濟夥伴協定）成員，享有雙重優惠，認為去越南投資有機會。「台灣若沒有夢想，外人是不會來投資的。」

台灣因激情的藍綠對決，每當政權更替時，就要「重新開機」，產業政策就要重新翻修，也令業界無所適從。東台精機董事長嚴瑞雄指出：「總統是四年選一次，二十年來不知換了多少行政院長及經濟部長，人事更迭，國家沒有穩定的中長期產業及經濟計畫，不只產業，還有人口議題，以前還有六年國建計畫，現在規畫都看太短。」

他期盼：「國家政策要五年、十年去看，要跨黨派一起看，不可以隨便更改，給各部門依循，政務官會換，讓事務官可以繼續執行推動。」

經濟發展困境千頭萬緒，工總喊出五缺及市場問題，杜紫軍直言：「所有問題都可以解決，只要經濟擺中間，政治放兩邊。」然而，這也是台灣產業界最卑微、也是最奢侈的期盼。

（經濟日報記者江睿智）

五缺纏身 投資、薪資難以抬頭

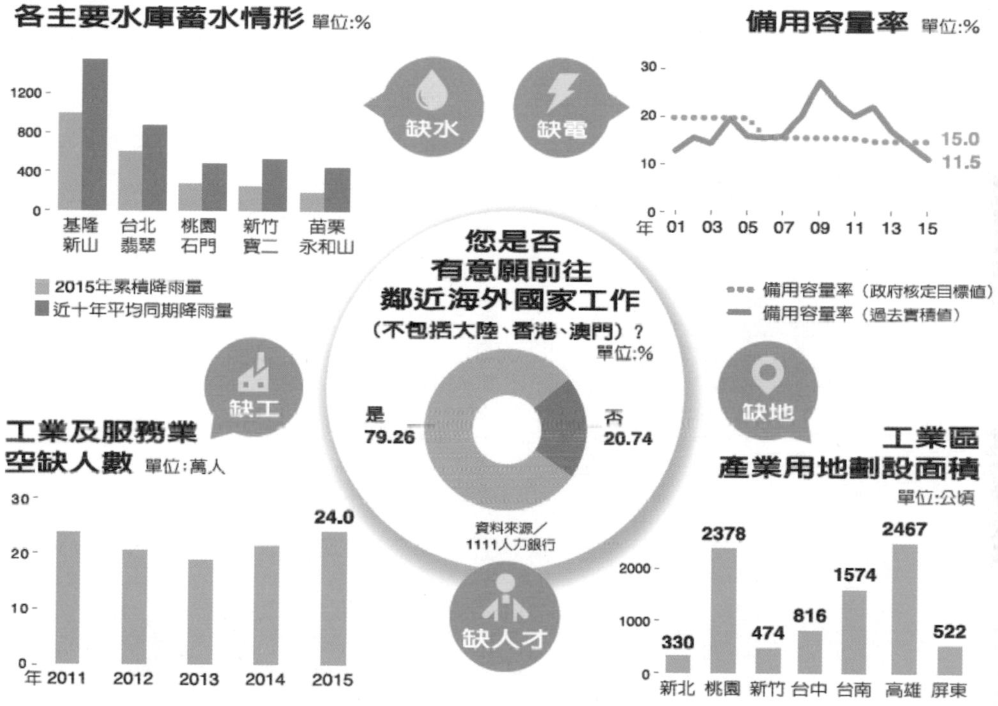

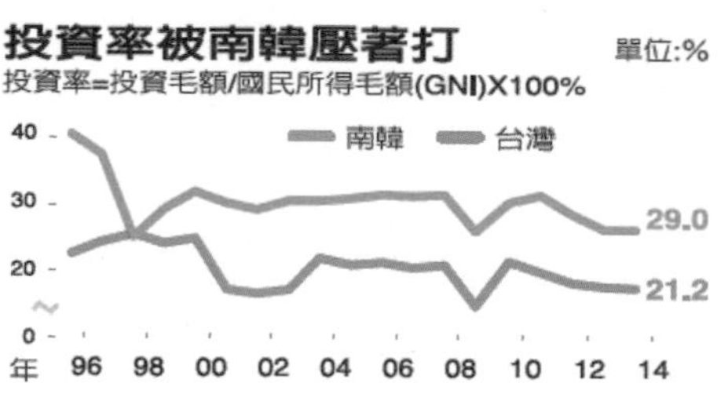

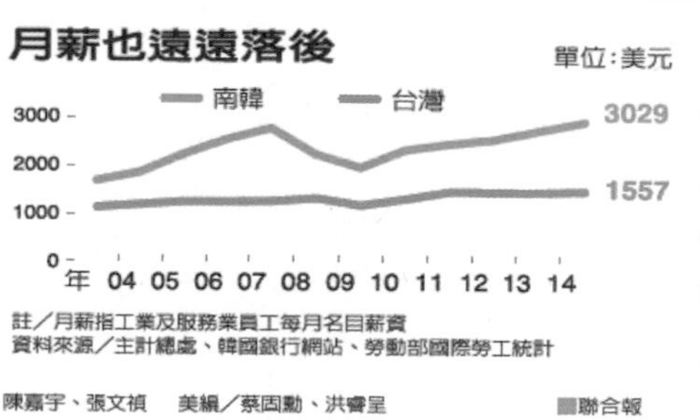

註／月薪指工業及服務業員工每月名目薪資
資料來源／主計總處、韓國銀行網站、勞動部國際勞工統計

製作團隊 企畫／徐碧華、李淑慧、吳馥馨、潘姿羽　編輯／李建重、陳亞宏、陳嘉宇、張文禎　美編／蔡固勳、洪睿呈　■聯合報

不蓋國光後　經濟發展與土地正義仍在尋找平衡

和居民當朋友！　中科二林留住耕地　農工共生

「等正月來，就要開始播種了。」七十三歲的賴美阿嬤望著三合院祖厝旁的方整農地，眼尾都笑開了。這是她與十幾戶相思寮居民每天農忙的所在。阿嬤的田還在休耕，鄰人的田則開滿耀眼的黃色油菜花，與藍天相映，據說這是鄉下最天然的綠肥。

我們一靠近，田裡數十隻麻雀一躍而起，不遠之處，還看得到挖土機來回施作排水截流工程。這裡是中科四期二林園區的真實一景，也是全台首處科學園區裡有田、農戶與科學園區共生的難得景象。

兩年多前，中科與當初爆發徵地糾紛的相思寮居民達成和解，想留下的居民可以退還補償金，繼續在相思寮生活。中科也同意在現有已通過的環評基礎上，再多走一段更嚴格的二階段環評程序，驗證一座低耗水、低排放的新世代園區，可以與農業共存共容。

阿嬤說，從日據時代起，婆家的人就已在這裡幫日本人開墾甘蔗園，對這塊土地有深厚的感情。

中科四期開發過程一波多折，最後，科學園區與農田共存。當地居民仍習慣每天清晨起床，下田耕作。（記者黃士航／攝影）

七十三歲的賴美阿嬤（左）仍習慣每天清晨起床，看看自家的田，阿嬤的三合院祖厝與田地就位在科學園區內，農業、工業共存。（記者黃士航／攝影）

這裡更早以前是一條小溪，因颱風造成土石坍方，長出了不少相思樹，所以喚作「相思寮」。阿嬤與阿公在這裡孕育了兩男三女，以及十五名內外孫。

我們問阿嬤，當時中科徵地，相思寮差點夷為平地，她哭了嗎？阿嬤搖搖頭說，當時最大的煩惱是，就算用補償金在外頭買了樓房，也容不下這麼多的子孫。而她的鄰居阿暖阿嬤，則是與妯娌點起了香，一面哭一面祈求公媽保佑政府不要徵地。

「我們的互信是每天一點一滴建立起來的。」中科管理局主任秘書林梅琇說，中科原址保留居民祖厝，並以地換地，把散落的畸零農地，整成住家旁一塊兩公頃多的方整農地。擔心農民種不慣，還移來了原田上的土，中科幫忙修水路、做馬路，每天還派主管到府關心。

阿嬤笑說：「以前都曾激烈對罵過，但現在是好朋友了。」望著一切如故的家園，她期盼園區能趕快走完二階環評，把廠商帶進來，這樣她長年在異地打拚的子女，也有機會返鄉工作。

走過八年的糾葛，投資超過百億元的二林園區，一一化解居民、環團關注的土地徵收、農業搶水爭議，改朝低耗水、低排放的精密機械為主園區轉型。中科管理局長王永壯說，現在就只差汙水處理，看要做到全回收、部分回收，還是跟一旁縣府開闢的二林精機園區共同排放。

他指出，目前除了已進駐的唯一一家廠商愛民衛材外，還有十六家廠商已通過入園審查，另外還有一家上市櫃公司打算在此開闢電影後製基地，「廠商的商機真的不能再貽誤了。」我們要趕快爭取在年底走完二階段環評。

中科四期二林園區一路走來跌跌撞撞，至今還能幸運地朝終點站邁進，但是回首當年與它並列國家級的重大投資案：投資金額超過六千億元的國光石化，及二千八百多億元的台塑六輕五期，早已不復存在。

我們不禁要問，二林園區的經驗可以複製嗎？經濟發展、農糧安全與環境保護，該怎麼求取平衡點？

返鄉種田　幸好國光沒蓋成

早春的彰化大城鄉，陽光不輕易露臉，耳畔的風呼嘯而過，在地人說，大城是風頭水尾，意思是這裡是全台東北季風造訪的第一站，風頭格外猛烈，水尾是指這裡是濁水溪入海前的尾巴，水量不夠豐盈，古早以來總讓農民一邊耕作一邊皺眉。

彰化大城─一個曾與台灣經濟發展深刻糾結的樸實鄉鎮。二〇〇七年時，扁政府拍板要在這裡蓋台灣的第八座石化輕油裂解廠，也就是不少人仍記憶猶新的國光石化。幸與不幸，在歷經漫長且從未停歇的環保、農業抗爭，馬政府在二〇一一年宣布中止環評，國光石化自此胎死腹中。

二十三歲的返鄉青農蔡翌璋告訴我們，幸好國光石化沒蓋成，要不然他就回不了故鄉種田了。蔡翌璋幾年前從新竹關西農校畢業，就決心返鄉跟阿公、阿嬤一起種田，為了鍛鍊技藝，他還曾到日本短暫研修。

他說，當時決定返鄉內心的最大掙扎，倒不是能不能賺到錢，而是這些年，與大城比鄰的台塑六輕，已讓隔壁庄的台西村民，病的病、逃的逃，留下來的多是老人家，「當大家

台西村民許朝閔的家，隔著一條濁水溪就看得到台塑六輕廠區。他開著車帶我們探訪國光石化當年選定的舊址—那是堤防外的一汪海水，堤防內除了我們，還有多處的魚塭、菜田，以及在水上悠游的鴨子。

許朝閔說，當年，大城鄉有人反對蓋國光石化，但也有人贊成蓋，「贊成的人有些是想著，反正這裡的空氣跟水，都已經被六輕破壞

返鄉青農蔡翌璋（左）高中畢業當完兵退伍，就回彰化大城老家務農，在阿嬤（右）阿公的指導傳承下，實現自己的農業理想。（記者林俊良／攝影）

了，有了國光石化，多少還能領到一些補助金。不至於像現在，什麼都沒有。」

「大城鄉真是窮怕了。」大城鄉農會總幹事蔡南輝義憤填膺說，國光石化抗爭正熱時，全國各地湧來一堆環保團體，現在全都不見了。政府不蓋國光石化後，原本允諾的地方建設，現在只看到一條大馬路，說好的產業園區、精緻農業園區，還沒個影，經濟建設起不來，大城鄉的子弟就很難返家工作。

過去二、三十年來，台灣的執政菁英在這片土地上，總是努力盤算靠出口、投資帶動經濟成長。在過往尹仲容、李國鼎與孫運璿的年代，他們成功了，在中央一聲令下，全球第一個加工出口區及新竹科學園區拔地而起，直接帶動台灣的加工貿易與高科技產業亮眼表現。

但是，晚近的這些年，可容納經濟發展的空間愈來愈難創造。為什麼這些年政府支持的重大投資開發案，不容易做好、做滿？經濟發展，碰到環保、農業與土地徵收抗爭，似乎就是死路一條？

國光石化如此，更早之前的核四、拜耳案，也未能跑到終點。近年國人熟知的中科三、四期，號稱台北市最後一塊精華地的空總，以及號稱世紀開發案的桃園航空城，也正進入史上最大規模的土地徵收聽證程序，前途未卜。

「對我們來講，不用開發，很省事也很輕鬆，但是這樣對國家經濟跟人民真的好嗎？」曾因中科三四期、中興新村高等研究園區開發爭議，必須長年奔波找尋共識解的中科管理局長王永壯直指，經濟開發跟環保、土地正義等多重價值，不應擺在對立的兩端，比誰比較重要。

他說，經濟開發過程不免會有取捨，但是所有民眾在意的價值都應盡可能顧及，避免偏廢任何一方；他所接觸過的環團人士，也不是所有人都是拒絕經濟發展的，「重點就在怎麼求取各方都可接受的平衡點。」

送走國光石化　遊子返鄉「做換工」迎麥田香

天未亮，儘管被窩裡的溫暖，讓人離不了床，二十三歲的彰化大城返鄉青農蔡翌璋，卻已迅速爬起盥洗，用完早餐後，他就得下田了。在農村，日出而作、日落而息，鐵的紀律對農人來說，是必要的。

蔡翌璋的祖厝前有一畝地，青綠色的麥浪在微亮的天光下迎風搖曳。不過，阿璋今天是要「做換工」，要到別人的田幫忙，這是傳統農村為了克服人力不足，想出來的辦法。阿璋笑說，「今天你幫我，明天我幫你，我們那裏有七、八個的人，我是年紀最小的『幼齒ㄟ』」。

二〇一一年，政府宣告國光石化撤案，也就是在那一年，喜願小麥在慈心有機農業發展基金會介紹下，與大城鄉農會一同推廣小麥契作。喜願小麥總兼施明煌表示，在爭議事件離場後，為了增加農民收入，在現有一期水稻、二期花生後，再加了一個三期小麥。

施明煌的職銜叫「總兼」，取義什麼都管、什麼都兼。他說，喜願做的事，不只買賣，而是要重建傳統農村生活的互助、陪伴關係。第一年的小麥契作，就從九公頃做起，第二年成長到二十五公頃，第三年拜農委會活化休耕地、補助契作小麥之賜，小麥面積一舉拉高到一百六十多公頃。

他表示，大城鄉的小麥田，標榜友善農法，不用化肥、農藥，甚至鳥來了也不刻意驅趕。儘管產量因此受限，但他深信，這是天地與人和萬物的共生之道。每個人都有得，但有也有失，贏者未必是要全拿。

彰化大城推廣小麥契作，一百六十多公頃契作一季農民約多賺一千八百萬元。（記者林俊良／攝影）

大城鄉農會推廣股長劉双美指出，這一百六十多公頃小麥契作，除了喜願以每公斤三十元保證價格收購外，連同政府補助，一季約可幫農民多賺一千八百萬元收入。為了延伸小麥價值鏈，農會還把小麥混合當地出名的花生，推出了「土豆麥酥」，往往一推出就一掃而空。

但是，她也坦言，一百六十公頃的小麥契作田，未來還能不能再往上拉，取決於市場銷路，若台灣能有穩定的銷售市場，農民會對契作小麥更有信心。

愛民衛材唯一進駐　我的決定對嗎？

二十六歲那年創業，今年五十二歲的愛民衛材董事長賴志佳，每回只要想到剛進駐二林園區時，曾歷經停工、建廠、停工、再建廠的惡夢，昔日恐懼猶在眼前，他說，「我那時每天都在想，到底這個投資決定對不對？」

賴志佳是彰化人，他在溪湖發跡，一開始做的就是繃帶等醫療用品。二十六年過去了，他的產品線遍及各種復健輔具、醫療彈性襪、耳溫槍與紅外線濕熱電毯等，愛民不只做代工，也有自有品牌I-M，行銷全球九十八個國家。

「我實在沒有退路了，」留著短平頭的賴志佳說，當時是在紡拓會的介紹下，得知中科打算開發二林園區，他打算找一塊地，往上游延伸做材料，這樣就能實

中科四期彰化二林園區目前僅一家廠商進駐，仍有大片土地可供應廠商進駐。愛民衛材／提供

現生產一條龍的夢想：「如果不是到二林，就得捨近求遠到彰濱或是中國大陸。」

賴志佳在溪湖有四個廠，數百名員工跟了他十幾年，感情相當深厚。他不忍老員工要跨區到彰濱上班，或是跟著他離鄉背井到大陸，只得咬牙跟著中科管理局一起苦撐。

中科二林園區開發過程可說一波多折，二〇〇八年時，這裡原本是為了因應面板大廠友達打算耗資四千億元投資高階面板廠而闢園，儘管已獲環評通過，也拿到內政部的開發許可，但是，始終面臨環保團體與農民質疑環評與開發許可的有效性，行政訴訟也是一個接一個打。

二〇一〇年七月，台北高等行政法院史無前例地判決二林園區暫緩執行開發，一度讓友達董事長李焜耀直呼不敢相信，一個政府合法的開發案，竟然會被法院要求停止執行，「政府難道不是自打嘴巴嗎？外商來台能沒有疑慮嗎？」

這項判決隨後遭最高行政法院推翻，不過，延宕了整個中科四期二林園區開發過程。當時相繼發生苗栗大埔徵地爭議及台塑六輕火燒工安意外，經濟開發如何兼顧環保、工業安全、農業與土地正義？開始在人們的心中滋長、定錨。

中科管理局長王永壯說，環保與經濟開發不是零和遊戲，這些年來，他與環團打交道，也有不少人支持兩者要做好平衡。在賴志佳的廠區，設有高階汙水處理設備，經過處理後的水可以直接用來灌溉草坪。二林園區與相思寮農地共生，或許也是最佳的平衡解方。

學者專訪：朱敬一、李鴻源、管中閔、郭位、胡勝正、段錦泉、王平

朱敬一（中央研究院院士）

中研院院士朱敬一接受本報專訪表示，當前台灣經濟缺乏動能，未來台灣要努力從「效率驅動」（efficiency driven）轉型為「創新驅動」（Innovation driven），靠創新帶動成長。

什麼是創新？他定義，現在還沒有出現的產業，要讓它冒出來。朱敬一強調，如何讓它冒出來—是很大的挑戰。曾經，台灣勇敢創新。朱敬一描述，當年孫運璿、李國鼎決心推動半導體產業，當時國外顧問公司反對，因為那是還沒有冒出的產業、是無中生有的產業。他說，要找到創新的路，是需要直覺。但政府可以努力創造合適的環境。

以下是專訪紀要：

問：台灣經濟為何缺乏動能？

答：任何國家經濟發展一開始都是「要素驅動」（factor driven），投入資源、土地、人力要素獲得成

長；之後進入「效率驅動」，因提高生產要素效率帶來成長；接下來進入「創新驅動」，靠創新帶動成長。台灣經濟轉型之所以不順，主要是因為在「效率驅動」轉型到「創新驅動」時，旁邊正好有兩個國家—中國大陸、越南對外開放，吸收了台商，導致很多企業原本該轉型到創新驅動，因為旁邊有一條方便、簡單的路，很多產業就外移了，繼續維持效率驅動的階段，轉型過不來。

問：要如何回復台灣經濟成長動能？

答：目前台灣經濟陷入「均勻衰退」，一旦經濟無法持續成長，無法把餅作大，必定無法解決分配正義。要回復台灣經濟成長動能，必須回到基本面，排除投資障礙並建立良好基礎環境，讓民間活力與創新經濟能夠成長。當前台灣經濟呈「多重器官衰竭」，已非下一道藥就能病除，很多因素都攪在一起，要扭轉，須花點功夫。未來領導人需具備領袖魅力（Charisma）和洞見（Insight），有洞見知道要優先處理哪些議題，再以魅力讓民眾願意站在一起。

問：你怎麼看新政府提出的五大產業方向？

答：新政府提出未來五大產業，事實上是既有的。在幫助產業發展，應是希望拉拔新的第一代，而不是去拉拔第二代。因此，往創新驅動經濟走，意味著公平。

台灣還要找創新的路。現在還沒有出現的產業，要如何讓它冒出來，這是很大的挑戰，就好比當年孫運璿、李國鼎決心推動半導體產業，當時國外顧問公司是反對的，在當時的台灣，半導體可說是無中生有的產業。要找到創新的路，是需要直覺，這不是科學，而是藝術。

問：為了讓新產業冒出生，政府總可以做些什麼？

答：法人要轉型，法規要改制，行政效率要提升，新產業才會冒出來。

過去台灣製造業能夠取得科技基礎而發展起來，法人扮演重要角色，它要能協助產業，促成育成，銜接上下游。當年法人是服務產業，而今的法人，卻是服務部會，不少法人領導人都是卸任官員、熟悉官場文化，這是台灣新產業出不來原因之一。台灣要有新產業，必須要更新現有推動科技產業、有專利保護產業的支持基礎與平台。法人必須要轉型為服務、協助並支援產業發展。

法規僵化亦阻撓創新。舉例來說，為鼓勵學界把研究成果勇敢拿到市場上，《科技基本法》下對於學界授權賦予一些彈性，學界研究成果最後授權給業界而獲得的利潤，學校可以獲得四成，可不受國有財產法的限制；但是，依公務單位解釋，當學校要將這四成股票賣出，什麼時候要賣出、用什麼價位賣出，又要受到國有財產法限制。換言之，當鬆綁一部分法規，讓創新有一些彈性，又會遭逢其他限制，鬆綁了一塊，還會有另一塊，使得創新進展不順。這種法規僵化的情況，不勝枚舉。

行政效率也有待提升，例如，國光石化從預算定案到否決花了七年，核四至今更不知已耗了多少時間，連最沒爭議的生技園區開發，從二〇〇一年我開始進行第一場簡報至今，已經長達十五年之久，如此行政效率，如何能有競爭力。

問：除了中國大陸及東協吸力外，造成台灣經濟動能遲滯是否有內部因素？

答：當然有內部因素。台灣環評制度擁有世界獨有的否決權，平均環評審查天數要三百天，台積電要投資十奈米先進製程，環評就要十八個月，然而台積電是台灣最有競爭力企業，也是世界環保模範生，它是「過街的北極熊」，是稀有動物，保護都來不及，在台灣竟也遭到如此困境，若是環評把它拉下來，勢將對未來創新轉型帶來負面示範效應。

現在留在台灣、而還有競爭力的，一隻手就算得出來，怎麼算就是只有台積電、聯發科。對台灣現有優勢的產業，必須要維持它的國際競爭力，不能不管。

問：台灣特有的環評制度，究竟對經濟帶來什麼影響？

答：台灣環評制度全世界獨有，因為環評審查擁有否決權，致環評大會成為兵家必爭之地，發言冗長、議場外施壓、民代坐鎮、

受環評延宕或撤銷的重大投資案

投資案	環評時程	結果
台積電中科擴廠計畫	18個月	有條件通過
中科三期七星基地（友達第二座8.5代廠）	迄今10年	進入二階環評（要求不能擴建，不能新增投資，目前8公頃土地不能用，廠商不能進駐）
中科四期二林園區	迄今7年	進入二階環評（轉型為以精密機械為主，友達原擬4,000億元投資無法在此設廠）
國光石化	4年	政府宣布撤銷
台塑六輕五期	5年	台塑主動撤銷
核四	15年	政府宣布封存

資料來源／採訪整理　製表／蘇秀慧、江睿智　圖聯合報

甚至對環評委員人身攻擊等，造成近半數開發案卡關。現在幾乎所有重大投資案都要做二階環評，對業界來說是很可怕的事，行政院曾詢問過環保署，進入二階環評要多久？得到答覆是，最快四十天，最長二千四百天，竟要長達七年。產業國際競爭如此激烈，這叫企業如何接受。

就算案子通過環評，台灣法院還可以介入環評的裁判，環團竟可針對同一訴訟標的，一告再告，這個告完，換另一個告，只要有一個勝訴，就可以把環評撤銷，變成無效；中科三期完工七年，訴訟未結束，通過環評最後可能無效，誰還會來投資？

環保總量管制亦有改進之處。假設在某地，汙染總排放已達九十八，總量管制是一百，台積電要投資，排放量只有三，因超過總量管制就不准台積電投資，但區內某一家業者排放是三十，結果就是劣幣驅逐良幣。正確的作法應該是去處罰汙染多的業者，要求減排。總量管制有其必要，但要有一個設計，讓良幣驅逐劣幣。

早年因企業環保做不好，造成很多汙染，因為對政府不信任，環評制度會有否決權設計，而今，應有所檢討改變。但要改變環評制度，要有相當的社會溝通，絕不能硬幹，政府必須當成社會運動持續溝通。

（記者江睿智、蘇秀惠專訪）

李鴻源（台大土木系教授、前內政部長）

從早年的拜耳案、國光石化案，再到近年的南科、中科擴建開發案，大家看到的共同現象不外乎是，農民、環團抗爭、土地徵收困難，要麼無疾而終，要麼讓廠商痛不欲生，問題出在哪？「在於我們對土地不了解，老是挑錯地方。」台大土木系教授、前內政部長李鴻源一語道破。

他解釋，開發土地必須要考量到土地容受力，北、中、南、東適合住多少人？水能供應到多大程度？會不會淹水？有沒有土石流、斷層？當地有無白海豚、石虎等瀕臨絕種的生態？開發前都要綜合評估，開發單位絕對不能便宜行事，只想高舉經濟開發的大旗，等著上環評大會一一擺平大家。

李鴻源回憶，南科開發之初常淹水，那時他還在省府擔任水利處長，有一回行政院請他去了解原因，他一看，忍不住皺眉說，這裡原本是甘蔗田，每一、兩年就會淹水，此外，這裡不僅淹水，還會缺水，他直言，南部的水資源不足，實在很難支撐起一座南科。

他表示，中南部缺水，要蓋科學園區、工業園區，不可避免一定會跟農民搶水，更何況中南部還是台灣的米倉：「經濟開發很重要，沒有錯，但是永遠選錯位置蓋，必然會有農民、地主抗爭，環評委員看到這麼多人有意見，自然也不會輕鬆放過。」

中科四期如此，國光石化打算蓋在缺水的地盤下陷帶，桃園航空城坐落在年年必鬧水荒的桃園，都足以說明在開發過程中，政府沒有從國土安全、土地容受力的高度，讓台灣每一吋土地可以恰如其分地盡其利，李鴻源苦嘆。

他表示，園區開發過程碰上爭議，環評過不了，原本政府開給投資者的承諾就容易跳票，久而久之，大家就認為政府講話不算話。另外，台灣的環評也是很有問題，世界各國的環評制度，多是請專家給意見，再由政府拍板要不要，但是台灣抄人家的環評制度，卻變成合議制，二十個委員有二十個意見，意見無法收攏，環評這麼一拖，就是三、五年光陰過去了。

李鴻源說，不徹底做國土規劃、摸清台灣的土地容受力，不僅投資案容易受阻，就連國家、城市的定位也會是模糊的。他理想中的區域劃分應該是，北北基要能與上海、香港等國際城市媲美，桃竹苗作為台灣的矽谷，中彰投作為距離大陸最近的口岸，雲嘉南是精緻農業區。

他認為，唯有做好國土規畫，了解土地，才能標誌出城市與國家的定位，否則就只能淪為台北、台中與高雄相互模仿，一天比一天更流失競爭力。

管中閔（台灣大學講座教授、中央研究院院士）

台灣近二十年來競爭力降低，以致出現投資衰退、產業外移、經濟疲軟、以及工資成長停滯等現象。對於這些困境，政府、智庫和媒體多年來都曾反覆討論，也嘗試提出各種對策。即使如此，這些困境卻始終無法扭轉，整體情勢甚至每況愈下，這顯示台灣一定還有經濟層面以外的問題。如果只想針對經濟（或產業）開出藥方，而不嘗試解決其他深層的問題，這些藥方注定失敗；過去二十年我們已經看到太多這樣的例了了。

我認為深層問題主要有二：一在於思維，一在於體制。在思維方面，我們想要新的產業與新的機會，卻拋不掉過去的成功經驗，也捨不得自己的一畝三分地。

例如，我們知道大量資本投入與大量生產的產業發展模式早已碰到瓶頸，許多人卻無法揚棄「追求數量」的思維。我們高談加入區域經濟整合，卻不願面對自己市場必須開放的現實。在這種思維引導下，政策目標常是模糊的，總想依違兩可，左右逢源。所以多年來新的產業難以發展，新的機會也可望而不可及。

另一方面，政府體制老舊，推動政策時往往力不從心。政府中缺少協調統整的機制，以致部會各自為政，無法共同追求長遠的政策目標，更無法整合產業力量與社會資源。例如，產業推動與人才、稅制和環境等息息相關，但部會卻因本位主義而不能通力合作。現有政府體制又不擅於與社會對話，許多政策因無法取得民意支持而半途而廢（這樣的例子屢見不鮮）。所以政府近年政策日趨口號化和短線化，當然也就無從改變經濟的困局。

以下一些建議，有些是個人對經濟政策的看法，有些則是基於過去幾年在政府服務時的經驗所做的反省。我避免從產業別的角度來提出建議，因為我相信唯有從思維與體制開始，改變才可能真正發生。

首先，政府應有清楚的政策主張。例如，如果我們將「國際化」當做帶動經濟的主軸之一，政府就有責任說明開放市場、連結國際的好處與壞處，相關政策則要能擴張國際化的利益，減少它對弱勢群體的損害。如果我們不追求國際化，政府當然也要說明政策取捨的原因。此外，對於許多產業（如人力加值培訓、長期照護、幼兒教育等），我們究竟要市場化，還是仰賴政府全面涉入，也需要先確定政策方向。主軸一旦確定，綱舉目張，後續的政策才能有所依循。

其次，政府要勇於改變法規，營造與國際接軌的、透明的法規環境。在網路數位時代，企業經營模式和勞動型態不斷推陳出新，許多傳統以管制思維為核心的法規早已不合時宜，不僅妨礙企業創新，也阻止了生產要素（如資本、人才）的移動，使經濟活動受到很多限制。所以法規不僅需要全面檢討，徹底翻修，甚至還要超前部署，讓更多更新的經濟活動得以發展、壯大。

復次，政府要為新世代的經濟體制做好準備。傳統的經濟是以實體資本為主的製造業體制，新世代則是人力資本為重的新產業體制，所以經濟政策對人力資本就要像以前對實體資本一樣的重視。

重視人力資本，才可能發展出具有高端技術與高附加價值的服務業，也才有機會促成硬體創新，以及營運模式和服務模式的創新。人力資本的培養來自本國教育體系，也來自國際人才市場；所以我們一定要勇於開放門戶，引進高端人才，海納百川才能成其大。

再者，政府必須同步改革行政和立法的效能，但我只針對行政體系提出看法。現有行政組織功能不彰，修法又緩不濟急，但可先從強化部會間功能性的結合開始。行政院可考慮強化政務委員功能，針對科技、經建、交通、社福等重大國政，以政務委員為「資深」部長，實際統領跨部會重大政策的制訂與推動，藉此打破部會間的藩籬，避免部會間相互掣肘，讓政府資源可以發揮最大的功能。政府必須成為國家改變的推力，而不是妨礙進步的阻力。

最後，過去幾年的經驗告訴我們，政府施政已無法再沿用以前的菁英決策模式，而必須要用全新的態度持續與社會對話，爭取民意支持，否則任何政策美意都可能寸步難行。前述的國際化和市場化的主張、法規修訂的範疇、產業政策的重心、以及人才的開放等政策，都可能產生爭議，所以應透過適當方式，引入群眾的專業智慧，並藉這樣的對話機制來爭取民意認同。行政院目前與民間合作的vTaiwan平台，應是未來可以參考和推廣的作法。

台灣需要更根本的改造。事實已經證明，過去政府所做的枝節修正並無助於脫離困境；我們必須坦白承認，目前許多體制和作法已經不行（即使我們曾經賴以成功），應該重新開始，甚至打掉重練。

也許有人會說，我們發展多年，怎麼可能打掉重練？大陸在一九七八年改革開放時的傳統包袱有多重？我們包袱會比他們更重嗎？與鄧小平一九九二年南巡時的大陸深層問題相比，我們的問題會比他們更困難嗎？但他們大膽推動許多制度和思想上的改革，不過二十年就看到成效；我們是不是也應該下定決心，準備花五到十年來徹底改造台灣？

我曾經有機會在政府服務，觀察到一些現象，也累積了一些經驗。我今天提出建議，並不是認為自己高瞻遠矚，反而是希望自己的觀察和經驗，有助於後來者避免失誤，有機會能做得更多更好。我對政黨素無成見，唯有一願，希望台灣更好而已。

勇於改造，帶領台灣擺脫舊制，步入新局，是我對新政府最誠懇的期待。

郭位（香港城市大學校長、中央研究院院士）

「山與山的距離是雲，樹與樹的距離是風，人與人的距離是心」，心與心的距離取決於社會福祉。科研成果鞏固中產階級、增進社會福祉，其前提是策略性投資、追求卓越、激發創意與創新。

先進的大學和國家實驗室是美國科研領先的兩大支柱。他們對世界的貢獻，從基因工程到愛滋病防治、生醫公衛；從通訊到IT硬軟體、人社藝術的探討創新、食品的研發儲運；及至環保、新能源、大數據、航太的創建、宇宙大自然的探索等，上天下海，滿布足跡。即使經濟衰退時候，科研互動未曾暫緩。二〇〇九年金融海嘯，能源部對年預算十億美元的橡樹嶺國家實驗室（ORNL）的資助，不減反增，幾乎翻倍達十八億美元，類似例子，自上世紀三〇年代的大蕭條，行之有年。美國國力強盛，非為無故；指稱創新在美國，不算誇張。

美國的成就肇因於各種優勢，包括其前瞻的政策與策略性的投入。前國家標準局（National Bureau of Standards，一九八八年改名NIST）局長布潤士康（Lewis Branscomb）曾經指出，美國的科技政策奉行四個基本信念：

①基礎科研最終產生新技術、新產業。

②聯邦政府必須為滿足某些國家的需要，積極探索、發展新技術。

③政府不會透過直接投資的方式從事特定商業技術的開發或幫助指定企業。

④聯邦政府創造一個有效率的市場環境，必要時指導企業投入的方向。

科研不像擺地攤，無須灌注資源，說來就來，說走就走。美國科技領先、高教進步，與政府、業界的承諾大有關聯。以上原則，值得參考。

工業革命催化大量生產（mass production），降低生產成本。上世紀中葉源自美國的品管，進而系統化提升產品的品質。之後，量身製造（mass customization）又在提高產品的平均質量、減低同類產品的差異（variance）之外，經設計以滿足大眾對產品多樣（variety）的個別訴求。

在質量保證的歷程中，問責（accountability）的概念被高調提出。問責確保產品不因誇張的宣傳打折扣，近年從製造業擴大到高教、服務、醫護等百業，大眾均霑其利。

問責原本是個負責的指標，並不侷限於特定層次，在美歐日順利進行。可是，問責在台灣被無限放大，甚至有時候居然忽略了應該遵行的國際規範。如此單向又微觀的運作，掩蓋了宏觀的進取與專業管理的必要性，問責成了防弊，只問責不問因，只究責不究成效。

問責是追求卓越的入口，不是最終目標。啟發潛能的高教，不該被視為滿足眼前人力市場的機器，只顧強調「人力資源」的分配，而忽視「人才挖掘」的潛能，就好像傳統的會計固然可以平衡帳目，唯有創新導向（activity-based）的會計才可能開創新局。科研高教既非謀利事業，也非權力機構，如果為了明哲保身，不做不錯，一味逃避風險（risk aversion），不但抹殺創意，也迷茫前景。

品管的濫殤，再次造就了二十一世紀美國的創新，也就是說，「Do the right things」跟「Do the things right」一樣受重視。前者注重做好事情的本質，鼓勵創意，是創新範疇，後者注重做對事情的程序，強調監控制衡。社會算計無數，只求近利而拙於長遠思考，空喊扶持創業，卻總是綁手綁腳，孤單單地坐看千帆競渡、萬木爭春。

眼下台灣的氛圍，創意不如制衡，興利不比除弊，社會駐足不前，資金不少、投資意願不大，不足為奇。因應永續經營的全球訴求（COP21），有些關鍵領域，如能源環境、生醫、大數據和智慧城市等橫跨學科的專業，一定要透過交叉探索，才能找到發展的利基、利人利己。

少了創意，就少了創新。進步的社會必定成效導向，學位未必可以當做獲得成功的通行證。條條大路通學問，例子甚多，不必列舉。有學問者不一定有學位；徒有學問，不能實踐，也沒有效用（utility）！大學應該重視創意，鼓勵創新，傳授學識，並且實踐力行，而絕對不能只顧頒授學位。理論上，名實相副的大學頒授的學位應該等同（或至少接近）學識。

少了創新，就少了創業。創新大地的美國人創業跟讀大學一樣，為的是實現夢想與滿足興趣，即使失敗，較能淡然處之。台灣對失敗的寬容有限，一旦失敗，很難東山再起，算是創新乏力的一個因素。創新創業對社會回饋大，創新者指明方向，出謀劃策，絕非墨守成規的往日情懷得以企及。

科研高教成功與否要先鬆綁僵硬的教條；否則，若是堅持微管，違反了經營管治的原則，成效必微。

處於重學位輕學識、重規管輕突破、重小花招輕大方向的社會，政府有必要規劃中長程、跨黨派、可持續、經模擬後的全國科研高教政策，聯結科研單位、法人及業界，充分規劃大地資源、人力開發的效能，推廣國際合作，模擬全方位、系統性的產業發展。就此而言，南韓做得不錯；南韓採取中央決策模式，高風險產業由大學與研究機構執行，次世代產品則由政府與民間共同出資開發。「問渠那得清如許、為有源頭活水來。」如果科研創新不能根植台灣、貢獻世人，哪有資格談國際化？

策略性投入後，社會百業自然會跟隨政策的走向運行。欲突破創新心結，先從政策再造（reengineering）起步，科研高教如果能夠做到政策導向、總量管制、專家掌舵，以創新為主，遠離奈管（nano management），「花飛隨流水、漁郎來問津。」則今天面對的許多茫然失措的問題可望迎刃而解。

胡勝正（中央研究院院士）

二〇一六年一月蔡英文女士以高票贏得總統選舉，成為中華民國第一位女總統。選民的高度支持代表殷切的期待，要跳脫低薪、高房價、分配不公的困境，蔡準總統則面臨全球景氣趨緩、台灣競爭力停滯、紅色供應鏈急追，以致外需衰退、內需不振的嚴峻經濟挑戰。所幸，蔡準總統過去八年來，勤做功課，每週開一次小型研討會，針對各項財經議題，邀請各界人士參與討論，對如何把台灣從當前困境拉出來，已做好準備。

新政府以創新、就業、分配等民生議題為主軸，並選定亞洲矽谷、生醫、綠能、智慧機械、國防航太等五大產業作為創新經濟的基石，建議新政府聚焦國內投資做為檢視政策成效的標竿，因為投資代表企業對政策的認同，對經濟前景的信心，也帶動消費者信心；更重要的是，創新—不論技術精進或新產品開發，都要靠投資體現，有國內投資才會創造在地就業，才有加薪的機會，經濟轉型才不至於落空。「台灣接單、海外生產」只嘉惠少數人，如果「台灣創新、海外投資」，創新與在地就業無法連接。

近年來，台灣經濟表現落後韓國，最重要的是我國研發占GDP（國內生產毛額）比率與國內投資率雙雙低於韓國，後者平均每年少了八個百分點（二十三％vs.三十一％，二〇〇五—二〇一四）。在各大國際研究機構的投資環境評比，台灣表現優異，比韓國亮眼，但叫好不叫座，台商投資不在台灣，外人投資不到台灣，產業政策是否搔到癢處，國內投資是一項重要指標。

民間投資的最大障礙在於政策缺乏一致性、穩定性與可預測性，除了合法之外，還要符合社會觀感；而社會觀感是一項武斷、模糊的標準，常常沒完沒了，迫得企業到海外投資。

財政收支劃分法的分配不公是另一個投資障礙，工廠落腳的地方政府分配到的稅收少於企業總部的地方政府，以致地方與中央招商不同調，投資者無所適從。所幸，新政府上台之後，在大多數縣市，中央地方同屬一黨，有助協調；但最佳策略仍在修法，矯正扭曲。

企業界也關心缺水缺電等「五缺」，新政府的回應應具體，並應考慮供需的平衡。以電力為例，新政府上台，已確定以綠能取代核能，達到二〇二五非核家園的目標，給我們一個安全乾淨的家園，這是福音。但在現實面，企業界難免擔心電力供應是否穩定，台積電講得很清楚，它的製程先進，一秒鐘都不能缺電。雖然企業可以自力救濟，自蓋電廠，確保供給穩定，但也墊高投資的資本成本，是台灣投資環境的減分。

重要的是，到底缺不缺電，政府應有一套具有公信力、讓企業可以放心的計畫，新政府應責成台電將能源供需估算模型、未來綠能發電及節能投資計畫、針對不同情境的GDP成長率、國際油價等參數值，進行細膩的壓力測試，以昭公信。

除了五缺之外，大多數企業所以不投資，是因為沒有創新，資金找不到投資機會；畢竟，台灣的超額儲蓄高達新台幣二・四三兆元（二〇一五年主計總處估計值），資金充斥市場。新政府已選定五大產業作為創新經濟的基石。其角色在於鬆綁相關法規，提供相關基礎建設，這些都是浩大工程。

以亞洲矽谷為例，先看看加州矽谷如何成為高科技創新基地，眾所周知，加州的稅率很高，但有柏克萊、史丹福等名校訓練出來的人才，留住人才的群聚環境，及創新創業所必要的法規制度及基礎建設，尤其是眾多而活躍的創投基金與天使。鄰近的奧勒岡州想要以低稅率和加州競爭，成果有限，無法撼動矽谷的地位。

相對之下，台灣的創投基金規模小，能夠承擔的風險小，集中於成熟期的新創事業，發展亞洲矽谷的挑戰在於引導資金到早期創投。新崛起的數位金融提供早期與成熟期創業者更多元的籌資管道，創業者將創意貼上網路，網民可以挹注小額投資或貸款，給予支持，這種群眾籌資模式對於在車庫創業的年輕人特別管用；利用大數據技術協助風險控管，網路借貸也可以提供中小企業不靠抵押品的融資管道。

無疑的，新型的金融科技有新的風險，政府的角色在於完備相關法規，保護投資人而不阻礙市場發展，投資人保護不在於保證不虧本，而在於確保投資人獲得充分而正確的資訊，以做智慧的決策。

發展創新產業，要避免「台灣創新、海外投資」，否則在地就業加薪一場空。蘋果的創新能量令人驚豔，但在美國本土創造的就業與其所創造的價值不成比例，都是來自中小企業協力廠商的貢獻。這些協力廠商依賴蘋果產品生存，他們開發的 Apps 又助長蘋果產品的熱銷，可以說是共榮雙贏。給我們的啟示：政府要藉創新創造在地就業，重點在於建立平台與誘因機制，搭橋大企業與中小企業。

國內投資低迷的另一個肇因，是政府公共建設支出節節退縮，已低於社福支出，其對經濟成長率的貢獻從二〇一〇年起至二〇一五年為止，已連續六年為負。新政府應以積極態度補強公共建設支出之不足，包括解決缺水缺電等「五缺」、桃園機場第三航道、社會住宅及高齡化社會友善老人的基礎設施、新產業所需基礎建設等，經費浩大，但錢從哪裡來？

財政困難是政府公共支出負成長的主因，一方面是由於稅率偏低，但在鄰近的香港與新加坡都維持低稅負的環境下，增稅的可能性值得商榷。

另一原因在於年金制度的債務，據審計部估計（二〇一四年），三大基金的隱藏債務高達十八兆元。年金改革的必要性已是朝野共識，一旦完成，政府財政雖然仍然拮据，應有足夠空間推動重要的公共支出，重要的是，要說服選民公共建設的必要性。

段錦泉（新加坡國立大學金融講座教授、中央研究院院士）

台灣人民選出的新政府將於五二〇就任。選舉的口號和勝選考量的承諾，即將面對現實社會的考驗。新政府面臨的挑戰，將超越李登輝以降的所有民選政府，因為經濟不振已非單純的週期性衰退，而是需要面對結構性的發展瓶頸。政府財政拮据，但是健保、退休和社福的支出卻在不斷的擴大。可預見地，在資源分配上，對世代正義的訴求只會更強烈，對貧富差距不滿的聲浪只會更高漲。生產力不振卻遇上年輕人對高工資和工作環境的期待，很難想像蔡英文政府能變出魔法，讓各方滿意。

台灣面臨的挑戰當然不是尚未上台的蔡英文政府造成的。但是選舉承諾會被拿出來檢驗，必定對未來政策的形成造成影響。真正利國利民的政策，不可避免會遇到阻力。

在對新政府提出建言前，容我闡訴一個簡單的事實。在分配一張餅時，公平正義是很難達成的。老張說：依照慣例我應該分大塊。小林說：我正處發育期，大塊理應屬於我。想想軍公教十八趴的爭議，真能有大家都心服口服的公平正義？最後還不是拳頭大小（或更正確地說，選票多少）決定。當餅不斷地做大，使每一塊都變大，公不公平也沒人那麼在意了。

客觀地分析，頻繁的選舉讓台灣過早走上福利國家的道路。剛累積了些財富，就覺得已是富裕社會，明顯地忘了台灣是個資源貧乏的島嶼，財富來源是完全靠過往的努力。未來的發展需要繼續維持人民的工作動機和不斷地提高社會的生產力。以健保為傲，卻無視這是顆財政上的定時炸彈。廣設大學，卻不知大量公共資源的投入，對很多大學生的就業不會有實質幫助。更糟地，資源浪費了，卻換來大學生就業時更大的挫折感及對社會的高度不滿。覆水難收，台灣的不當資源分配已經定形了。試想，把一百五十所大學關閉一半會產生何種抗爭？當餅不再變大，公平正義分配的爭議自然開始。如果餅變小了，非得你爭我奪，永無寧日。

新政府若想有所建樹，積極地創新創富是唯一理性選項。創新創富又分短中期作為和長期策略。討論蔡英文政府應改採取的政策，很難不把她的意識形態考慮進來。但是，暫時撇開意識形態，或有助於問題本質的釐清。

兩岸分治的特殊狀態及中國大陸的迅速崛起，讓許多台灣人感到不安，覺得生存空間受到壓縮。現實上受益於中國的快速發展，但感情上卻無法調適。對有些人來說，大陸是台灣的經濟命脈，解決台灣經濟不振的特效藥。從另些人角度來看，大陸是個敵對政權，不懷好意，兩岸的進一步經濟融合，將是災難的開始。台灣今日的經濟困境是因為我們不是個正常國家嗎？台灣曾經錢淹腳目，不也是在不正常國家狀態下達成的？

假使台灣像新加坡一樣，是一個以華人為主體的正常國家，我們就會同新加坡一樣經濟發達嗎？人民就會展現出高度自尊自信嗎？僑居新加坡多年，感覺上兩地最大的差異在態度和作為兩方面。新加坡積極地擁抱世界，台灣卻忙著悲情訴求和鄉土認同。新加坡不斷地積極規劃建設，台灣卻陶醉於過往成就和煙花燈會帶來的短暫歡愉。曾經同為亞洲四小龍，如今台灣已經被遠拋在後。

台灣的榮景大致分為兩個階段－加工出口區的發達及新竹科學園區電子業的崛起。不以自有品牌打天下，而以效率爭長短，成為台灣的成功模式。以企業經營來論，成本控制和效率提升，本就是產品商品化下優勝劣敗的不二法則。稱霸電子業的鴻海代工模式就是一個具體例證。但是，後「中所得國家」的發展，循台灣企業典型的生存軌跡，是無法滿足人民對收入和生活品質的期待。當一個月四、五萬元的工作找不到員工時，台灣絕對沒有失業的問題。年輕人選擇兩萬出頭的白領工作，倒反映出對工作性質的期待及家中不缺衣食的現實。傳統產業不具國內勞動市場吸引力已是不爭的事實。馬英九政府主政八年間，產官學界不斷提出以「創新經濟」為發展模式，政府的規畫也不斷地發布。不見成效，其實一點都不讓人驚訝。缺乏適當的軟硬基礎建設，如何提供創新產業發展的沃土，沒有足夠創新、管理人才，「創新經濟」能不淪為空談？

舊有的教育系統，能配合加工出口區及新竹科學園區的發展需求。進入後「中所得國家」的發展階段，台灣教育體系的僵化、教改成效的不彰已是有目共睹的事實。青年學子追求小確幸，只問收穫不問耕耘的人生態度，對世界大格局和發展趨勢的不關切，如何能開發出如臉書般引領世界風潮的創新？創新後，由誰來開拓市場？如何成功地商業化？教改既然已經啟動，何不徹底鬆綁。大學由校董會自主，中小學由縣市政府完全負責。既然無法期待教育部官員和各個委員會訂出培養一流人才的課綱，拋棄「一種尺寸適合所有需求」的解決方式，讓各校發展出自有風格和特色，開發培養老師學生自主創新的能力。從多元價值觀的建立，改變新一代的人生態度，或能更有效地培育出未來創新、管理及各類人才。

稅制的一個客觀事實是──大多數的富人已接受累進所得稅精神。收入高的繳較高稅量並付較高的稅率，早已成為現代社會的普世法則。但是過高的累進稅率，會適得其反，創富的動力下降，逃避稅的動機變大及合理性變強。財富的轉移到境外相當容易，想想看，多少台商把財富留在海外。年收入千萬台幣（約三十餘萬美元）的高薪專業人員，在台灣面對的是四十五％的累進稅率，而在新加坡和香港則為二十二％和十五％。務實的所得稅制必須考慮周邊國家的稅率，降低稅率可以靠增加稅基為遞補，反而有可能增加總稅收。另一個事實是──消費／交易稅的徵收相對地難避掉。論者或謂消費／交易稅具累退性（雖然富人多付，但是貧富稅率相同）。台灣稅收的現實是──個人所得稅基本上已成為薪資所得稅，而非真正的所得稅。台灣當下的稅制不公，已是大多數人的共識。增加消費／交易稅的比重或許更合國情，更適合創新創富環境的營造。

公務員體系的再造是提供創新經濟另一重要環節。公務員的任用還停留在高普特考的方式，如何同現代經濟接軌？如何服務創新經濟？產業從業人員進入公務體系，能帶入專業知識和企業文化。公務員也不該是鐵飯碗，應該強調效率並引進合理的淘汰機制。當然，薪津制度也必須彈性化，吸引人才留在公部門。

蔡英文在競選期間提出綠能科技、物聯網、生技、精密機械、國防產業等「五大創新研發計畫」。產業政策的制定當然是重要的一步，新政府會積極的作為也不須懷疑。但是，一個正常國家的產業政策，不可能漠視中國市場的存在，及與其產業鏈互補競爭的關係。前述的結構因素，也不會因新政府的上台就自動消失。我不想對這五大特定產業的選項表示意見，但我對它們的前景並不樂觀。租稅的優惠和各種政府資源的投入，積極作為或能培育出一或二成功項目。但極可能又成為國際產業鏈上「效率經濟」的一環，而非滿足社會所期待矽谷式「創新經濟」的上游。從改變台灣的基本體質著手，是我個人對新政府的期許。

連聯合國會員都不是，台灣當然不算是個正常國家。與中國的特殊關係，倒是提供許多中短期內讓人民有感的可能。比如說，人民幣的崛起，給了台灣金融界很大的想像空間。積極地鬆綁，一定會創造出許多年輕人嚮往的白領高薪工作。同文同種是我們經濟競爭上的重要優勢，絕對不應該被政治操作成一種負擔。一個民生凋蔽的國家，不可能有尊嚴。台灣之光，也不是媒體喊喊說說就算。希望新政府能放下意識型態的包袱，以民生為重，以務實為施政準則。

王平（美國聖路易華盛頓大學講座教授、中央研究院院士）

新政府即將上台，我最擔心兩件事，一是新政府沒有足夠的包容力，不能廣納不同各黨派與社會裡的不同意見；二是欠缺積極的領導力。

這些年，台灣社會只要不提到政治，彼此均可相安無事，但只要一談到政治，就容易流於民粹。想當初，不論是陳前總統或是馬總統上任之初，都曾表現過寬容異己的雅量，但是每遇到挑戰，就打回原形，讓台灣社會終日陷在藍綠惡鬥的噩夢中。

我希望這一次，新政府在這麼多的民意支持下，可以表現出超高的包容力與領導力。若是沒有包容力，台灣很難擺脫長年的政治內耗；若是沒有領導力，很多對的事情，也很難推動下去，舉例來說，環保固然重要，但是難道政府就只要考慮一排樹的利益，而忽略台積電擴廠後可以創造更大的民生福祉嗎？

此刻的台灣，正面臨紅色供應鏈快速追趕，在全球愈走愈快的區域經濟整合路途中，台灣很難迴避紅潮。面對這些課題，台灣最好的做法，不是閉門不出，或是限制陸資來、禁止台商出走等。若是政府不拿出包容力與領導力，遇事積極溝通、處事明快，那麼台灣終究只能遙遙落在新加坡、韓國之後。

社會是由人組成，我給新政府的第一個建議，就從人談起。這些年，政府的人力資本政策非常值得商榷，台灣欠缺足夠的菁英教育。在美國有一、兩千家大學，至少有一百五十家大學擁有很好的菁英教育；反觀台灣，大學數量多達一百七十多家，若拿美國標準來看，至少要有十多家大學把菁英教育辦得有聲有色。菁英教育旨在培養有創造力、領導力、開放視野與國際觀的學生，這些人也會是推動台灣前進的重要動力。

第二個建議，是呼籲政府帶頭加薪。台灣薪資停滯十多年，若是政府不由上往下提升薪資，台灣將很難留住好人才。過去，很多人認為，台灣薪資停滯與國內產業結構偏重代工有關，實際上，台灣不僅是藍領薪水少，就連白領，薪資也遠遜國外水準。政府若能帶頭為公務員加薪，公部門的薪資上來了，民間為了競爭好人才，自然也會相應加薪。

台灣的公務員薪資已多年未漲，很多時候是政府太顧忌社會指其為「肥貓」，我並不鼓勵政府採齊頭式加薪，讓所有人同吃大鍋飯，應當針對特別優秀、努力的公務員給予較多獎勵，考績次級一點者，加薪幅度可以少一點。

另外，台灣長年存在人才「高出低進」問題，也就是高階人力不斷出走，但是補進來的人力卻多從事低階工作，或是因婚姻移民到台灣，這個問題必須想辦法解決。

移民法規必須更鬆綁，例如師法新加坡，開出最好的福利、服務，吸引優秀人才前往；在稅制上，政府也必須考慮到，台灣的個人所得稅率最高達四十五％，這麼高的稅，不僅打擊優秀人才到台灣工作意願，實際上，這個稅真正課到的對象不是富人，而是薪資階級中，那些努力工作拿到比較多報酬的人。

第三個建議是，政府制定產業政策，除了要重視附加價值外，也要以創造就業與提升多數人收入為目標。

以目前新政府端出的五大創新研發產業來看，即綠能、智慧機械、亞洲矽谷、生技與國防產業，除了台灣技術能量尚有待發展的綠能產業外，其他四個或多或少都能提升一些產業附加價值，但是否真能創造最大多數人的就業與提升薪資，應該打個問號。

現階段，要在台灣找到兼具附加價值，能創造就業與多數人收入的產業，除了資通訊產業，就是包括金融與高附加價值零售業在內等現代服務業了。對台灣來說，資通訊產業無論如何都還是未來二、三十年要繼續努力發展的產業。政府不妨想想，怎麼繼續擴充資通訊產業關聯性，例如讓資通訊可以跨域應用到服務業，或與醫材、長期照顧結合，甚至是想辦法做到整廠、系統輸出。

台灣的現代服務業競爭力已落後歐美國家太多，要想辦法提出振興計畫。這些年，台灣缺少創新動能，很多時候是與「能力」有關，也就是台灣缺乏足夠的菁英教育，在移民法規上也難以爭取最優秀的國際人才來，這些因素都是環環相扣的。

一個社會能創造的價值，往往在於大家有沒有創新的夢想。過去二、三十年來，台灣曾誕生一批勇於冒險、往外闖的年輕人，現在比較少見了，我給政府的第四個建議，就是要想辦法在制度上，繼續激勵年輕人大膽尋夢，為產業帶來創新活水。

二〇〇一年網路泡沫折損了一批創投公司，影響台灣的創投動能至今，而台灣也有很多所謂的創新法規，實際上是無法支援高風險的創新活動，必須盡快修改。

此外，台灣還有一個問題，那就是閒置資金太多了。舉例來說，過去台灣曾多次討論，中央銀行能不能拿出一部分外匯存底來設立主權基金，即使是採最保守的操作，央行還是拒絕了。重要的政府政策不能搞一言堂，應廣納各界建言。像是郵局的存款，只能轉存央行，這麼多的錢閒置下來也很不應該。台灣社會應當理性討論怎麼活化這些閒置資金，若是擔心安全性，不妨設定一個投資比例上限，並找有國際信譽的機構來幫忙評估與監督。

第五個給政府的建議是，台灣的稅制大有問題，要趕快調整。首先，我贊成以市價為基礎提高房地合一稅，這個做法是對的，政府不應該容許持有大批房地產的人，賺的錢比炒股票的人還多。其次，台灣不針對證券交易所得等資本利得課稅，也很奇怪。

在台灣只要碰到政府想推證所稅改革，就容易折損財政部長，為何台灣的國情變得如此？何以，炒房、炒股都不大力課稅，薪資階層辛苦賺來的收入卻要課這麼重的個人所得稅？遺產及贈與稅稅率調降到十％，也完全背離公平正義，應當檢討。

幾年前，政府出於招商引資考量，將營利事業所得稅稅率調降到十七％，我認為，至少要回到二十％。否則，該調高的稅不調，該課的稅也不課，台灣將很難擺脫租稅負擔率僅十二．三％——是世界數一、數二低的窘境。不把租稅負擔率拉高，能用來做事的錢就會變少；稅制不調整，任何政府都不可能做大事。

若是擔心回調營所稅將打擊企業投資意願，政府不妨祭出一些補償條款，例如擴大實施投資抵減，或是准許企業投資創新產業可享若干年的免稅優惠。這些設計都可鼓勵努力的企業，不會因為稅制改變減少所得。

凝聚國家認同

聯合報民調：73%自認為是台灣人 46%要永遠維持現狀

二十年來新高點：國族認同世代差異：二十—二十九歲年輕族群 自認台灣人比率85%最高

本報民意調查發現，民眾自認是台灣人的比率由廿年前的四成四大幅成長為目前的七成三，創調查新高點；另一方面，四成六民眾主張台灣應永遠維持現狀，雖仍為當前主流民意，但主張急獨與緩獨的人較去年增加八個百分點。

觀察近廿年來民眾對國族認同的意向變化，自認是台灣人的比率從民國八十五年調查的四成四、民國九十五年調查的五成五，攀升到本次調查的七成三，創近廿年來調查新高；覺得自己是中國人的比率，則由廿年前的三成一、十年前的二成，降至這次調查的一成一，是歷次調查新低。另外，本次調查也有一成的人認為自己既是台灣人也是中國人，百分之一覺得台灣人就是中國人，百分之六無意見。

至於民眾對台灣前途的看法，本次調查發現，有一成九希望儘快獨立，一成七傾向維持現況以後再獨立，百分之四主張急統，百分之八主張緩統，四成六希望永遠維持現狀，另有百分之六無意見。

從調查趨勢變化來看，八十七年調查時，希望永遠維持現狀的民眾占一成八、九十二年為三成五、九十三年上升到四成以上，九十九年突破五成，去年調查更創下五成五的新高，但本次調查主張永遠維持現狀的人較去年減少九個百分點。

相對來看，今年傾向急獨及緩獨的人較去年增加八個百分點，和民國九十二年總統大選前五個月的調查同為歷年新高點；對台灣前途立場主張統一的比率則有減少的趨勢，八十七年調查傾向急統及緩統的民眾比率合計超過三成，如今僅剩一成左右。

從世代差異看，分析顯示，各世代中以廿到廿九歲年輕族群自認是台灣人的比率最高（八成五），主張急獨（二成九）及緩獨（二成五）的比率也都高於卅歲以上族群

台獨願付代價：僅20%願打仗 16%可承受經濟封鎖 43%承受陸客減少 23%不願付代價

不過，台獨之路非毫無風險，詢問民眾願意為了宣布台灣獨立付出何種代價，提示選項且可複選情形下，四成三能夠接受來台觀光陸客大減，可以接受因此失去多數邦交國和去打仗的比率都在二成一左右，一成六願意付出經濟被封鎖的代價，二成三民眾認為不值得用以上代價來換取台獨。

即便卅歲以下年輕世代或主張獨立者，也是以願意犧牲觀光陸客的比率最高（逾六成），願付出

失去邦交國、去打仗或被經濟封鎖的代價來換台獨的比率則都低於三成。

這次調查於二月十五至十九日晚間進行，成功訪問了一千零一十九位成年民眾，另六百四十九人拒訪；在百分之九十五的信心水準下，抽樣誤差在正負三點一個百分點以內。

調查是以全國廿二縣市住宅電話為母體作尾數兩位隨機抽樣，並依廿歲以上性別、年齡及縣市人口結構進行加權。

（二〇一六年三月十四日／聯合報／聯合報系民意調查中心）

國族認同調查結果統計表

為宣布台獨願付出的代價

註／1.圖中數字為百分比，不含其他及無意見之比率。
2.本題提示選項，可複選。

資料來源／聯合報系民意調查中心 ■聯合報

民眾的國族認同意向

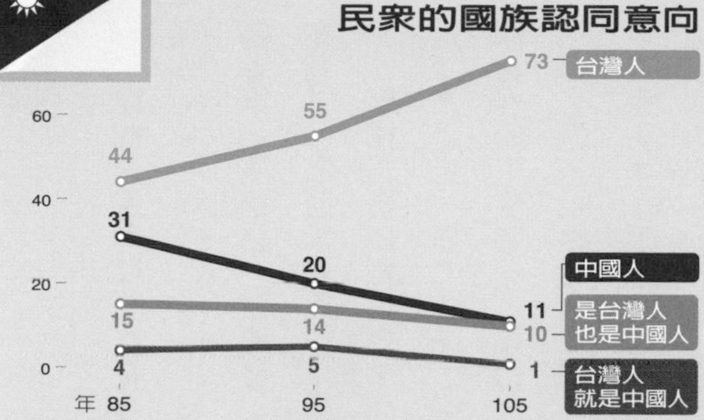

註／圖中數字為百分比，不含無意見之比率。

國族認同意向世代差異

	台灣人	是台灣人也是中國人	台灣人就是中國人	中國人
全體	73	10	1	11
20-29歲	85	3	0	9
30-39歲	81	6	0	7
40-49歲	69	10	1	15
50-59歲	63	13	2	15
60歲或以上	70	17	0	8

註／表中數字為百分比，不含無意見之比率。

民眾對台灣前途主張

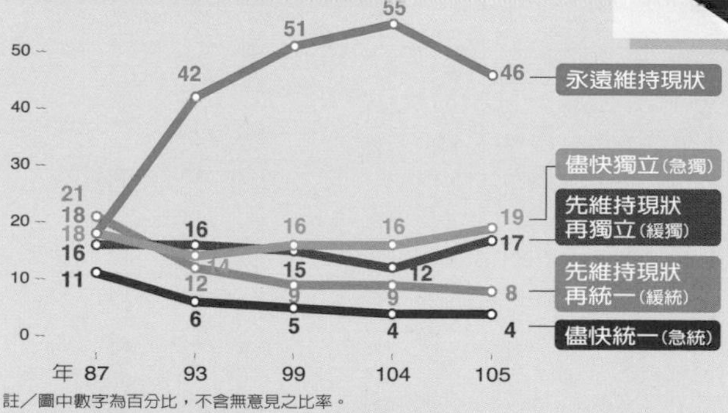

註／圖中數字為百分比，不含無意見之比率。

台灣前途主張世代差異

	儘快獨立	先維持現狀再獨立	永遠維持現狀	先維持現狀再統一	儘快統一
全體	19	17	46	8	4
20-29歲	29	25	30	9	3
30-39歲	19	19	47	9	4
40-49歲	11	19	54	7	7
50-59歲	16	14	50	9	5
60歲或以上	20	9	48	8	3

註／表中數字為百分比，不含無意見之比率。

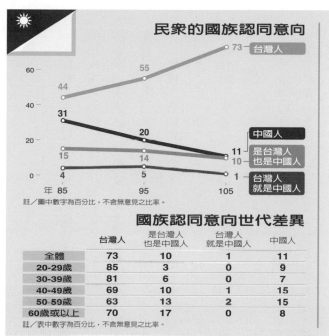

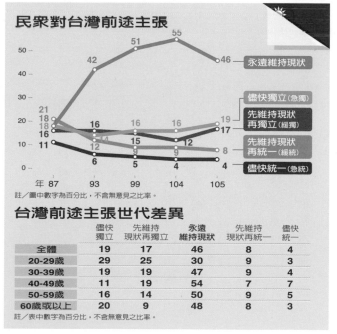

蔡總統必須面對的現狀

總統當選人蔡英文在今年總統大選中，以模糊的「維持現狀」兩岸論述，擊敗高舉「九二共識」的國民黨，取得未來兩岸論述與政策的主導權；另一方面，中共日前才落幕的兩會，習近平、李克強、張志軍、陳德銘「四連發」，畫下承認「九二共識」歷史事實、認同其核心內涵的紅線，擺明蔡英文在五二〇之前未對此明確表態，北京尚無意願與民進黨互動。

根據本報最新民調，高達七成三的受訪者自認為台灣人，顯示台灣意識的抬頭，自認為中國人或兩者都是者，僅二成多，處於低檔；而支持「維持現狀」的民眾將近五成，仍是台灣人民對於兩岸關係發展的主流意見。在台灣選民逐漸「離中」的趨勢下，蔡英文要如何在「守憲」的最低框限下與北京打交道，是她馬上要面對的「現狀」，而不僅只是「維持」。

選戰中，民進黨可以用「維持現狀」打模糊戰，贏得勝選；但民進黨在選戰及選後的政治光譜，必須往中間移動，這已成功壓縮國民黨的空間，取得表述「中華民國」的主體性；但蔡英文無可避免要在台灣最新民意與北京的施壓下取得平衡，將會是極高難度的挑戰。

五月二十日，蔡英文即將在中華民國國旗前宣誓就職第十四任總統，她與民進黨如何落實在競選期間所說，以中華民國憲政體制作為推展兩岸關係的基礎，是兩岸及國際都密切注意的指標。

民主化　形塑新國家認同

淡江大學陸研所所長張五岳表示，台灣的民主化與兩岸交流同步進行，具有高度的互動和關聯，民主化使得台灣人民在自我認同，越來越強烈，從歷年來在「台灣人，還是中國人」及「統、獨傾向」兩項調查看得出來。一九九四年發生千島湖事件之後，自認台灣人的比例，首度超過自認是中國人，而在統獨傾向上，二〇〇三年時的民調顯示，傾向獨立的比例，首次超越傾向統一者，「從此之後就一去不復返」。

民進黨前立委林濁水分析民主化在國家認同的形成上扮演的角色，他認為，民主化讓人民擺脫以往威權時代的意識形態，是一種思想解放，不斷的直接選舉有如日常性的公民投票，逐漸形塑新的國家認同，伴隨兩岸交流解禁後，在人民心中產生「不同共同體的想像」，沒接觸，認為是同一國，接觸後，認為是不同國。

統、獨難 選「維持現狀」

民進黨前立委郭正亮說，國家認同是主觀上的認同，「我是誰」，這是認同的問題，但是，在現實的國家利益選擇上，「獨立有困難，統一不可能」，所以「維持現狀」成了台灣人最大公約數。

也因此，即使國民黨在二〇〇八年執政，兩岸經貿往來活絡，民進黨難以提出和「九二共識」相抗衡的論述，包括蔡英文在二〇一二年主張的「台灣共識」試圖取代，更說「兩岸並不存在九二共識，當然沒有『接不接受、承不承認』九二共識的問題」，但美國不能接受的態度，多少影響台灣人民的選擇，「因為不放心。」一位學者指出。

不過，台灣人民的主體意識，隨著民主化成長，更受到外部的因素，逐漸形成新的國家與身分認同，從未停止。

郭正亮說，這有內生，也有外生的因素，包括從千島湖到台海飛彈危機，後來民進黨首度執政，大陸處處打壓，不給台灣國際空間，即使國民黨再執政後的經貿往來活絡，卻在政治上出現逆反。今年大選前的「周子瑜事件」，更凸顯文化經貿的往來，並沒有在台灣人心中產生好感，大陸國家主席習近平講兩岸一家親，台灣人已經沒有感覺，「我的未來跟你無關」，認同上就討厭中國。

一位不願具名的蔡營智囊指出，以民主價值作為基底，召喚台灣人民對兩岸「黑箱決策」的記憶，適時承認中華民國憲政體制，是蔡英文「維持現狀」論述的組成要素。

他說，蔡英文的勝選是天時地利人和，反服貿的三一八學運，激起了民眾對兩岸決策黑箱的疑慮，當蔡英文說她和馬英九的維持現狀最大不同點是民主時，人民聽得懂，也等於召喚台灣人民對反服貿的記憶，九二共識顯然沒有對台灣帶來什麼好處；而蔡英文提到中華民國現行憲政體制，更讓人民有一種「務實」印象，加上這是美國可以接受的表態，間接加強了台灣人民的信心。

藍施政不佳　削弱九二共識

師大政治所教授范世平說，今年選舉結果，宣告北京對台工作出現前所未有的挑戰，用學術的角度來說，就是「典範的轉移」，包括了：一、無法期待藍天再現；二、靠經濟抓住台灣已失效；三、對台工作束手無策；四、不知和誰對話。

這四個典範的轉移，也解釋了蔡英文勝選的原因，大環境已經改變，國民黨的兩岸施政並未幫國民黨加分，連帶削弱「九二共識」的影響力。

對於新政府上路後的發展，張五岳認為，朝野對話是最重要的，也是過去做得最差的地方，蔡英文上任後，最迫切要做的是台灣內部的溝通對話，記取馬政府過去的教訓。郭正亮則說，大陸現在一定會要蔡英文說出「求同存異」的「同」是什麼，以前北京不會問，現在你民進黨執政了，就要問你。

但一體兩面，范世平則認為，今年選舉結果也將讓北京對台工作面臨前所未有的挑戰，無論是在政治、經濟及社會，北京現在擔心台灣離大陸越來越遠，蔡英文提出「新南向政策」，其實就是減少台灣在經濟上對大陸的依賴，這也解釋了之前大陸對台商給予更多融資的原因。

從中共國家主席習近平說出「大陸對台方針不因台灣政局變化而改變，承認九二共識的歷史事實，認同其核心內涵（兩岸同屬一中），兩岸就可保持良性互動」。不管台灣政學界怎麼猜測，北京已經定調，海協會長陳德銘明白指出，習的涉台發言是一套「完整論述」；中共總理李克強雖強調「兩岸一家親」，國台辦主任張志軍隨即補充：大陸在維護主權和領土安全的堅定立場，「不要懷疑」。

蔡執政後　已無模糊空間

馬英九時期與習近平的「相向而行」，到蔡英文時期能否持續？甚至「背道而走」，攸關全台兩千三百萬人民福祉。「和而不戰，分而不裂」，恐怕是蔡英文執政後拿捏兩岸關係的最低準則。對內，要回應高漲的台灣意識，對外，要謹慎維持與對岸的交流。身為國家領導人，蔡總統其實沒有可延宕的時間，也沒有太多模糊的空間。

（聯合報記者林敬殷、何振忠）

學者看法分歧：綠執政
習的「地動山搖」會轉向？

蔡英文政府上台，對中共也是一人考驗。文化大學大陸所所長趙建民指出，選後蔡英文不斷修正對於「九二共識」的態度，最新的是接受九二會談、精神等歷史事實，「但大陸學者普遍認為距離底線很遠、只是文字遊戲，初步結論是勢必反制，」且據他了解，解放軍鴿派全部噤聲：「新政府要會傾聽呀！」

曾到「馬習會」現場的趙建民觀察，國際學者普遍認為習近平是自毛澤東以來最有權勢的人，確實大陸有改革不易的內部矛盾，「但別忘了在此情況下，對外部問題一定採取強勢，這是千古不變汪洋的政治學。要講出地動山搖的習近平採取溫和手段，你是住火星嗎？」

台大教授楊永明則預判，若蔡英文再不就「九二共識」有新說法，五二〇就職後，北京將會加強打壓，政府互動也會停滯，但人民交往、投資保障則會持續，也就是「硬的更硬、軟的更軟」。

不過，東華大學教授施正鋒則持相反看法：「習近平選前早知國民黨不行了，深信出手只是幫了民進黨。」但無論如何，台灣民意已證明這些年大陸對台政策是失敗的，相信未來會就對台的人與事「進行一番大盤點」。

他認為，習近平正面臨因肅貪舊勢力反撲等內部問題，沒那麼穩；甚且，習近平與歐巴馬應該已達成一定的「不碰台灣」默契。至於所謂「地動山搖」云云，「畢竟中國喜歡比喻，從此來看，若務實就可能吞下去。」

（聯合報記者楊湘鈞）

台灣新民意：維持現狀仍是主流

從身分認同調查看，認同自己是「台灣人」的比率創下歷史新高，對此台灣大學政治系教授王業立表示，其實從數字上看，並沒有「令人驚訝的轉變」；近幾年認同自己是「台灣人」的比率都呈現緩步增加，但相對於此，希望「維持現狀」的比率卻仍是主流，超過統獨。

王業立表示，從長期來看，認同自己是「台灣人」的比率一直增加，從四成多變成現在的七成；可是相對於此，急獨和「維持現狀走向獨立」的比率卻還是只有三成左右。由於民調並沒有做「中華民國台灣」的選項，因此很難斷定其中關連性。

不過王業立分析，民調顯示的是維持現狀是大多數民眾的共識，雖然藍綠對「維持現狀」的解讀可能不同，但「保持現狀的穩定」確實是台灣的主流觀點；這應該也是民進黨蔡英文為何要在大選時主張「維持現狀」的主因。但未來是不是會因此轉變成「維持現狀走向獨立」，則是新政府甚至對岸都應該密切中是的發展。

王業立坦言，這兩次選舉，確實顯示政黨的板塊有所鬆動。過去基本盤是藍大於綠，但不可諱言，國民黨的支持者多半在青壯年和年長者，但這些人逐步凋零，取而代之的年輕世代、首投族甚至「天然獨」的一代，卻是支持民進黨比較多，而且政治的參與度也增加，基本盤已經有所翻轉。

「中壯族群」後，是不是會繼續改為支持國民黨；而且也有一派學者認為，此次藍營基本盤投票率低、年輕人投票率高只是一時現象，但從目前情況來看，國民黨確實缺乏讓年輕人投票的因素。

王業立舉例，正在進行的國民黨黨主席選舉，是採黨員直選，可是國民黨黨員以黃復興為主體，而且多半都已經七十歲以上，「這樣選出來的黨主席，當然會與真正的民意有落差」。

至於為什麼會產生這種板塊的移動，王業立認為不是單一因素造成，「有的是對馬政府執政失望，含淚也投不下去」，有得則是基於國族、統獨意識形態的改變；而且不可諱言，民進黨對統獨、認同的主張較清楚；未來年輕人逐漸變成青壯族群，若投票行為固定，就很難再翻轉。

統獨、國族認同的消長，對台灣未來發展是好是壞，王業立則說「很難斷定」。他說，台灣面對的不是單方賽局，而是多方賽局，除了考量內部不同團體因素，還有外部的兩岸、美國等因素；即將上台的民進黨政府「會很難做」，但也必須認真面對。

（聯合報記者李光儀、楊湘鈞）

認同漂移：
在「中華民國」與「天然獨」間擺盪的台灣

台灣人的身分認同雖不是一個禁忌，卻在一般人的生活裡隱而不宣。然而過去二十餘年，台灣民眾的身分與國族認同已發生了顛覆性的嬗變，其間國家領導人的言行是否發生了指導性作用，是一個披著神秘薄紗的命題。李登輝罩著統一的外衣不斷對外試探，陳水扁直接用一中一台衝撞，馬英九則以九二共識與對岸共處；蔡英文的下一著棋，將牽動兩千三百萬人的共同命運。

李登輝無疑是個要角，認同的飄移與波瀾由他開始，他曾制定「國家統一綱領」，卻又低吟「生為台灣人的悲哀」，當時的國統會研究委員張榮恭說，有一年聯合報的頭版刊登說，「李登輝：台灣已經獨立，名字叫做中華民國」（註：李登輝一九九六年當選首任民選總統後接受CNN專訪）。這說法已曝露了李真正的想法。

李登輝的「假戲」被政黨軍「真做」

他說，然而李登輝一直在談國家統一，其實到兩千年卸任時，李都還不否認他的「中國人身分」，如今透過李登輝許多著作的自我揭露，知道原來李當時只是在演戲，但國民黨內始終有人懷疑李是台獨。

重要的是，張榮恭說，那時的黨政軍是把李登輝的「假戲」拿來「真做」，高中甚至有國統綱領的補充教材，當時民意也顯示，多數是主張統一的。因此他認為，領導人的主張對民間是有重大影響的，即使是假戲真做，仍可收到莫大效果。

李登輝最重大地向台獨跨越的宣告是一九九九年七月九日接受德國之聲訪問，提出俗稱兩國論的「特殊國與國關係」，但張榮恭認為，那只持續了兩個月就收回去了。卸任前李登輝接受外媒專訪，被問了一句卸任後希望得到什麼評價？李的回答是：「我希望被評價為愛台灣人也愛中國人的人。」可見李登輝的整個收場，仍然包裹著統一的外衣，這個說法可由最近李登輝出版的「餘生」中印證，書中仍說：「我從來不曾主張台獨。」

認同漂移　是中共自己給的彈藥？

但曾為「兩國論」擦屁股的國安會前秘書長蘇起則不以為然，他認為「兩國論」就是赤裸裸地搞台獨。他說，大家都忽略了兩國論一個重要部分，就是修憲，李登輝當時就要把領土修掉，只剩台澎金馬，這不僅激怒了中共，連美國也惹毛了。

然而，蘇起卻並不認為「兩國論」這樣的語言、文字，是造成認同流動的主因，他說，文字都是最後一步，領導人的做法也沒有多大作用。影響台灣民眾認同最大的事件，應是中共一九九五、九六年的飛彈試射，台海平靜多年後，民眾突然感受中共軍事強烈的威脅，被嚇壞了。

他說，一九九五年的五月底六月初李登輝訪美，當時大陸還未及作出反應，但六月中連戰又要訪問捷克，成了最後一根稻草，大陸擔憂台灣外交推進的骨牌效應已在發生，雷霆般地推遲協商，接著就是打飛彈。除了飛彈，蘇起認為，第二年登場的總統直選，對認同的塑造也同等巨大。

林中斌亦認為，他不相信是李登輝這些領導人登高一呼，就會對認同產生劇烈影響，認同不是由上而下的，但對岸卻一直如此認為。李登輝、陳水扁的認同主張，是北京給他們的營養跟彈藥，最顯著的例子就是兩千年大選，朱鎔基疾言厲色要台灣不要選分離主張的候選人，但這一碰就糟了，陳水扁反而以二、三個百分點險勝。

總統直選與「時間」力量影響　加速本土化

與蘇起歸納的總統直選異曲同工，民進黨新潮流系領導人洪奇昌認為，認同改變的主因在於「民主化」，因為民主化就會造成本土化，他說，如果台灣直到今天仍然沒有民主化，有可能認同還是不曾改變。

他說，陳水扁的整個八年任期，單一台灣人認同的比例，其實並沒有快速上升，在扁第二任的時候，採取了更為激進的台獨作為，包括要正名、制憲、建立新國家，造成美國反對以及台海緊張對峙，但台灣人民並沒有跟著陳水扁的方向走。

然而，張榮恭認為，認同的快速變異，陳水扁當然是關鍵，他任內推動大規模「去中國化」的教育，讓台灣社會的認同快速轉變，如今的太陽花世代，所謂的「天然獨」，是在去中國化的土壤上成長的。蘇起則說，教育固然是原因，更巨大的是時間的力量，年輕人很難認同對岸那塊土地，蔡英文提出「天然獨」說法，並不是全無道理。

陳水扁執政「去中國化」劇烈衝撞史觀認同

「去中國化」教育是陳水扁最重大的認同工程，他依據「同心圓史觀」研定的高中歷史「九五課綱」可以說是對認同的劇烈衝撞。但當年「九五課綱」主導者、現仍是中研院院士的杜正勝澄清說，「同心圓史觀」是以每一個人作為中心，它實與統獨無關，譬如江蘇、福建、東北、新疆，都應有一個「同心圓史觀」，說同心圓是台獨史觀太小看它了。他半開玩笑地說，還不如說它是「分裂中國」史觀。

杜正勝說，課綱只是大標題而已，比如說，「九五課綱」規定教科書要寫入開羅宣言與舊金山和約，但並未指導要如何撰寫，真正的撰寫者是民間教科書出版商。這兩個歷史文件各自隱含不同的政治意涵，舊金山和約可能導引到台灣地位未定論，開羅宣言則明確主張台灣、澎湖群島歸還中華民國，但課綱本身並不會產生特定的結論。

他說，認同並不是總統一人說了就算，作為學歷史的人，他一向以為歷史的發展有它的「時勢」、它的潮流，他作了一個反推，問道，馬英九上台後不是極力表現要統一的趨向嗎，為什麼主張獨立的人卻更多了？

正如杜正勝所指陳的，馬英九任內台灣人的認同走向確與馬的政策意志完全背離，正是一個典型的悖論。洪奇昌試圖用「經濟」層次去作答，他說，馬英九給了人民過高的期待，競選時馬英九說，只要支持他，台灣經濟與大陸緊密結合，將會帶來蓬勃發展。但接連碰到美國金融海嘯、歐洲主權債務危機，需求減少後中國大陸經濟也跟著下來，台灣碰到了「低成長的新常態」。這時兩岸已簽了ECFA，馬英九卻沒有清楚告訴老百姓，那只是早收清單而已，人民就直接歸結為是傾中造成經濟的困境，台灣主體意識反而上升了。

蘇起則以為有兩個原因，一是馬英九塑造了安全感，沒有戰爭威脅，人民反而容易有獨立的想法；杜克大學牛銘實教授有個民調，若沒有戰爭風險，八十％台灣人想要獨立，若有戰爭風險，只剩下三十％或三十五％；另一個是大自然的力量，老一代逐漸凋零，年輕人上來，單一台灣人認同大約每年以二％成長。

在「中華民國」與「天然獨」間擺盪的台灣

不論前任功過，第四位民選總統蔡英文即將執政，民進黨和時代力量立委正如火如荼的推動「轉型正義」：棄國父、清黨產、約束兩岸談判。洪奇昌、蘇起對兩岸前景皆憂心忡忡，以天然獨抵擋即將坐實的世界第一大經濟體，終屬蚍蜉撼樹。在「中華民國」與「天然獨」間擺盪的台灣，彷彿失去羅盤的客輪，已迷失於認同的汪洋！

（聯合報記者黃國樑）

不同世代怎麼說

台灣歷經日本殖民、國府統治、政黨輪替，每個人都有其刻意彰顯於外或隱藏於內的身分認同，在台灣，因世代的不同更為複雜歧異。本報訪問了分屬不同世代的人物，談談他們關於認同的歷程。

黃春明（八十一歲，宜蘭羅東人，台灣重要鄉土文學作家）

台灣老百姓，長期以來「很難去抓住自己是什麼，早期你想承認日本、中國，人家還不願承認你哩！」吳濁流寫亞細亞的孤兒就是這樣的意思，那邊也不能認、這邊也不能認。

家庭影響我的是節儉、勤勞，對國家的認同並不是受家庭影響，反而是受很多包容我的人影響。所謂認同，我認為核心是出生地認同，接著外擴至族群、民族認同，國家認同反而在後面。

像父祖兩代對日本戰敗及國民政府接收有截然不同的反應，本來認同同樣的家庭、地方，但決戰時認同什麼？這是一種反覆被洗腦後的反射作用，像我父親那一輩的，洗腦洗腦、洗到後來就認同日本人，但他們被洗腦也是不得已的呀！

爸爸那一輩在戰爭結束前一兩年，叫「非常時期」，軍國主義的洗腦更嚴重，因物資缺乏，用錫作的拜拜燭台被拿去做子彈，沒得拜改拜神社，被洗到這種地步。

相對的，老一輩不識日文、從小讀三字經，自然對漢文化有認同。我舉一例：家鄉的帝君廟需要一張虎氈，當年恰恰就有一老人遠從唐山來。鄉親就問，這很貴哦？老人說，說有一個臉紅紅的人已經付錢，鄉親也就欣然接受，這也是對中華文化的認同。也因此，雖眼見來台接收的國軍穿得破爛、還背雨傘，遠不及日軍有元氣，但老人家還會為國軍解釋：八年戰爭沒死、跑來跑去，當然就是這樣；背雨傘？那是降落傘啦！打巷戰時從二樓往下跳用的，都往好的方向作解釋。

台灣要有國家認同共識？現在連家庭認同、學校認同都快沒了，國家認同得要慢慢起來，沒那麼快。並且，我認為認同若走極端路線，就是矛盾衝突的來源。

國民黨統治期間未能形成對中華民國認同共識，很大原因在於行政、教育、文化權多掌控在外省人手裡，形成了階級，並常以壓迫手段為之，這樣的作為怎可能不留下痛恨的意識？以前講要愛國，但老百姓哪裡知道三民主義是什麼，卻覺得聽起來不錯，於是有人就說「三個人講好就是三民主義」。但後來卻是要考試、沒考好就不行，反彈自然而起。同樣的道理，像如今講的「天然獨」，其實就是出生的認同，但若刻意操作起來就是意識形態、用政治利益綁架了，絕非愛國。

我沒走上極獨之路，是因我從親身經歷知道文化要講共容（融），我不知為何國民黨當年的不當統治為何不影響我對中華民國認同，但我知道，當時也有外省人被槍斃、被壓迫。如果老百姓真要這樣去分，雖然一定要有一個名字，但更重要其實是，你認不認同她是一個國家；是「中華民國」或「台灣」並不重要，對這個國家的感情是不是在那裡，這個才重要。

我站在底層社會寫作，都寫小人物生活，深知他們的苦難。雖被師範學校退學，但對我很好的都是外省老師；當年在台北師範就讀時因翻牆求放一馬不成打學校校警、被退學，我大膽求見並引薦我到其他師範繼續念書的教育廳長也是外省人；當兵時因不滿通信保養廠長不准我幫報社寫稿，我就打下去，結果被分發到勵新總隊做苦工，同隊的卅五省官兵都有，殺狗也都一起吃，請問怎麼切割？

所有大自然都在講包容，如此才會愈來愈優秀。由此來看，台灣根本不該有統獨之爭呀！這要教育、要教育。我們必須用很多故事來講民族主義，而不是靠領導人的操作或用很大力量來壓迫，要知道，認同是潛意識的，一旦炒作，就會變成浮面的意識形態之爭。領導人的理想，不要說有生之年就要看到什麼。這種東西不能用太硬的手段，如果選贏了就要怎樣，那會永遠打不完。無論是文化認同或國家認同，都是隨時處於變動狀態的。

劉克襄（五十九歲，台中烏日人，自然觀察、旅行作家）

我認為台灣人民的國家認同問題，就好像「圓桌武士找聖杯，不要先去定義聖杯的定義」；透過運動、尤其是棒球，會是一個國族集體意識出來的契機。

就我個人經驗，對於國號、國旗、國歌的認同，其實是歷經一個從打問號、叛逆、接受到喜歡的複雜過程。

在就讀高中的叛逆階段，那時每天得唱國歌、對國旗暨國父遺像敬禮，心中難免起疑，如此儀式性的愛國到底有何用？不過一九八〇年前後我在海軍服役，那時執勤時，就深切感受到國旗、國號的特別意義。

一九八二、八三年以後，黨外、民進黨開始活躍，朝野彼此就國旗、國號產生對立，人民也就難免會產生質疑。關於認同，政治人物的宣傳是沒用的，無論李登輝、陳水扁、馬英九都是如此，反而可能愈宣傳反作用力愈大，因為認同應該是一個天然特有的東西、共識應是自然生成。就像看棒球比賽，你在賽場看到國旗、代表台灣，此時認同與共識就自然而然湧生。

選前中華民國、國旗或許並非全民共識，但「周子瑜事件」卻很快的讓國旗國號成為多數國人共識，我相信蔡總統未來依舊會拿國旗、唱國歌（可能仍不唱「吾黨」兩字）；更期待有一天，也許某個契機出現，蔡總統可以大聲說出，我是中華民國總統、我是台灣人，我代表台灣……並為世界各國所接受。

謝宜哲（二十一歲，台北人，大學生，太陽花學運音響師）

我心目中的國家是台灣，但我也能理解，在國際社會中我們必須用中華民國護照。對我來說，中華民國比較像是形式上的、是為了與中華人民共和國有所區隔的；雖然我認同台灣意識，但也能接受中華民國成為保護殼的事實需要，畢竟我並不希望看到台灣面對來自對岸的軍武威脅。

我父親是雲林斗六人，原是支持國民黨，後來逐漸了解二二八事件後，開始傾向支持民進黨。不過對於政治的認識與國家認同，主要仍是來自學校與同學的接觸思辨。

對於如我年輕一輩來說，與其說是反中或反中華民國，倒不如說是因為反對執政的國民黨政府一些作為，同時產生了一種希望台灣能像世界上其他國家一樣不因異國打壓而妥協的想望。

我並不認為領導人對於認同下指導棋會有什麼作用，主要仍在於人民不想被控制、不想被統一的想法已逐漸根深柢固。經歷太陽花、同志遊行、反核等一連串的社會運動後，台灣意識已經抬頭，「周子瑜事件」只是將之檯面化而已。

描繪政策藍圖

經濟民主化：蔡總統的難題

總統當選人蔡英文想要把台灣打造成什麼樣的國家？打破「悶經濟」，成了民進黨上台後首要課題。根據民進黨的說法，新政府不會像以往一樣用國家資本進行投資，且現在財政困窘，政府不可能下場，政府要做的是引導出一個方向；蔡英文過去用「堆柴火」概念來說明：政府出火種，民間出木柴，再加上國際資本，讓整個產業動起來。

新政府藍圖：推動五大創新研發計畫

蔡英文在競選時，就政治、經濟及社會各提出五大計畫，她在新經濟政策的架構下，提出「創新、就業、分配」三個核心，以此推動五大創新研發計畫；另配合提出新南向政策、海洋政策，鋪陳新政府的新政藍圖。

在選舉時參與政策制定、選後擔任蔡英文政策辦公室執行長的張景森說，蔡英文要做的不能說是提振經濟，比較像是「產業的文藝復興」，銜接過去的產業基礎，利用現在擁有的優勢，透過「連結未來（未來趨勢）、連結世界（國際潮流）、連結在地（國內的實力）」三個產業發展策略，依據台灣的客觀條件和比較優勢，規劃推動「五大創新研發計畫」。

新產業策略：帶動產業全面轉型升級

張景森說明，產業是台灣的核心，有好的產品才有競爭力，也才是國家發展的根本，以往台灣靠電子業，現在不能固守在原有的電子業，要讓更多產業起來，但也不是放任主義，因此，還是要有產業政策，也要讓產業和學界形成夥伴關係，但政府的角色也不是像韓國大商社那種國家資本主義的概念，而是協助產業把聚落做出來。

民進黨政策幕僚解釋說，民進黨要推動的五大創新研發計畫，從綠能科技、物聯網、生技、精密機械、國防產業等策略性產業為主，希望藉此帶動產業全面轉型升級。

以往外界常常在批評政府沒有效率、沒有策略，法規又不合時宜，民進黨在競選期間提出了政見後，選後已有一組幕僚專門負責法規的研修，期望在上台執政後，透過行政與立法兩院合作，一一修訂相關法規，讓產業創新有現代化的制度支持，避免以往因法規不足，導致技術、人才大量流失，無形中也造成企業創新研發的意願與能力下降。

蔡政府新經濟的另一主軸，是降低對單一市場的依賴，並從重視 GDP 成長轉為追求兼顧就業、薪資、所得分配、區域平衡等多元目標。過去幾年，在各種「分配正義」的呼聲中，民進黨認為，若要解決，還是得先從提升經濟成長開始。

新南向政策：建立全套國際經濟布局

所以，「新南向政策」或「海洋政策」，就要配合登場。「新南向政策」是民進黨的外交政策，但深究其中，就是一套國際布局的經濟政策。蔡英文日前到台中參訪精密機械時，閉門會議裡就提及「併購」，也就是說，以台灣精密機械的實力，若能併購歐洲一些以技術見長的小廠，提升技術之餘，也是對外的布局；或是藉由培植東南亞目標市場的人才，學成後可派駐回到他們的家鄉。

在新政府的經濟政策中，還有一個核心概念，就是「經濟民主化」。一般說民主化，往往指的是政治，但民進黨強調經濟民主化也是民主國家的特色之一，可是總統已經直選二十年的台灣，經濟民主化仍跟不上政治民主化的腳步，對台灣經濟發展並不是一個好的現象。民進黨財經幕僚說，推動經濟民主化是國家刻不容緩的事，無論在財政預算、資源分配，甚至到公共建設，都相當重要。

這位幕僚說，我國的預算制度相當僵化，預算及資源分配不民主，公共建設充滿太多政商關係的運作，其中包含一些BOT或國有土地標售，經濟模式偏向財團，久而久之，國家整體經濟就會出現分配不公平的爭議。他強調，公司治理若不能由專業經理人來負責，公司治理及決策無法民主化，對企業經營效能也不好。

新政商關係：企業家不須變紅頂商人

因此，蔡英文去年五月拜會工總時，曾提到「建立『健康透明』的政商關係」，讓企業家在商場上專心開拓，不需花時間、金錢投資政治，「不需讓企業家變成紅頂商人」，應把這些錢用在照顧員工、嘉惠消費者、對環境友善措施等。一位立委說，民進黨希望讓財團影響政治的力道減緩，讓企業做好企業的事，而不是像以往靠著經營政商關係來獲取利益。

（聯合報記者林敬殷）

體制、國會、經濟

廿年來民主路的擺盪與糾葛，既有成果，也多問題：成果如完成四次修憲，確立今天的國家體制；改造「六都十六縣」地方自治格局，中央政府組織改造工程仍進行中；兩岸則開啟兩岸和平交流；卻也因長期朝野惡鬥，廿年來許多攸關民生的政策，例如長照政策、年金改革等遙遙無期，反倒是發放各式年金、津貼等撒錢式政策不斷湧現。

「民主還是好的，至少流汗不要流血。」總統府資政、行政院前院長陳冲不否定廿年民主路的價值，但也舉他任內力推的「經濟動能推升方案」中落實自由經濟示範區為例指出：「自由經濟示範區，只是最humble（謙卑）的請求，卻因黨派意識形態而一再延宕……民主路廿年來，因選舉老是短線操作，長遠規畫不敢提出。」

台大政治系兼任教授楊永明也直言：「民主理念與人權價值的鞏固與深植是最大成就，但政治對峙與治理失能是伴隨民主與民粹而來的嚴重問題。」東華大學教授施正鋒評價廿年民主路也直言：「就是討好選民，也凸顯領導者沒自信，大家就只相信投票主義，以為就是民主，因此政策透過選舉綁樁，不是整體規畫。例如各地廣建碼頭、五年五百億邁向頂尖大學計畫等，都是顯例。」

民主的失能，原因千頭萬緒，台大法律系教授顏厥安從源頭剖析指出，廿年民主路的依循是幾次修憲新增的臨時條款，但「到底是總統制、內閣制或保留總統直選的內閣制？」因權責未能相符，導致政府體制權責不清、問題叢生。

顏厥安舉例說，像地方自治如今已是六個直轄市當領頭羊的格局、重要性大增，但對於與中央的關係「憲法幾乎沒規範，就算是比照省，也是空的」。又如地方財政，地方喊窮、面臨破產者所在多有，但中央對地方有何權力與責任？有無承擔最終支付責任？憲法也沒規定。

不過，陳冲、顏厥安等，也均點出國會問題，尤其是朝野協商機制。陳冲說，「國會運作終究是少數服從多數的原則，協調是有必要，只是目前的平台成本太高了些。」他舉例，像內線交易相關條文的修法，原始條文是較好的，卻未料「愈協商愈壞」。

顏厥安表示，要改革國會亂象或功能不彰問題，應改採委員會主義，重大政策要在國會辯論，例如長照究竟要採稅收制或保險制，低薪白領、服貿貨貿，「就讓朝野推人辯論，辯十小時也無妨」、「以前為便宜行政權，民主化2.0要以國會為核心」。

陳冲及楊永明也同時指出「經濟自由化的腳步不容拖延」。陳冲以十二年國教為例指出：「痛苦的是，不是是否正確的選擇，而是資源並未用在有效的地方。」又如拚觀光人數之餘，「是否忽略了什麼該做而未做的？」不能老是為選舉炒短線，而不敢提出長遠規畫。像經濟政策，大家都喜歡短線立竿見影，長遠的國民累積財富仍要做，「否則沒東西可以重分配嘛！」

陳冲建言蔡總統，對重大政策還是要拿捏既定方向，否則國是會議永遠開不夠，畢竟「開國是會議只是喘息方式，但不是唯一解決方法」；國家競爭力要排除減弱競爭力的因素；講財富重分配，應是要減輕弱勢負擔，「多課稅給他們解決不了問題」。

（聯合報記者楊湘鈞）

非核、電價、長照

前立委沈富雄說，台灣是一個被兩大「左言右行」政黨所宰制的右翼社會，人民整日抱怨全身病痛，卻只願吃「健康食品」，「極像水中的青蛙，舒適地逐漸失去動能和生命力。」

最簡單的例子，民進黨主張廢核，但蔡英文日前到台中火力發電廠進行產業之旅，環保團體在閉門會議中提出「二〇二五非核無煤家園」，蔡英文驚訝表示，沒想到非核之外，還要面對「無煤」這麼困難的事，直說「這是很艱困的挑戰」。

再者，蔡英文到台達電參訪綠能產業，台達電董事長鄭崇華在準總統還沒進門就說，他一向主張要漲電價，不投票給主張不漲電價的人。他說，耗電多和外國的企業，看到台灣的水電價格這麼低就來投資，「但這些都是從老百姓所交的稅金去幫他們的。」一番話，讓選戰中主張「十年不大漲電價」的蔡英文，急著說明電價不漲的三項原則。

什麼福利都要，又不肯付錢、加稅，這就是沈富雄口中台灣「左言右行」的現況。蔡總統上任後，這些都會變成新政府的「燃眉之急」。

不會把重點放在加不加稅

「我們不會把重點放在加不加稅。」蔡英文政策辦公室執行長張景森說，他認為民進黨上台後，加稅的空間不大，民進黨不會在加稅或減稅上有太多著墨，政府現在真正要去做的是兩件事，一個是財政紀律，一個是資源如何有效分配。

民進黨財經幕僚指出，台灣邁入老齡化、少子化的社會，國家扮演福利供給的角色，只會多不會少，以目前台灣財政是很難支撐得了，因此，如何在福利措施進行的同時，國家財政能夠負擔得起，成為民進黨上台後面對的嚴峻課題。

以長照政策為例，馬政府研擬多時的「保險制」，蔡政府上台立即變成「稅收制」，但要怎麼落實，路還很遠。另起爐灶沒有不可，但連民進黨都承認當前財政困難，改成由稅收支出，一定有排擠效應。

不能用商業模式處理長照

蔡英文在台北榮總高齡醫學中心研討會上說，將以指定稅收加上公務預算，籌措每年三百至四百億元資金，投入長照服務。幕僚解釋，不同於目前政院推動長照保險，一年需要一千億，看似錢很多，實際上分配給了誰呢？民進黨不贊同用商業模式來處理，變成了機構照顧，而應建立一套社會安全網，「用更少的錢，做更多的事」。民進黨想的是把長照放在一個更大的架構下來處理，包含社會、教育、就業及財政的不同面向，一同來解決。

張景森說，不是花錢就可以解決問題，而是要看你花了錢的績效、效果在哪裡。如果花錢得不到效果，錢等於白花；他直指，科技預算一年動輒千億元以上，研究效果在哪裡？有沒有浪費？

另一個例子就是教育部五年千億的「高教藍圖計畫」。民進黨立委上個月藉著拜會教育部的機會，質疑該計畫明顯是故意在卸任前搶著劃分資源，強迫未來政府認帳，不久，教育部對外表示計畫暫緩。

做好財政紀律回復失能財政

民進黨幕僚說，以往政府動輒花大筆支出，但卻又喊窮，惡性循環下來，不如回到問題源頭，先把財政紀律做好，把失能的財政制度回復，另一方面檢討資源支出的有效性，這兩件事先做好，再來談其他的。

進了廚房，就不能喊熱，餓久的人民，正急著等新政府端出說好的好菜。

實踐國會改革

八成六民眾：台灣已經卡了十一年

本報民意調查發現，八成六民眾感覺「台灣卡住」達十一年之久，評估目前台灣國力，民眾只給了不及格的五十六分；至於新政府上任後，六成四民眾期盼優先改革政府效率。

調查發現，從零分到一百分之間為台灣整體國力評分，五成一民眾給了及格分數，四成二評分低於六十分，平均來看，民眾的整體國力評分為不及格的五十六分。

台灣國力何以不振？調查發現，高達八成六民眾坦言深感台灣有國家政策卡住、停滯不前的情形，且有此感受已平均長達十一年之久。

進一步觀察，四成一民眾是近八年馬英九任內才有「台灣卡住」的感受，也有三成九的人是從陳水扁執政時期即有這種感覺，一成二從李、蔣時代就有這樣的感受。換言之，馬、扁主政的十六年來，是多數民眾認為台灣發展停滯不前的主要時期。

其中，藍營支持者有四成三在扁執政時就有台灣卡住的感受，比率高於馬任內的三成七；綠營支持者則有四成八在馬主政時期才有此感受，比率高於扁任內的三成八。

檢討台灣停滯不前的主因，在可複選的情形下，七成四歸咎於政黨對立、只考慮政黨利益所致，四成三抱怨國會效率不彰，認為好人才不願到政府服務和覺得太灣太民主是主因者各占二成左右。

對於蔡英文上任後推動政治改革的優先序位，有六成四民眾期盼先處理政府效率改革，一成七認為國會改革是當務之急，一成覺得應優先推動憲政改革。

不過，民眾對於政府效率改革的期待仍建立在民主協商之上。兩者擇一，五成八民眾希望有一個尊重協商的民主政府，僅三成三想要一個權力集中的集權效率政府。

調查還發現，近來較獲關注的憲改議題中，以實施不在籍投票較具社會共識，六成七贊成實施，二成九反對；其中，以高屏澎和宜花東金馬地區民眾最支持實施不在籍投票，贊成比率超過七成。

降低投票年齡至十八歲的主張則是五成八民眾持反對立場，三成八的人表示贊成；其中，以五十歲以下青壯世代對此較不認同，反對比率都超過六成。

至於我國未來政府體制的走向，看法相當分歧，三成三希望維持現行體制，二成六主張推動總統制，二成三支持朝內閣制方向推動，一成八無意見。

國會改革方面，新國會已開議，有六成五民眾反對立法院維持以往透過黨團密室協商爭議法案的作法，僅二成一的人認同此國會運作方式；無論是藍綠支持者，對此雖多同聲反對，不過，綠營支持者有二成七贊成維持黨團密室協商，比率高於藍營支持者的一成八。

這次調查於二月十五至十九日晚間進行，成功訪問了一千零一十九位成年民眾，另六百四十九人拒訪；在百分之九十五的信心水準下，抽樣誤差在正負三點一個百分點以內。調查是以全國廿二縣市住宅電話為母體作尾數兩位隨機抽樣，並依廿歲以上性別、年齡及縣市人口結構進行加權。

（聯合報系民意調查中心）

卡住十一年民意調查統計表

民眾對台灣國家政策卡住、停滯不前的感受

台灣卡住感受

有	沒有
86	9

台灣卡多久

1-8年(馬執政時期)	41
9-16年(扁執政時期)	39
17年以上(李、蔣時代)	12

台灣卡住原因(複選)

政黨對立、只考慮政黨利益	74
立法院效率不彰	43
好人才不願意到政府服務	21
太民主	18
台灣沒有人才	5

新政府應優先推動的政治改革

政府效率改革	64
國會改革	17
憲政改革	9
其他	2

本題提示選項，單選

民眾對各項政治改革議題的看法

未來政府體制

維持現行體制	33
總統制	26
內閣制	23

議題	贊成	反對
實施不在籍投票	67	29
投票年齡降到18歲	38	58
立院黨團密室協商	21	65

註／表中數字為百分比，不含無意見之比率。
資料來源／聯合報系民意調查中心

■聯合報

張善政：不要每四年就重開機

我當然有「國家被卡住」的感覺，主要有兩方面：一是兩黨政治監督制衡，但美國也有類似情況；另一個是法規制度，政府給自己綁太多，公務員雖不至於百分百被綁住都不能做事，但效率比民間差很多。

總統大選前，我訪問美國，當時正好是美國總統歐巴馬在國會發表國情諮文，歐巴馬後方坐著兩個人的表情大異其趣。一位是同黨籍的副總統拜登、一位是不同黨籍的眾議院議長萊恩；不論歐巴馬說什麼，拜登都會鼓掌，但萊恩不只不鼓掌，當場還有非常奇怪的表情。

底下參眾議員也是有的鼓掌、有的不鼓掌，民主國家的問題都差不多，就是兩黨互相制衡，美國也存在政治立場的情況。

即便是兩黨政治監督制衡，美國政府法規還是比台灣有彈性。我與美國國防部前部長培里圓桌座談時，談及美國國防部、能源部如何鼓勵創新研發，重大計畫主持人扮演非常重要的角色，必須具備專業、盯得住研發計畫，不能到最後一分鐘才發現浪費錢。

問題是，台灣國家考試制度是否能網羅國家需要的人才，這是一個問號。

至於如何避免每四年「reset（重新開機）」？我希望接任的政府對過去八年做的事情要有些認可，民進黨要的是面子，我們重視裡子，希望過去八年努力不要付諸流水。政權交接時，我們過去好的部分會說清楚、做不好也要承認，而不是政績宣導；希望民進黨也適度接納這幾年成果，不要從零開始。過去有些政策確實太理想化，例如證所稅，總統府也承認當時是非常理想化的公平正義，實務考慮不周到；另一個是十二年國教，台北都會區的家長仍是望子成龍、望女成鳳，導致政策期待與現實有差距。

至於兩岸議題造成今天這樣的局面，主因民眾對政府沒有信心，不相信的原因大部分是因為意識型態。意識型態讓台灣的兩岸談判代表裡外不是人，這是很悲哀的事情。

這次讓民進黨接手也不是壞事，可以親自體會和對岸打交道會遇到什麼困難，再來將心比心，馬總統現在做的事是賣台、還是替台灣爭取利益。四年後再回過頭來看，讓民進黨憑良心講話。

（聯合報記者林政忠專訪）

陳冲：有兩個教練怎麼打球？

我一輩子做金融，從政是意外，因此我有另外一種觀察。在企業界，不是董事長講話算數，董事長講的話不賺錢就不算數，並不是官大學問大；誰講的話可以賺錢，才是決定價值的所在。

當我進入行政單位發現存在很多法律規範、行政倫理，比較民粹的講法，就是官大學問大。雖說行政體系應多些專業意見，但在整個行政體系裡，不能完全不考慮政治因素。

畢竟政府不是開一間「老王牛肉麵」，政府架構非常複雜，不是有理想就能做到。以十二年國教為例，我當行政院副院長時，我覺得國家如果有錢，應該先用在學前教育。

當時我被指定當十二年國教召集人，有次在總統府開會提出相關說法，但很多教育專家都反對，因為專家認為「學前的教育不是教育」。

但我覺得什麼事情對國家最好就做，當然那一次我就失敗了。之後，總統、閣揆吳敦義演講都宣布要做十二年國教，變成沒有辦法去改變。

等我擔任行政院長，我跟當時教育部長蔣偉寧說的第一句話：「你現在要做一件事情很痛苦，我不管你贊不贊成，我們現在要執行十二年國教。」這是非常難的一件事，最難的是你不能取悅每個人。我痛苦的不是把十二年國教執行完畢，而是從我外行人的確信，我不認為這是一個正確的選擇。

按憲法概念，行政院長是最高行政首長，真的最高嗎？外交、國防、兩岸，跟國家安全有關，都是屬於總統職權。

我們想要有總統直選，又要有內閣制精神，結果跑出來雙首長制。就像打籃球，如果說有兩個教練，球員怎麼打？有一個教練很會指揮前鋒，另一個教練很會指揮後衛和中鋒，讓他們分別去指揮嗎？目前雙首長制就是這樣，憲政體制表面看來，行政院對立法院負責，但整個任命程序和組閣過程，總統意願非常重要。很難說哪個是總統職權，其他是屬於行政院長，這樣制度的設計就不可能有效率。

國家卡住還牽涉國會運作的問題，現在朝野協商制度相對不公開、不透明，當年立法院朝野協商內線交易修法，利害關係的人也進去協商，我就覺得很有顧忌，因為愈協商愈壞，離理想愈遠。

至於有沒有解方？真的要解的話，當然就是修憲，但我不贊成馬上修憲，應該像國外智庫提出白皮書，成熟後再去修。

我覺得國父當年說的「軍政、訓政、憲政」很有道理，儘管總統直選廿年，台灣似乎仍在訓政時期，民眾、政府還在受民主的新兵訓練；等到民主想法更成熟，或許就可採用內閣制。

任何民主國家都有陣痛期，選民和社會風氣大約經過一個世代會逐漸成熟。台灣民主路已走了廿年，我相信很快就會更加成熟了。

（聯合報記者林政忠專訪）

呂秀蓮：民進黨沒有藉口了

大家會覺得奇怪，政黨輪替那麼多次，為何現在才重視交接條例。早年蔣中正時代，他覺得會做一輩子；蔣經國雖有交給別人，但國民黨認為會永遠執政，所以沒有這個問題。

二〇〇〇年，沒有人預期陳水扁跟我會當選，照理說我們任內應該注意這個問題，但陳前總統第二任時被國務機要費等事情困住；比較遺憾的是馬英九總統任內也沒做，但凡事都是never too late（不會太晚），這一次大家覺得有需要，趕快一起處理好，讓下一屆可以遵循。

馬總統宣布要尊重國會多數，願意讓多數黨組閣，我給他肯定，因為他如果不做這個動作、不講這話，別人一定也會罵。但站在蔡英文立場，她也不能一口接下來，因為人家會說：「你看，野心多大，明明五二〇才正式就任，怎麼提前搶著要做總統？」

重點是憲法規定。過去立委和總統是各選各的，後來想說減少選舉，併在一起選，但改一沒有改二，所以勢必要修憲，讓選舉與總統就職接近一點。

過去立法院都是國民黨占多數，很多法案推不動，民進黨現在已沒有藉口，除了國會改革外，應該結合進步力量好好討論，哪些對國計民生有迫切需要的，趕快優先列出來，讓人民知道你們真正最關心的是哪些事情。

至於外界對民進黨「反核」、「反中」印象，我覺得觀念上有一點點偏差。與其說「反核」，不如說民進黨是主張「非核」；反核和非核之間，民進黨要加把勁說明沒有核能發電，我們能源依然充足，重點不在反核，而是趕快提出非核政策。

我倒覺得也不是反中，是「反統」，因為害怕台灣被中國統一，政策最後若會促成「中國統一台灣」，民進黨一定會反。

最近我提出一個觀念，國民黨支持九二共識、一中各表，但分明北京不跟你講一中各表，它就是「一個中國」，所以國民黨堅持一中各表，你就老實承認「兩個中國」；面對台灣，你講中華民國，顯然不願接受中華人民共和國，就是兩個中國，進一步講就是中華民國獨立於中華人民共和國之外，這個我簡稱是「華獨」。民進黨主張一中一台是「台獨」，台獨和華獨先來一家親吧！

這次選完，藍綠這道水壩被沖垮了，很多人都覺得應該用一個空曠的視野，重新思考台灣前途。你說「兩岸一家親」，我覺得「華獨台獨一家親」。

對於蔡英文的兩岸論述是否清楚嗎？坦白講，我與蔡英文無直接共事的經驗，她可以這樣秋風掃落葉地當選，很了不起。

有一天，我突然有一個靈感。世上有一幅名畫叫「蒙娜麗莎」，我覺得蔡英文很像「政治上的蒙娜麗莎」，我每次一講，大家就笑了，我只能意會，不能言傳。

我看「蒙娜麗莎」，不知道她是誰。我覺得是整個政治性格，我不知大家同不同意；在展覽上，蒙娜麗莎這幅畫一直受到瘋狂的喜愛。我覺得蔡英文不是空心，以前我說她是包心菜，絕不是空心菜。

（聯合報記者林河名、郭瓊琍專訪）

游錫堃：兩岸關係　民主崛起才有和平

在政治上，過去廿年是由「黨國體制」過渡到「半政黨政治」，二〇一六之後很可能變成「完全政黨政治」。因為一直到現在，國民黨還保有龐大黨產，擁有豐厚的媒體資源，必須等到「不當黨產處理條例」及「政黨法」通過，讓政黨真正公平競爭之後，台灣才會走到完全的政黨政治。

在經濟上，在二〇〇〇年以前是工業經濟，二〇〇〇年之後過渡到知識經濟。台灣從工業經濟轉型為知識經濟，最重要是「挑戰二〇〇八國家發展重點計畫」，共有十項軟硬體計畫，包括E世代人才培育計畫、文創產業計畫等，「兩兆雙星」計畫也是從這裡開始。

社會方面，台灣更加多元。過去主導這個國家的，多是中壯世代；但近年來，已變成青年世代說了算，例如太陽花學運對台灣社會、政治的衝擊都非常大。由於網路媒體發達，讓台灣進入新的媒體時代，也因為公民意識抬頭，台灣可以說已成為非常健全的公民社會。

兩岸關係方面，只要中國拋棄併吞台灣之心，就沒有問題了。任何協商都有可能。只要中國拋棄併吞台灣之心，協商更沒有問題。中國應該有大國崛起的胸襟跟氣魄。他們講「和平崛起」，但和平崛起未必帶來和平，唯有「民主崛起」才能帶來和平，如果他們能民主化，應該慢慢會帶來改變。

至於未來的「蔡總統」如何處理服貿、貨貿卡關的問題？只要先通過「兩岸協議監督條例」，就沒有問題。民進黨從來沒有講反對服貿或貨貿，只是不能黑箱，應該受到全民的監督。

從這次國會議長選舉及主張「議長中立化」，可以看見民進黨的國會改革，但改革要到位，應透過立法；不論是國會改革或不當黨產的處理，以及其他包括世代正義、司法改革等，都必須落實法制化。還有憲改工程，未來包括五權分立應改為三權分立，要決定總統制或內閣制，以及修憲門檻、十八歲公民權等，很多都應該檢討。

另外，希望蔡總統上任後，能把經濟拚起來，也能降低失業率，並積極推動轉型正義，特別是國民黨的黨產，應該「還財於國、還財於民」，此外，也該積極推動「兩岸協議監督條例」，讓它早日通過。

（聯合報記者張嘉君、林河名專訪）

打開密室　新國會不再摸黑立法？

二〇一四年五月卅一日，立法院法定會期最後一天，晚間照例上演「法案大清倉」。正當議事人員與媒體都因為挑燈夜戰，人仰馬翻，朝野突然完成黨團協商，搶在深夜三讀通過「會計法第九十九條之一修正案」。

黑箱！秘密協商解套　百姓未必認同

這個突然冒出來的法案，不在預期通過的法案之列，已經事有蹊蹺。尤其，這項修正案擴大特別費除罪範圍，擴及各民意機關、村里長及學術機構，並有溯及既往的規定，連拿公款喝花酒被判刑的前立委顏清標也可適用，媒體才發現「代誌大條」。

不過，朝野協商秘密進行，「只有結果，不知過程」。參與協商的各黨團黨鞭，不是三緘其口，就是避重就輕。只有當時立法院長王金平表示，這次將「歷史共業」一次解決，對國家來說是好事情。

荒謬！柯文哲和顏清標　一起除罪化

只是，立委眼中的「好事情」，老百姓卻未必認同。雖然現任台北市長、當年擔任台大醫院創傷醫學部主任期間被控詐領研究費的柯文哲，也一併獲得解套，但他在凌晨睡夢中接到記者電話，直白回說：「這個修法早該過了，結果是柯文哲和顏清標一起除罪化。」

立法院過去「摸黑立法」慣了，但這次原本為了解救「誤觸法網」的教授，卻變成「合法掩護」顏清標，引起全民公憤。更烏龍的是，因為偷偷修法，倉促之間，條文漏列「教」字，一字之差，使得民意代表喝花酒報公帳得以除罪，但是教授能否適用除罪規定卻引發爭議。

這個風波，最後在馬英九總統舉行記者會，正式向國人道歉後，宣布由行政院向立法院提出覆議案，才讓鬧劇落幕，回到修法之前的原點。

「會計法修正案」，堪稱立法院「密室協商」的典型案例，也暴露國會最受詬病的三大問題：沒效率（會期最後一天還在挑燈夜審法案）、不透明（特別是爭議法案，更常偷偷摸摸）、不專業（一字之差，謬以千里）。

今年立委選舉期間，各黨都喊出「國會改革」。新任立法院長蘇嘉全在就職演說中宣示，未來將是一個「人民的、開放的、專業的」新國會。對於外界長期詬病的「密室協商」，他強調，未來的新國會「沒有黑箱、沒有密室」，將以具體行動展現「開放國會」的決心。而對立法院前秘書長林錫山涉貪被羈押，蘇嘉全也宣示「國會行政改革」。

開例！　打開密室的門　協商過程上網

蘇嘉全劍及履及，他在上任後第二天首次主持黨團協商，就徵得朝野同意「打開密室」，開放媒體採訪。二月十九日開議當天中午，他召集朝野協商組成程序委員會等事宜，隨後就在立法院網站將協商過程的錄影及完整逐字稿公開上網，開了立法院的先例。

過去的朝野協商，總是諱莫如深，「會計法修正案」至今無從解密，更難落實「責任政治」。這也讓外界好奇：不同陣營的政治攻防，經常打得頭破血流，但朝野協商時關起門來，在合縱連橫之間，還有什麼不為人知的利害關係？

新國會，新氣象。國會改革已然啟動，「密室的門」雖已打開，但改革仍有長路要走！

（聯合報記者林河名）

國會改革　各黨開藥方

民進黨

- **議長中立化**：立法院正副院長不應參與政黨活動、不應擔任所屬政黨任何層級職務、不應參與黨政協調平台機制的相關會議
- **不擋案**：符合提案要件之法案，提出後均應交付委員會審查，不得「擋案」
- **落實委員會中心主義**：審查會保留條文達1/3以上者，由院會強制重付委員會審查，回歸委員會專業討論；院長協商限縮為議事相關事宜及經委員會議決交付院長協商之議案
- **開放國會**：開放委員會旁聽；委員會會議、議案協商之透明公開；打破議事轉播「藍畫面」
- **國會自律**：立委專職化、強化利益迴避

國民黨

議事效率化、建立國會警察制、議長中立化、健全調查與聽證權

時代力量

協商透明化、黨團協商限於議事程序性事項、建立國會聽證制度、國會頻道、議長中立化、回復以委員會為中心的專業審查

親民黨

協商制度「門檻、透明、效率」三改革、議長中立化、修憲委員會常設化、建立聽證調查權

製表／林河名　　■聯合報

國會改革三方向

要效率：應拒絕喊價式協商

新國會剛開議，立委競搶熱門委員會。「每會期委員會成員大風吹，還有總質詢制度等，全世界沒有的制度，台灣國會卻一大堆。」前立委林濁水指出，複數召委制、院會協商制度，小黨團綁架法案，讓國會效能低落。

林濁水說，目前的院會協商制度，需要每個黨團幹部簽字才通過，「就曾發生黨團只有三人，只要一人反對就協商破裂的情況，這樣能有效率嗎？」「倒不如廢除院會協商制度，讓協商在委員會裡面完成。」

不過，國民黨政策會執行長賴士葆認為協商有其必要，甚至可以促進審議效率。

協商有優點，但真能有效解決爭議法案延宕的問題嗎？立院資深助理指出，立委事事仰賴協商，導致爭議條文在有錄影轉播的委員會不審，「拖到協商再來喊價，當然空轉、亂轉」。

以上屆立法院討論二代健保為例，當時衛生環境委員會將爭議條文送給立法院長協商，結果，協商關起門來，換成沒參與委員會審查的黨團幹部出席，最後一個決議就推翻之前委員會審查結果，「但爭議部分還是沒結果，協商卻翻案，把健保2.0搞成健保1.5，不但不尊重專業，也延宕立法效率」。

剛從金管會主委轉任國民黨不分區立委的曾銘宗則表示，如果放下立場，單就專業解決，法案審議真的快很多。他以前年金管會推「金融五法」為例，行政院八月送出到立法院，翌年一月底就三讀，更是台灣金融產業一大里程碑，「這樣算是有效率吧？」

曾銘宗以政務官經驗為例說，溝通才是讓重要法案通過的最大推手。力推「金融五法」期間，他到立法院不下數十趟，朝野立委辦公室都跑遍，同時要為法案論辯並溝通，「一個重大法案要三讀，一半責任是立委，另一半則落在負責的行政單位首長身上」。

民進黨立委李俊俋則說「國會不擋案」，只要符合提案要件，都應進入院會付委審查，程序委員會沒有擋案的理由。

「未來除了朝野默契，更要有格調的議事運作，而非只有立場、沒有是非。」賴士葆說，透過民主程序表決，或許就能改善民眾對立法院觀感。

要透明：直播如楚門的世界

新任立法院長蘇嘉全新人新政，未來要推動《立法院職權行使法》修法，轉播或網路直播協商實況。有人認為透明化有助於理性協商，也有人認為無助改善黑箱本質，但朝野都同意，只要立院通過的決議是符合民意需求，民眾其實不太在意過程。

黨團協商飽受「黑箱」批評，黨團協商透明化被視為監督的最佳方式，但有立委持不同意見。

「黨團協商並沒有黑箱問題。」民進黨立院黨團書記長吳秉叡認為，過去協商過程，任何一個立委都能進入協商會場，只是沒有公開轉播。

立法院前院長王金平認為，黨團協商是《立法院職權行使法》專章規定的制度，有法源根據，過程沒有「密室協商」問題，還可提升議事運作效率。

淡江大學公行系副教授蕭怡靖則質疑，《立法院職權行使法》規定朝野協商過程必須「全程錄影、錄音，並將過程發言刊登公報」，卻一直沒做，「怎麼沒有黑箱問題？」但她也認為，政治協商涉及黨團利益交換，原本就一定會存在某種程度「密室」，就像「馬習會」也會安排閉門會議一樣，「國與國間都如此了，何況是黨團間」。

朝野協商透明化，成為學界與公民團體努力目標。但也有立委擔心，將因此影響議事效率。

國民黨立委陳學聖認為，全面透明化的結果，只是讓立委再多一個「媒體舞台」，也讓很多原本應在檯面下的折衝，「更檯面下化」，「黑箱之後還有一個小黑箱」。

國民黨立委江啟臣認為，就是因為透明化可讓媒體監督，「每一句話都被檢視」，逼迫立委們更專精、專注在法案與預算案審查，讓協商更理性化，「協商透明化這條路，是一定要走的方向」。

立法院副院長蔡其昌也說，公開協商是追求「責任政治」，讓政治人物不會在外說一套，協商做另一套；不可避免的是，協商前可能有些私下溝通，但總不能大家私下聊法案也要錄影，這樣就變成「楚門的世界」。

朝野立委與學者都認為，協商若能透明化很好，但配套很重要。「不可能每個議案審議都公開透明」，蕭怡靖認為，民眾對立法院「黑箱協商」反感，是因為對立院決議不滿意，如果立院通過的政策是符合民意需求，民眾根本不會在意審議過程。

要專業：改採單一召委制

立法院委員會無法落實專業分工一直為外界詬病，要讓國會更專業，落實「委員會中心主義」、改採「單一召委制」，都是朝野開出的藥方。

前立委林濁水認為，複數召委源自威權政府時期，為弱化國會而採取的分而治之策略，複數召委制無法有效制衡各部會，更糟糕的還會造成如「兩岸服貿協議」一案兩審、鬧雙包的衝突。唯改為單一召委，法案才有連續性，召委負責任花時間審查，交付協商的數量自然減少。

文化大學政治所教授楊泰順質疑複數召委的合理性。他說，執政黨與在野黨召委輪流排案的結果，造成兩人時常「各排各的」，在野黨不願配合行政院的施政法案，執政黨也照排自己想推的案子；再者，過去因立委有兩百多席，才衍生複數召委制，「席次減半後的委員會就應單一領導，才不致違反國會運作」。

民進黨立委尤美女則認為，區域立委為經營選區，到下午審法案時多已離席，要仰賴分配到八個委員會的不分區立委，能力相當有限。她期待立法院法制局、預算中心聘任更專業人員，對法案、預算分析更精確，以作為立委參考。

尤美女說，許多法案並非行政機關提出、而是由立委自行提案，法制局應協助立委針對法案研擬衝擊影響評估報告，避免法案窒礙難行。

（聯合報記者周志豪、胡宥心、鄭媁）

憲政問題多！何種體制能使國家擺脫停滯？

總統制、雙首長制、內閣制 誰是解方？

台灣自一九九七年後，憲政體制定位為雙首長制，但不論是陳水扁或馬英九執政，分別出現朝小野大、權責不符等憲政問題，導致國家停滯不前。總統制、雙首長制、內閣制，什麼憲政制度才能幫台灣脫困？

總統當選人蔡英文競選民進黨主席時曾主張，「贊成從總統制或者從傾向半總統的雙首長制，改成內閣制。」馬英九總統選後曾多次拋出偏向內閣制精神的「多數黨組閣」，但蔡英文不僅拒絕多數黨組閣，當選後也不再提內閣制主張。

政大政治系系主任盛杏湲說，問題不在制度的設計，而在人的操作，與其貿然改變，不如把雙首長制做好。每一個制度都有其配套跟先決條件，總統制就是分權制衡的制度，國會要非常強，才有可能去制衡總統的權力，可是過度制衡的結果很多政事將停擺。

至於內閣制，盛杏湲說，前提是必須要有非常健康的國會政治、政黨政治，但看看我們的國會及藍綠惡鬥，如果整個權力中心在內閣，政事恐怕停擺得更嚴重。

盛杏湲指出，二千年左右，世界最多國家實行的制度是雙首長制。改變一個制度其實不見得容易，貿然修改制度，不如把雙首長制做好。雙首長制運作是否順暢，其實是政黨內部問題；在民進黨完全執政後，行政院院長可能有責無權，蔡英文可能有權無責，就由同一個政黨來負責。

台大政治系副教授沈有忠表示，現行半總統制在台灣短時間之內有幾個不可逆的特性，因為總統不可能取消直選，行政院也不可能不對立院負責。於是，純粹的總統制和內閣制就不可行了。

沈有忠說，要維持半總統制、又希望總統能權責分明，依過去的經驗，就是讓總統職權法制化，避免總統以體制外的影響力干預政院與立院。

沈有忠說，過去我國總統有任命閣揆的人事權，沒有決策權，因此只能對政院下指導棋；未來不妨朝另一個方向思考，賦予總統若干決策權，並限制人事權與黨權（明訂不得兼黨主席）。如此一來，總統不會沒有權力，也不能擅自更換內閣以及透過政黨干預立院黨團，且接受國會某種程度的制衡。

保障多元聲音　推動聯立制取代並立制？

台灣從第七屆立委選舉開始，採行單一選區二票制，卻出現票票不等值的問題，大黨在國會的議席過度放大，準總統蔡英文曾主張以德國「聯立制」取代目前「並立制」。政大政治系系主任盛杏湲說，聯立制較能反映政黨得票的比例，保障小黨多元聲音，但還是要設定政黨票門檻，才能避免小黨過多，才有穩定的國會政治。

盛杏湲說，我們現在採取的並立制，其實比較不利小黨，第一個問題是單一選區所謂的比較多數當選制，不是第一高票就沒有當選，會非常的懲罰小黨。第二，選民心理上會想小黨會落選，所以就不會把票投給小黨。加上政黨票有一個百分之五的門檻，對一個小黨來講算是高的，制度相對上來講是對小黨比較不利。

所謂的聯立制，基本精神就是某一個政黨在單一選區部分已經得到很多議席，那麼在政黨比例部分就不會分配那麼多議席，完全按照政黨票得到的百分比來去分配應有的議席，不會對小黨不利。盛杏湲說，國會可以有一些小黨的出現，但不宜過多，才利於國會政治穩定，基本上百分之五的門檻是可以的。

盛杏湲也說，立院現在一一三席立委，分到八個委員會，每一個委員會不到十五人，一個國家的大事怎麼會只有八個委員會，國會議員分工不夠細就沒有辦法專業，就不能跟行政機關抗衡。她建議立委名額要增加，全部都增加不分區的部分，不能少於區域的名額，當全國跟選區的意見不符時，政黨才有可能去約制來自不同選區的立委聲音。

台大政治系副教授沈有忠說，聯立制改革可保護小黨，等於開放代表性與擴大多元參與的機會，社會氛圍逐漸厭惡兩大黨壟斷，現在呼籲多元參與的聲音逐漸出現；就像當初立委席次減半的民氣一樣，朝野政黨誰阻擋，就有反改革的包袱，但「相較於席次減半，聯立制的共識目前還是偏低」。

沈有忠也說，聯立制若維持百分之五門檻，最有利的當然是小黨和第二大黨，第一大黨將因席次紅利消失而席次驟減。

不在籍投票　社會有高度共識

聯合報民調，六成七贊成實施不在籍投票，顯示實施不在籍投票社會有高度共識。但由於過去國民黨在立院把不在籍投票拉高到修憲層級，民進黨擔心會擴及到海外台商，因此不在籍投票一直無法推動。

政大政治系系主任盛杏湲說，不在籍投票這個議題，可能修法就可以了，不需要到憲政這個層次，而且可以先找一些比較沒有爭議的，譬如說有一些在外工作者或是學生，或者是選務人員，甚至是軍警其實都可以，只要不在軍營投票就可以。至於台商或國外僑民是否納入，盛杏湲認為現在恐怕不宜，因為爭議太大。

台大政治系助理教授李鳳玉認為，像英國或是其他國家做制度改革時並不是全面去推動，他們會

聯立制與並立制比較

	並立制	聯立制
實行國家	日本、台灣	德國、紐西蘭
分配方法	各政黨所佔席次，包含區域代表當選席次，及依照政黨得票率分配席次，兩者獨立計算，無連帶關係。	以政黨得票率為基準來決定各政黨應得的席次，扣除各政黨在單一選區中已當選的席次，若有差額就用比例代表名額來補足。
優點	❶無超額當選問題 ❷政黨名單候選人與區域候選人彼此無排擠效應	❶政黨得席率與得票率一致，小黨較有生存空間 ❷確實反映民意
缺點	❶政黨得席率與得票率易形成落差 ❷有利於大黨，較不利於小黨或新興政黨	❶小黨林立、需組聯合政府 ❷易形成超額當選、總席次增加的情形 ❸政黨區域所獲席次愈多，愈不利於政黨名單候選人，容易造成政黨內部同志之緊張關係

製表／程平

■聯合報

立委選舉若採聯立制
國、民二黨席次推算

第7屆

53.5%	區域得票率	38.2%
51.2%	不分區得票率	36.9%
81席	實得席次	27席
66席	聯立制估算席次	47席

第8屆

48.1%	區域得票率	44.5%
44.5%	不分區得票率	34.6%
64席	實得席次	40席
54席	聯立制估算席次	42席

第9屆

38.9%	區域得票率	44.6%
26.9%	不分區得票率	44%
35席	實得席次	68席
36席	聯立制估算席次	60席

註／聯立制估算席次，依每屆政黨票達5%門檻後各黨得票率計算
製表／程平

■聯合報

先試點，試點完後會做很深入的檢討，把碰到的問題提出改善後再逐步擴大推動，是逐步過程，不適合先想有什麼問題就不去推動，邏輯上是講不通的。

國民黨立委江啟臣表示，不在籍投票涉及到公民權的保護、保障啦，技術上做得到的都應該設法讓他們能夠完成投票的行為，當然有一些涉及到國家安全的維護，或涉及到選舉公平性的問題，這些排除在外，其他的都可以想辦法來達到每個人都可以行使公民權。

江啟臣說，當然不可能說要推不在籍投票就要一次推到很完美，好像有投票權的人都一定投得到，這是不可能的事情，應從最沒有爭議的部分先試辦。江啟臣也說，民進黨全面執政了，像是將軍警納入不在籍，還要擔心什麼？

民進黨立委李俊俋則說，民進黨也認為不在籍投票是一個方向，但不是憲政改革議題，爭議是不在籍的方式跟範圍限定，國民黨希望台商、華僑都納入，民進黨則質疑，在別人國家怎投票？至於軍警，還有沒有被褫奪公權的受刑人，這樣的疑慮不能說沒有，但李俊俋也坦言，現在手要介入軍警投票越來越困難。

十八歲投票權　民主國家多採行

從歷次選舉結果分析，民進黨在青年選票一向比國民黨有優勢。對於是否開放十八歲投票權，部分國民黨人士心中存著疑慮，政大政治系系主任盛杏湲說，年輕人較有理想性，勢必對執政黨比較批判，民進黨現在開始要接招了，十八歲投票不一定對哪一個政黨有利或不利。

民進黨將開放十八歲投票權列入憲改方案，盛杏湲說，大多數的民主國家都是十八歲投票，台灣還是廿歲，其實比較不符合時代潮流。十八歲投票，正面來說可影響年輕人早一點參與政治，因為基本上政治是需要學習的，也可以想見政策的走向會對年輕人越來越有利。

盛杏湲也說，年輕人的特色是比較具有理想性，也比較願意變動，所以以後很多的政策就比較容易不穩定。

盛杏湲說，大概十年前，她問學生喜歡哪一個政治人物？他們非常討厭陳水扁，非常喜歡馬英九，可是再問現在的年輕人，他們對馬英九真的沒有好感。尤其在網路時代，年輕人更容易受其他人的影響，理想性的聲音也會非常的高，勢必是對執政黨比較批判。

台大政治系助理教授李鳳玉說，十八歲投票是民主潮流，好處就是能顧及世代正義問題，因為現在是高齡化社會，如果年輕人的聲音沒有進來，很多政策規劃、改革推動上會有困難及問題。

李鳳玉說，現在年輕人普遍反中，短期來看，會對執政黨造成困難，如果要推動自由化的改革，就會形成政治跟經濟上的拉鋸，過去八年對馬英九政府的不利，我們已經看到。

李鳳玉說，這種不利不是只針對過去執政的國民黨，而是「針對執政黨」；現在民進黨上台，未來如果推動改變馬政府的政策，治理績效沒有讓經濟止跌回升，讓所得成長停滯問題獲得改善，青年很快會覺醒。因此，年輕人的加入對執政黨不利，不管是藍或綠。

李鳳玉也說，雖然在新媒體時代，年輕人的聲量其實已經非常大，執政黨只要犯一個小的錯誤，或是一個錯誤的政策，在社群網站中就立刻被擴大檢視；年輕人的聲音不一定要透過選舉權的改革才能被體現，但社群媒體比較極端、片面，不見得代表年輕選民，推動十八歲投票還是有必要，這才是常規性。

（聯合報記者程平）

政策好卡！民主開放、行政效率怎平衡？

官員來去如走馬燈　政策難穩定

「唯有改變，台灣才有希望，人民才有機會。我就任後會把政見化為政策，盡快推動，徹底落實；我向大家保證，執政會從感恩出發，從謙卑做起，努力傾聽人民心聲，當成未來執政的重要依據」。

夜深了，黎明即將來臨。台下民眾眼眶奪淚，有人雙手合十，感動台灣即將改變成真。

這一幕是八年前開票夜，馬英九總統完全執政的勝選感言。

將近三千個晝夜更迭，八年後的今天，民意諷刺的把完全執政的桂冠摘下，改戴在蔡英文頭上。政權輪替後，蔡英文即將踏上執政舞台，但沒有人知道，未來是改變的開始，還是宿命的輪迴？

每一次大選過後都被期待是正向改變的契機，但台灣開放總統直選廿年來，民主政治雖然愈來愈開放，政府效能卻未顯著成長。

世界經濟論壇（WEF）二〇一五年全球競爭力報告，台灣競爭力下滑一名至十五名，因為在台經商最大問題在於政策不穩定、政府效能不彰與創新動能不足；與行政部門相關的項目，包括決策透明度、反壟斷政策、法律規範等排名都下滑。

近年的兩岸服貿和貨貿協議、自由經濟示範區、國光石化、十二年國教、證所稅、核能等重大政策都踢到鐵板，施政更加動彈不得。

台灣第三次政黨輪替，官員下台有如走馬燈，政策穩定面臨考驗。扁政府和馬政府都是高離職率，最近十六年換了十二位行政院長，經濟部長和財政部長各走了十一人，攸關國家大政的經建會主委異動九人，連剛成立兩年的國發會主委也換了三人，首長任期超過兩年就算「長壽」。

政治生態和社會氛圍改變，公民參與取代菁英領導。民主開放和行政效率該如何找到平衡點？對新政府也是一大難題。

行政院前院長陳冲說：「我如果知道答案，應該可以得到諾貝爾獎。」這是非常複雜的問題，例如兩岸、國防、外交、經貿談判的公開程度，和新版身分證、同性婚姻等政策透明度絕對不同；對於強烈要取得資訊的人，公開永遠都不夠，但什麼事情都透明，政府也不可能做事。

陳冲當年赴美談判世界貿易組織（WTO）事項，他搭機前並不知道有記者竟提前披露消息，到了美國，對方開口就跟他說：「我已經知道你們的底牌。」他悻悻然說，上飛機前還自以為很得意，下飛機覺得自己是個呆子，報紙都已經登了，「我還談什麼？」

曾在宏碁任職的行政院長張善政說，過去網路泡沫化時，宏碁請外部人力公司重新評估員工價值、薪水待遇，很現實分析出每位員工在公司值不值錢；人事總處不是只管薪水待遇，政府體系可比照「宏碁經驗」，對症下藥。

台灣經濟研究院景氣預測中心主任孫明德說，早期兩岸官員朱鎔基、孫運璿、李國鼎等各領風騷，關鍵是背後都有個大老闆，中國是鄧小平、台灣是蔣經國；台灣民主化廿年後，大老闆是民意，網路蓬勃發展，民意更加潮起潮落。

文官體系黑洞　一流人才變三流官員

廿二年前，天下雜誌一篇專文「文官體系的黑洞」，震撼台灣社會。歷任政府都揚言改革文官體制，但黑洞似乎依然存在，許多通過嚴峻國家考試的一流人才，進入官僚系統竟變成三流官員，現有法規框架和穩定升遷環境，限制公務員發揮。

總統當選人蔡英文在選前提出五大創新研發計畫，曾任台灣歐洲商會執行長的荷蘭駐台貿易代表紀維德直言：「我有一個大問題，台灣政府有沒有足夠的人才？」

行政院長張善政坦言，公務員必須經過國家考試，不像美國政府可以直接聘用大學教授，有些好人才擠不進高考窄門，像資訊、土木學科都沒人考，可能是因為民間就業市場的待遇比較好，人事行政總處應該系統性找出人才缺口的問題。

台灣經濟研究院景氣預測中心主任孫明德說，蔡英文曾說要定特別法，但現在政府缺乏執行力，「問題不在特別法規、而是沒有特別團隊」，在現有文官體制下，蔡英文要怎麼組成有執行力的國家隊？環評限制、勞動條件常成為公務員消極不做事的理由，政策執行力自然卡住。

孫明德說，民主國家的新政府「蜜月期」可能只有三個月，日本政府「安倍三箭」說得天花亂墜，但首相安倍晉三唯一做的事就是貶值，讓民眾有感；但央行總裁彭淮南自主性高，央行貨幣政策不太可能配合貶值，蔡英文若上任三個月內提不出有感政策，很快就會失去蜜月期。

所有法規設計都有一道巧門，就是「其他項目」，可讓公務員依個案彈性處理，但台灣官僚機制核心精神就是防弊。特別在當前酸民氛圍、政治文化下，公務員常先求自保、次求興利，最好的作法就是「依法辦事」。

熟悉文官生態的行政院人事行政總處副人事長朱永隆說，官僚制度有一定框架，包括法律限制、組織生態、行政倫理等；整體而言，官制官規主要是做到防弊，而不是適性發展。

行政院前副院長吳榮義說，民間競爭激烈，政府是最大的壟斷機構，尤其法規對會計、人事管得很緊，好人才也必須按規定辦事，難以兼顧效率。

財政部財政資訊中心主任蘇俊榮說，防弊過頭就像吃燒餅害怕掉芝麻，結果可能「花時間低頭撿芝麻，一抬頭燒餅被貓叼走了」。再優秀的人才在這種組織文化裡，都不敢去當第一隻白老鼠，國家競爭力就難以提昇。

鼓勵公眾參與　政府需打開保守思維

近年政府重大政策幾乎「全都卡」，社群網路快速發展，更造成政府和民眾巨大落差。國發會前主委管中閔日前一場公開演說直言：「為什麼民眾反對政府的每個決策？」一語道破政府和民眾的「失聯」現象。

傳統慣用的公聽會、工商團體座談會、地方說明會，甚至網路說明會，仍是由上而下的傳遞方式，缺少由下而上的群眾參與機制，結果是事倍功半。管中閔說：「我面對的對象是有限的，傳遞的效果幾乎是零。」

「Open Data、Open 政府」，已是近年公民運動的共識。

當民意已進展到 web 2.0，但政府思維仍停留在飛鴿傳書的年代，政府和民眾的代溝就更加嚴重，甚至爆發太陽花運動，讓許多重大政策蒙上「黑箱」陰影。未來，政策不夠公開、透明，幾乎就註定失敗的下場。

為了鼓勵公眾參與，美國歐巴馬政府推動「We The People」機制，行政院也仿效推動「vTaiwan

平台」，許多人認為，這是台灣目前可能的解方。

vTaiwan 先透過網站廣泛徵詢各界意見，分析出不同意見的「交集」後，再找各社群代表、官員一起開線上實體會議。「虛擬＋實體」討論交叉運用，有助於凝聚共識。

財政部財政資訊中心主任蘇俊榮說，公開政府資訊是踏出群眾參與、凝聚共識的第一步，但現在行政部門的公開資訊「顆粒太粗」。許多公開資訊是加工過的資訊圖表，不是原始資料。例如捷運流量可計算大眾運輸機制，但捷運公司只公布當日總流量，而不是每小時、每分鐘流量，難以分辨尖峰、離峰運輸量，「資訊顆粒要愈細愈好，愈透明愈好」。

政府資訊公開還有一項重要價值，就是打開公務員的保守心態。蘇俊榮常開玩笑說：「台灣公務員只有二樣不行：這個不行、那個不行，其他都可以。」

蘇俊榮直言，「Open 政府之前，要先 Open Minded」，公務員的保守思維如果不能改變，再多的 Open 都可能淪為口號，這也是新政府未來要推動重大政策最大的挑戰。

荷蘭經驗　政策先有共識、再執行

民主與效率的困境不是只有發生在台灣，歐美國家也常面對民主開放和行政效能的拉扯。荷蘭近年聯合政府改組頻率遠高於台灣、內部也曾耗費十幾年時間討論核能議題，但荷蘭幾百年來航海民族的天性，多種族社會不僅講求和諧共識、行政效率也衍生一套彈性的拚經濟機制，「荷蘭經驗」堪為台灣借鏡。

每當遇到重大政策引發爭議，內閣二、三年改組已是常態，比台灣每四年總統大選更頻繁。荷蘭駐台貿易代表紀維德說，沒有一個民主政府可以下令要求所有事情，重大議題都需要花時間溝通，雖然決策過程較慢，但社會若有共識，政策會比較周到；荷蘭經驗就是「前慢後快」，一達共識，執行會較有效率並減少爭議。

紀維德也指出，荷蘭選舉過程，每個政黨都必須提出完整的政策白皮書或重要領域建議書，讓選民清楚比較；台灣從一九九六年總統直選以來，仍然側重候選人個人特質，但從這次總統大選可發現漸漸著重政黨政策取向，總統當選人蔡英文負責提出五人創新研發產業，讓民眾看到治國藍圖。

由於先天條件不足，荷蘭極力發展對外機會。荷蘭經濟部企業署（RVO）積極協助中小企業開發全球市場，政府用額外津貼延攬企業界人才，並吸引外商到荷蘭投資，擺脫行政限制。荷蘭近年積極技術外銷台灣，包括風力發電、水力管理、半導體、航太科技等，特別是加強與地方政府合作機會。

紀維德跑遍全台，台北市政府正開發智慧城市，後年將辦花博的台中市也要借重荷蘭的農卉科技，台南、台東、新竹等都有合作計畫。他說，民選的縣市首長更重視與民眾溝通、凝聚社會共識，「台灣地方政府比我想像更有活力、彈性」。

（聯合報記者林政忠）

實現社會正義

迫切的民意：年金改革、給我長照

年金改革及長照制度是民眾關注的兩大社會政策，本報民意調查發現，不論是軍公教或是勞保年金改革，都有超過半數民眾支持拉近兩者的所得替代率差距；至於長照支付財源，贊成採長照保險制的比率高於稅收制，看法與民進黨總統當選人蔡英文不同。

台灣社會對長期照顧制度殷殷期盼，去年五月立法院已三讀《長期照顧服務法》，國民黨計畫再推《長照保險法》作為財源。不過，新總統蔡英文另有作法，她已拍板採稅收制作為長照財源。

不過，調查發現，有六成六民眾贊成比照健保，採保險制因應長照財源；五成一贊成蔡英文政策，透過調高遺產稅等指定稅收支付財源。

值得注意的是，即便是泛綠支持者，支持採保險制推動長照的比率（六成八）也高於稅收制（五成五），新政府的長照財務規劃政策尚待凝聚社會共識。

針對台灣社會當前幾項重要的社會議題排序，提示選項的前提下，三成一民眾主張政府優先解決勞保及軍公教等年金破產危機，各有二成六及二成二認為長期照顧及房價過高政策較具急迫性，一成三希望政府優先處理稅制不公的問題。

民眾認為該如何解決分配正義問題呢？從軍公教年金改革來看，可複選的情形下，有五成二民眾主張降低軍公教年金所得替代率，支持降低年金給付額度和提高軍公教保險費率者各占四成一左右，三成五認為應延後年金請領年齡。

勞保年金改革部分，五成八民眾主張拉近軍公教和勞保年金所得替代率的差距，其次為調高勞保投保金額的上限（四成二），支持提高勞保保險費率和降低年金給付額度各占三成三左右，二成九傾向延後年金請領年齡。

分析顯示，非軍公教民眾六成支持拉近軍公教和勞保年金所得替代率的差距，軍公教人員僅四成一支持這項作法。

至於國內高房價問題，可複選情形下，超過七成主張應提供優惠房貸和鼓勵釋出空屋作為社會住宅，其次為興建社會住宅（六成七）與非自用宅課徵較重的稅（六成六），支持採公辦都更、實價課稅及提供租金補貼解決房價問題者各占六成二。

交叉分析顯示，卅歲以下年輕族群和目前無房產者對優惠房貸和租金補貼的需求較高，逾八成支持提供優惠房貸，七成以上支持提供租金補貼，比率較目前已有房產者高出約十到廿個百分點。

稅制改革方面，則有七成七主張加課富人稅來解決稅制不公的問題，比率最高；六成九支持房屋及地價稅實價課稅，支持提高遺產稅或股票交易所得稅率者各占五成三，僅三成五的人願意提高整體稅負負擔來改革課稅公平問題。

這次調查於二月十五至十九日晚間進行，成功訪問一千零一十九位成年民眾，另六百四十九人拒訪；在百分之九十五的信心水準下，抽樣誤差在正負三點一個百分點以內。調查是以全國廿二縣市住宅電話為母體作尾數兩位隨機抽樣，並依廿歲以上性別、年齡及縣市人口結構進行加權。

（聯合報系民意調查中心）

解決分配正義問題的具體作法

軍公教年金改革	
降低軍公教年金所得替代率	52
降低年金給付額度	42
提高軍公教保險費率	41
延後年金請領的年齡	35
都不支持	2
勞保年金改革	
拉近軍公教和勞保年金所得替代率差距	58
調高勞保投保金額的上限	42
提高勞保保險費率	34
降低年金給付額度	32
延後年金請領的年齡	29
都不支持	4
長照保險財源	
比照健保採保險制	66
調高遺產稅等稅收制	51
都不支持	14
高房價問題	
提供優惠房貸	79
鼓勵釋出空屋作為社會住宅	74
興建社會住宅	67
非自用宅課較重的稅	66
公辦都更	62
實價課房地稅	62
提供租金補貼	62
都不支持	1
稅制改革	
只加課富人稅	77
房屋及地價稅應實價課稅	69
提高遺產稅稅率	53
提高股票交易相關稅率	53
提高整體稅負負擔	35
都不支持	2

註／1.表中數字為百分比，不含無意見之比率。
2.表中各題提示選項，可複選。
資料來源／聯合報系民意調查中心

■聯合報

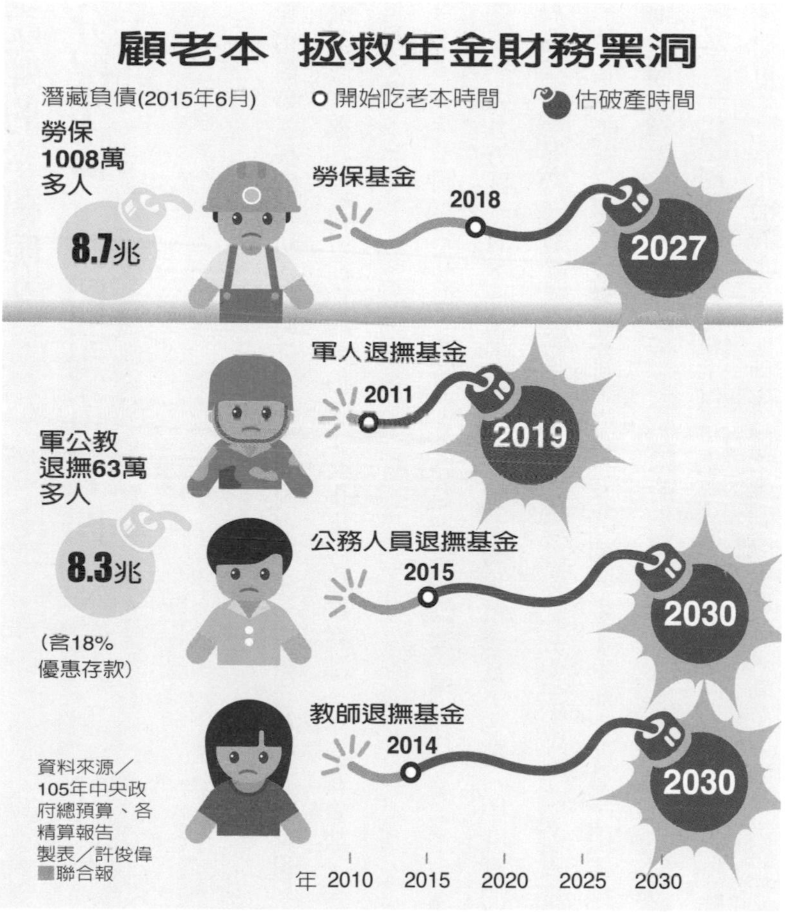
顧老本 拯救年金財務黑洞
潛藏負債(2015年6月)
開始吃老本時間
估破產時間
勞保
1008萬
多人
8.7兆
勞保基金
2018
2027
軍人退撫基金
2011
2019
軍公教
退撫63萬
多人
8.3兆
(含18%
優惠存款)
公務人員退撫基金
2015
2030
教師退撫基金
2014
2030
資料來源／
105年中央政
府總預算、各
精算報告
製表／許俊偉
■聯合報
年 2010
2015
2020
2025
2030

說好的幸福呢？
分配失衡　苦悶頭家提五問

一九九六年台灣首次民選總統，那時節在作家劉克襄看來，正是台灣的輝煌盛世：「五年級當時還是年輕人，敢夢想，返鄉創造可能性的人很多；文化出版事業在那一年百花齊放，台灣開始可同步閱讀到大量的世界知識。」

明年邁入六十歲的作家劉克襄回憶，當時四十歲的他對民選總統還沒什麼概念，只像許多人一樣，擔憂那年大紅的《一九九五閏八月》一書對中共武力犯台的預言成真，「萬一中共真的打過來，台灣的努力就化為烏有了。」當然，那年中共沒有犯台，倒是不少人因恐懼移民。台灣在不安中往前挺進，李登輝當選第一位直選總統，接著政黨輪替了，GDP（國內生產毛額）曲線，由成長到跟著疲軟的世界經濟局勢而一路下滑。

「拚經濟」是近年民選總統的首要任務，但是，當台灣GDP成長時，勞工薪資卻沒有雨露均沾，平均薪資倒退或停留在十五年前的水準。房價所得比飆到歷史新高，高房價成為民怨榜首。

台灣走了廿年民主路，人民真正當頭家。但廿年來，頭家你過得好嗎？

Q：為什麼民主廿年了，我們還是不幸福？

學者給的答案是「幸福感的匱乏，來自分配正義的下滑和所得不均的上升。」相對剝奪感、階級流動的僵化、就業機會不斷流失、薪資水準停滯，受創最深的是年輕世代。

廿八歲的朱宥勳說，大學校園瀰漫著「不知什麼在等我」的茫然氣氛，不知哪裡還有機會，他形容那種「一切開始往下滑」的感受，「比真的貧窮還可怕」。

Q：為什麼薪資停滯？未來只能靠抗爭嗎？

新竹縣產業總工會理事長詹素貞指出，台灣總統直選廿年了，換來的是薪資停滯、分配不均，及過勞剝削。勞工只剩下臥軌、上國道等，以肉體抗爭，才有機會爭取想要的未來。

台大社會系教授陳東升指出，台灣在一九九〇年代，產業型態從勞力密集的傳統產業，變成強調技術密集的高科技產業，後者創造的工作機會相對少，工作結構因此漸漸轉變為一端是低薪但機會多、人多的服務業、一端是需高度專業、少數人才能進入的高薪產業，收入差距也變大。

陳東升表示，這類產業轉型帶來的社會不公平，原可透過稅制分配去移轉財富、縮減貧富差距，然而台灣稅制改革卻一直趨向減少大企業稅負負擔，所得稅率也都下降。即使是民選出來的民代、首長，所制定的政策仍偏向大型企業，未考慮全民福祉，以致社會不平等不但未和緩，反而強化。

Q：輕稅簡政真的能救M型社會嗎？

「愈有錢的人，財產愈來自資本所得。」朱敬一指出，一般資本所得大部分是股利所得，土地增值稅另採分離課稅（單獨扣繳稅款，不與個人綜合所得稅合併計算）。但在這份資料顯示的貧富所得結構裡，最有錢的前萬分之一家庭收入絕大部分來自資本所得、財產所得；但是最有錢的前百分之十家庭，年收入只有二十三．七％來自資本所得，大部分來自薪資所得，一般家庭更都靠薪資所得。

朱敬一表示，馬英九二○○八年雖曾推行稅改，內容卻是輕稅簡政（簡化稅政），很難改善分配不公平，當時他甚至因此退出賦稅改革委員會。朱敬一說，當時台灣的租稅負擔率只有十三％，在全球已很低，馬英九卻仍要實施輕稅簡政，他非常不同意。雖然民眾看到減稅都會很高興，但這就像吃嗎啡，一時很爽，但國家是身體，不可能一輩子吃嗎啡。

Q：台灣社會持續崩壞，癥結到底在哪裡？

關注分配正義的前衛生署長楊志良說：「這樣下去，我們必定失去國家。」執政或在野，是政治權力的分配，但兩黨在爭奪政權時，有沒有想到，台灣的根本問題就在「分配」？台灣社會持續崩壞，癥結就在歷任執政者長期漠視「分配正義」，絕大多數的人民失去對未來的盼望，相對剝奪感極大化。

二〇一四年九合一國民黨慘敗、二〇一六大選民進黨總統、國會全拿，楊志良說：「其實無關藍綠或意識型態，而是人民覺得政府成了『剝削者』，用選票表達憤怒。」

陳東升認為，台灣為何這次選舉進入第三次政黨輪替，原因就是原執政者未能嚴肅面對並解決台灣社會的不平等。「新政府一定要處理分配正義問題，否則這很快會反映在施政滿意度。」

Q：政黨輪替，公民該累積什麼樣的監督能力？

民選總統廿年，朱宥勳雖覺得希望越來越稀薄，但珍惜現有的民主。「民主不保證效率、正確，但公民至少能藉此集結民意、授權政治人物，並在不滿時收回」。公民該做的是繼續培養抗體，監督政府。

「這是一個資源重新被分配的時代。」即將就任總統的蔡英文在大選前向年輕人承諾，「這是一個資源重新被分配的時代，分配的法則正在形成當中，下個世代不能缺席。」

（聯合報記者何定照、李昭安、梁玉芳）

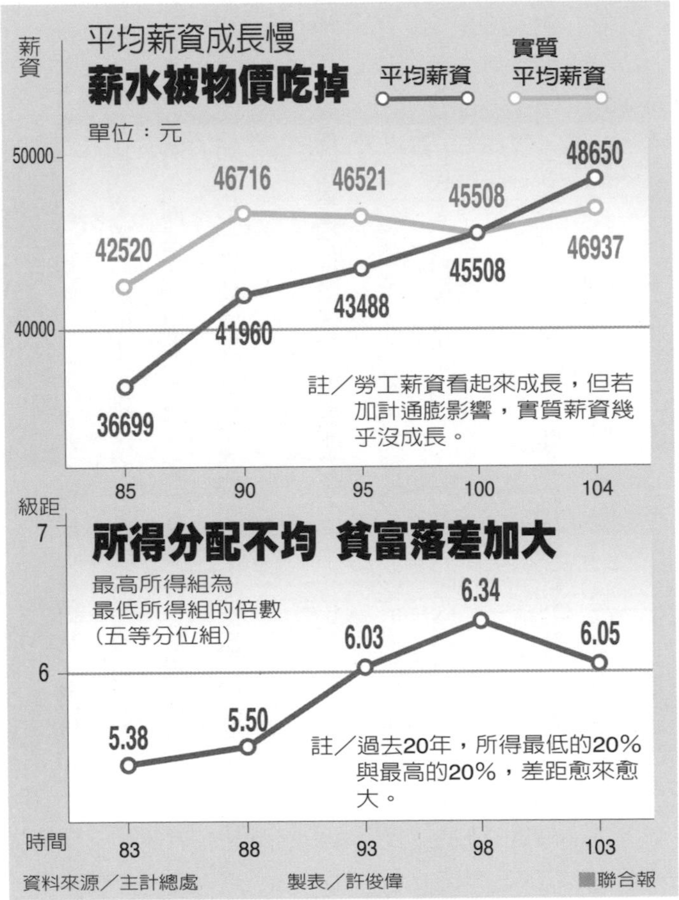

薪資
平均薪資成長慢
薪水被物價吃掉
平均薪資
實質平均薪資
單位：元
50000
40000
46716
46521
45508
48650
42520
46937
45508
43488
41960
36699
註／勞工薪資看起來成長，但若加計通膨影響，實質薪資幾乎沒成長。
85
90
95
100
104
級距
7
6
所得分配不均 貧富落差加大
最高所得組為最低所得組的倍數（五等分位組）
6.34
6.03
6.05
5.50
5.38
註／過去20年，所得最低的20%與最高的20%，差距愈來愈大。
時間
83
88
93
98
103
資料來源／主計總處
製表／許俊偉
聯合報

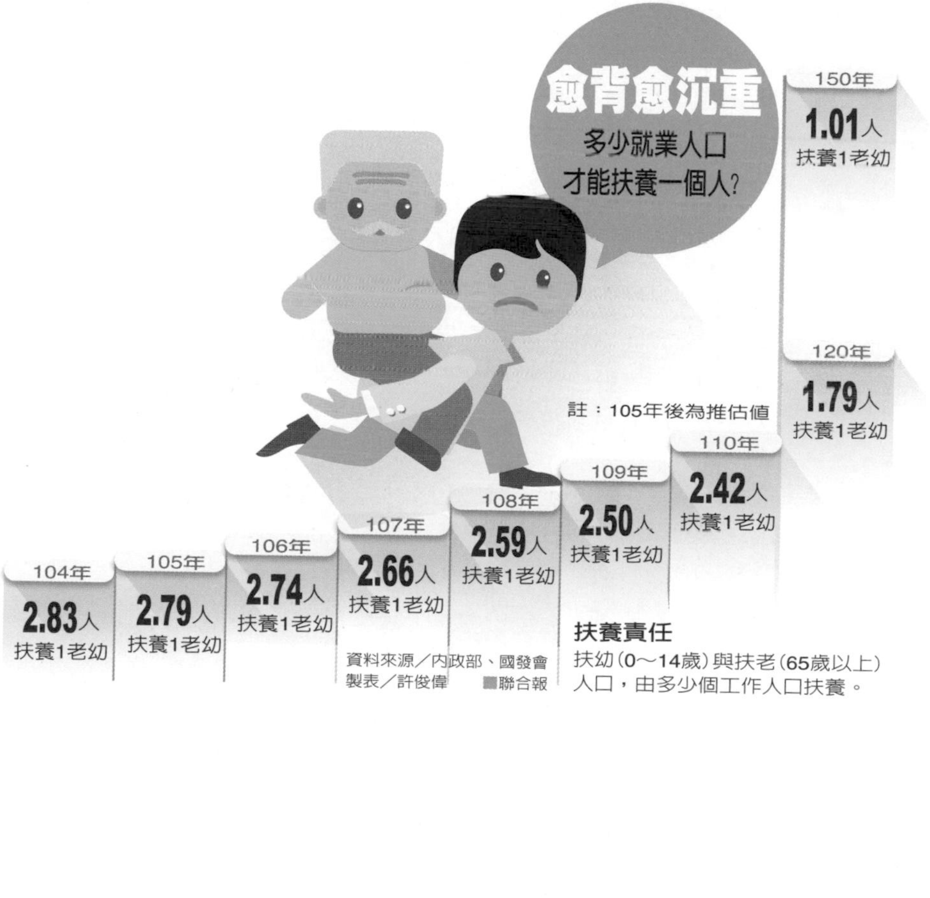
愈背愈沉重
多少就業人口
才能扶養一個人？
104年
2.83人
扶養1老幼
105年
2.79人
扶養1老幼
106年
2.74人
扶養1老幼
107年
2.66人
扶養1老幼
108年
2.59人
扶養1老幼
109年
2.50人
扶養1老幼
110年
2.42人
扶養1老幼
120年
1.79人
扶養1老幼
150年
1.01人
扶養1老幼
註：105年後為推估值
資料來源／內政部、國發會
製表／許俊偉 聯合報
扶養責任
扶幼（0～14歲）與扶老（65歲以上）人口，由多少個工作人口扶養。

社會不公、貧富不均 年輕世代渴望正義

本報民意調查發現，有六成三民眾抱怨臺灣社會不公平，近九成覺得貧富差距嚴重。針對新總統蔡英文提出分配正義改革，民眾期待甚深，六成六民眾要求在四年內看到成果。

觀察近廿年台灣民眾對社會分配正義的看法，不公平及貧富差距大始終是普遍感受。

先從社會公平性來看，本報民國八十五年調查顯示，廿年前雖有五成四民眾抱怨社會不公，但也有二成八的人認為付出努力就會獲得對應成果；民國九十五年，抱怨社會不公的人大幅成長為七成三，肯定社會公平的比率降至一成六；今年調查，儘管抱怨社會不公的比率略降，但仍有超過六成的人認為社會欠缺公平機會（六成三）。

貧富差距方面，感覺台灣有錢人與沒錢者差距嚴重的比率從廿年前調查的六成六、十年前調查的八成七，再增為本次調查的八成九；覺得貧富差距問題不大的人，近十二來都低於一成。

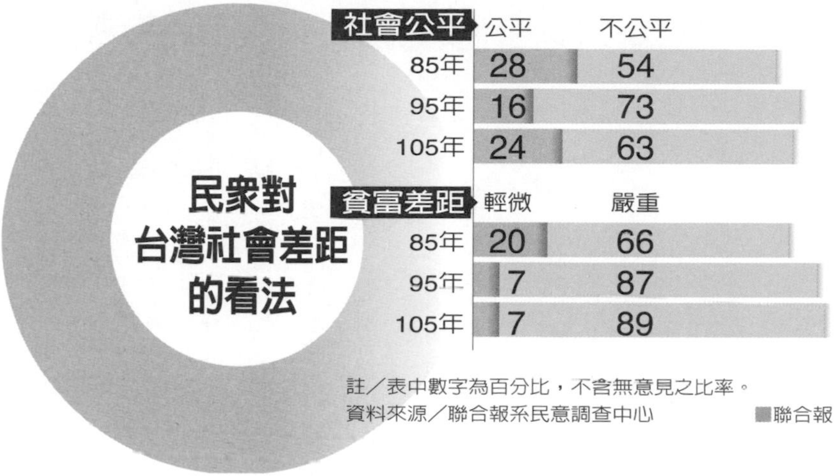

民調中心進一步分析發現，廿至廿九歲世代雖有九成二的人感覺國內貧富差距大，感受是各世代最強烈者，但另一方面，廿至廿九歲世代也有三成二認為付出可獲得公平機會，也是各世代中態度最正向者。

調查也發現，民眾對於五月即將上任的蔡英文總統期望甚深，百分之五只願意給蔡一年時間推動分配正義改革，一成三願意給二年時間，一成要求三年看到成果，三成八願意給四年處理，合計有六成六民眾希望蔡在四年任期內有具體改革成果，另有二成民眾希望蔡連任，願意給五到八年的時間來解決相關問題。

最後，國內推動分配正義改革會否損及經濟成長也是不少民眾的擔憂，如何拿捏考驗新政府的智慧。四成五認為兩者確實存在衝突，四成四認為兩者應可並存發展，看法分歧；其中以廿至廿九歲年輕族群覺得兩者有衝突的比率相對較高（六成）。

這次調查於二月十五至十九日晚間進行，成功訪問了一千零一十九位成年民眾，另六百四十九人拒訪；在百分之九十五的信心水準下，抽樣誤差在正負三點一個百分點以內。調查是以全國廿二縣市住宅電話為母體作尾數兩位隨機抽樣，並依廿歲以上性別、年齡及縣市人口結構進行加權。

（聯合報民意調查中心）

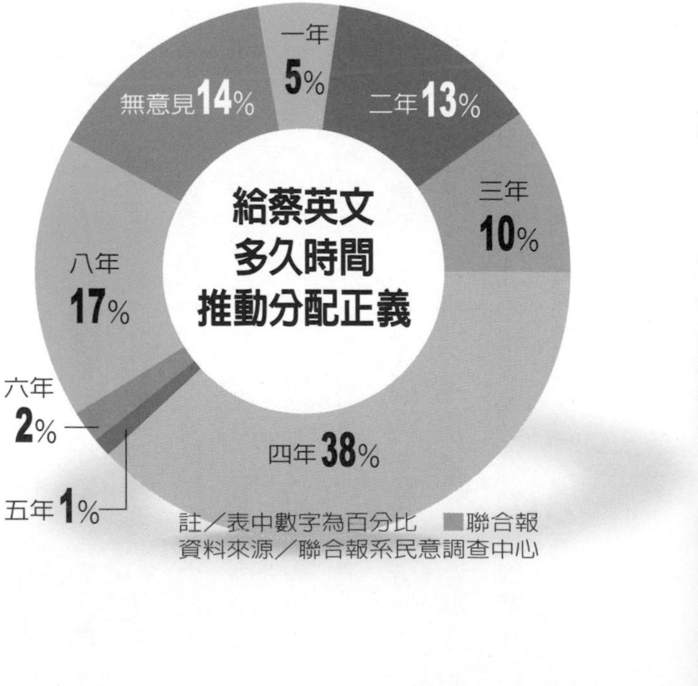

註／表中數字為百分比　■聯合報
資料來源／聯合報系民意調查中心

年金改革、長照找共識
小英沒太多時間

談到實現分配正義，稅制改革是學者眼中的當務之急。本報最新民調卻顯示，稅制不公在四大社會改革中優先處理度最低。此外，民眾最支持用「提供優惠房貸」來解決高房價問題、較多人支持用保險制而非稅收制推動長照，都與新政府政策、學者意見相左。

年金改革　讓各式年金不破產

民調呈現的「實然」看似與學者理想的「應然」有落差，中研院院士朱敬一、台大社會系教授陳東升卻不悲觀。他們認為，民調因為缺少脈絡解說，民眾往往是依直覺作答，「正因有落差，政府才更需要溝通。」改革，原本就不是等著水到渠成。

以稅制改革來說，朱敬一、陳東升都認為，一般人對稅制結構不熟悉，加上過去多次稅改，雷聲大、雨點小；加上年金破產、長照等涉及台灣快速老化的趨勢，許多家庭正在歷經長照重擔、或擔心退休後的經濟安全，以民眾經驗看，的確比稅改更迫在眉睫。

有關年金改革，不管是為了挽救軍公教還是勞保年金不致破產，這兩題最多、逾五成的受訪者，都選擇降低軍公教年金所得替代率，以拉近和勞保年金差距；而蔡英文選前政見提及延後年金請領年齡，在民眾的支持排序上，都僅排在後段。

高檔房價　靠補貼仍得當屋奴

台大國發所副教授辛炳隆分析，這顯示讓民眾最有感的不是勞保可能會倒，而是軍公教相對領得多。他說，這樣的認知，可能是台灣社會長期輿論氛圍所致，但卻無助勞保本身財務改革。

解決高房價部分，多數民眾選擇支持優惠房貸，也高於蔡英文提出的興建或釋出空屋做社會住宅。辛炳隆說，社會住宅只租不賣，民調凸顯台灣社會仍覺得「應該擁有房子，而不只是房子使用權」；對民眾來說，「高房價不是分配問題，而是買得起就好」。

前衛生署長楊志良也感嘆，台灣民眾很習慣選擇補貼這類優惠式的政策，不知優惠房貸只是買房少付點利息，還是要當一輩子屋奴，對根本改變高房價的制度「一點幫助都沒」。

在長照財源上，保險支持率比稅收制高，與新政府預定採行的稅制方向相違。陳東升、楊志良都認為，民眾是因為熟悉健保而選擇長保；至於稅捐制，過去並無類似案例，缺乏想像及理解的例子，支持者因而較少。

課富人稅　應定義清楚是資本利得稅

楊志良強調，保險制是大家參與，看得到錢用到哪，較穩定且可監督；稅收制會使長照好像變成政府的事，一般民眾會覺得跟自己無關。

在如何解決稅制不公方面，陳東升和楊志良認為，課「富人稅」的說法太民粹，應定義清楚是課資本利得稅。楊志良說：「如果富人努力工作賺人錢，應該少課稅，才能鼓勵大家多創造；但炒作房地產，應課較重的稅。」他認為，台灣經濟不好，是因大家把資源變成鋼筋水泥，凍結在房市；房價所得比屢創新高，空屋率卻也高得嚇人，「政策錯誤又愚蠢。」

高達三成八民眾願意給新總統四年促進分配正義，不過陳東升提醒，倘若新總統出現違反民意「太超過」的事件，「耐性就不會有四年」。楊志良也指出，蔡英文其實沒太多時間慢慢等待，因為第一年要凝聚社會共識，第二年要提出改革選項，第三年就須做決定並推動。

了解民意　可善用公民審議制

綜觀本次民調，部分結果顯示民眾想法與學者、政府想法有落差，偏偏最多民眾（三成七）認為政府要用民調或公投，推動分配正義才會成功。陳東升強調，了解民意不能只靠民調，近年全台開花的「公民審議制」，公共討論效果更佳。

朱敬一也認為，此次民調呈現了政府和民眾溝通政策前的距離，凸顯政府「把故事講清楚」的必要，才能讓民眾聽懂進而接受。「要吃幾碗麵就要下幾把麵條，政府得坦率告知民眾國家需要多少錢、加稅、保險是出在人民身上。」

（聯合報記者何定照、李昭安、許俊偉）

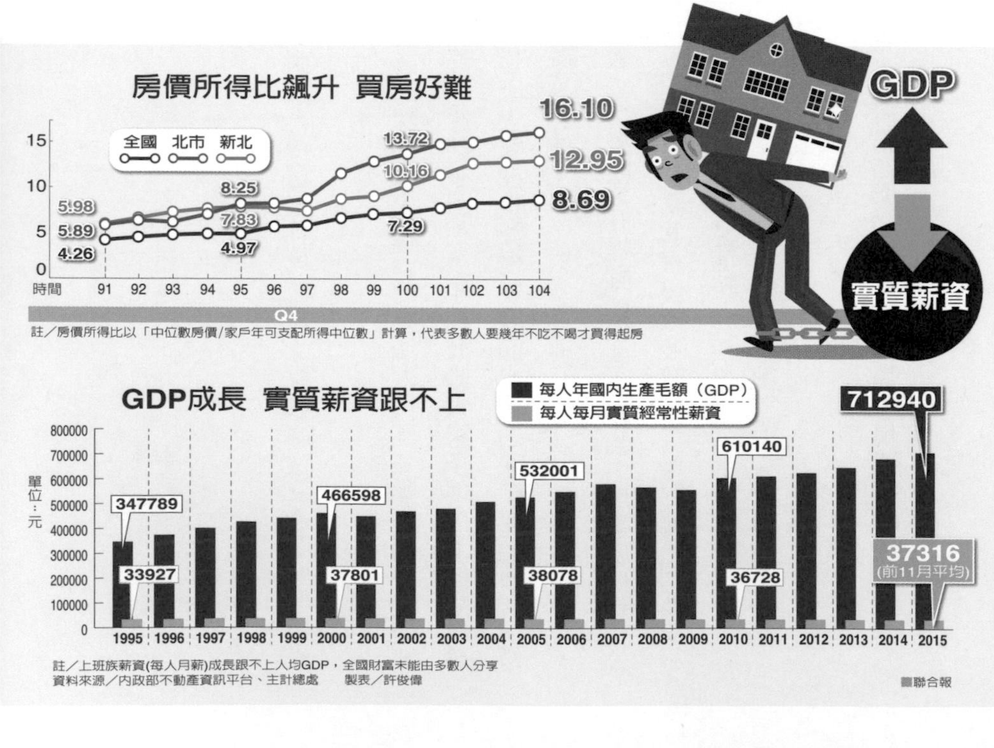

註／房價所得比以「中位數房價/家戶年可支配所得中位數」計算，代表多數人要幾年不吃不喝才買得起房

註／上班族薪資(每人月薪)成長跟不上人均GDP，全國財富未能由多數人分享
資料來源／內政部不動產資訊平台、主計總處 製表／許俊偉

青壯年憂心年金破產　分配正義難推動

面對台灣社會當前幾項重要的分配及保險議題，提示選項前提下，三成一主張政府優先解決勞保及軍公教等年金破產危機，各有二成六及二成二認為長照及房價過高政策較具急迫性，一成三盼政府優先處理稅制不公。

交叉分析發現，不同世代關注的政策不同，五十歲以上中老世代有超過三成期待政府優先處理老年安養的長期照顧問題，比率最高；卅至四十九歲世代則以關切年金破產危機的占比最高；廿至廿九歲世代則是關心年金破產危機（三成二）及房價問題（三成）的比率相當。

檢討政府過往推動分配正義頻頻受阻主要障礙，在可複選情形下，各有近四成認為藍綠惡鬥和既得利益者不支持是最大阻力，三成四歸咎政府魄力不足，覺得政府改革方式錯誤及未和民眾充分溝通者各占二成二左右。

至於新政府該怎麼做才能成功推動分配改革？三成七民眾主張透過民調或公投方式取得社會共

識，二成認為政府需提出明確數據說服民眾；傾向由立委推動修法、召開國是會議或由政府替人民決定者都低於一成五。

民調於二月十五至十九日晚間進行，成功訪問了一千零一十九位成年民眾，另六百四十九人拒訪；在百分之九十五的信心水準下，抽樣誤差在正負三點一個百分點以內。調查是以全國廿二縣市住宅電話為母體作尾數兩位隨機抽樣，並依廿歲以上性別、年齡及縣市人口結構進行加權。

（聯合報系民意調查中心）

推動分配正義改革阻力與解決之道

改革阻力		解決之道	
藍綠惡鬥	39	民調或公投	37
既得利益者不支持	38	以數據說服民眾	20
政府沒魄力	34	立委推動修法	14
改革方式不對	23	開國是會議	11
沒有溝通，民眾不了解	22	政府替人民決定	6

註／表中數字為百分比，不含其他及無意見之比率。
資料來源／聯合報系民意調查中心
■聯合報

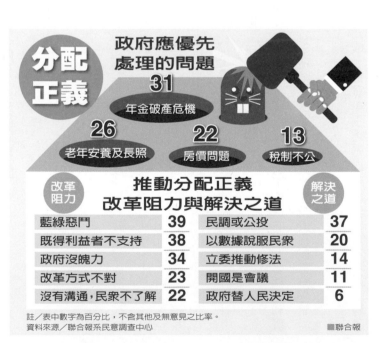

長照財源稅收制？新政府還需與社會溝通

本報系民調顯示，民眾最關心的四項社會改革議題依序是年金、長照與居住、稅制改革，民進黨新聞部主任黃重諺說，這結果和民進黨長期觀察與調查結果是一致的，總統當選人蔡英文已對這些議題提出具體政策。

黃重諺說，根據民進黨長期調查，民眾最關心退休生活，包括退休金和照顧，蔡英文據以提出「年金永續計畫」和「十年長照2.0計畫」等政策。

民進黨的「十年長照2.0計畫」以稅收制做為長照經費來源，本報民調卻顯示，支持保險制的民眾高於稅收制；對治高房價，民眾優先要求「優惠房貸」，而不是民進黨主張的社會住宅或改革租屋市場。

對此，民進黨不分區立委王榮璋表示，這可能是民眾的「路徑依賴」，過去政府只提供「優惠利率」來解決居住問題，仍然是促進房地產交易思維，民眾自然也不會想到「買房子」之外的安居選項。

長照財源也是如此，王榮璋說，民眾最熟悉就是健保，沒想過以稅收支應長照服務的可能性，「直覺性地依過去經驗作答」，可見新政府須進行很多社會溝通，「許多細節尚待新政府在就職後說明」。

幕僚指出，民進黨不贊成初期就採用「長照保險」方式，有兩個原因：一是在公共服務能量沒長出來前，就投入一千一百億保費，可能炒高市場價格，造成長照體系營利化，弱勢負擔不起。

第二，目前長照保險版本的一千一百億元保費，由雇主、被保險人及政府分攤，政府是由預算支應四百億，「但財源哪裡來？菸捐加倍，可分配給長照金額才八億」，財源若不是加稅就是舉債，要不就是排擠其他社福預算，保險制值得商榷。

（聯合報記者郭瓊俐、梁玉芳）

向外國借鏡：看美國、北歐、日本、南韓怎麼做

搶救中產階級！　美國徵富人稅　加碼社福

美國總統歐巴馬今年一月發表任內最後一次國情咨文。他聚焦稅改，宣布推動「中產階級經濟學」來對抗財富不均，除了要替中產階級減稅，也要對富人和金融企業加稅，稅收用來加強對勞動中產階層在教育、住房和養老等社會福利援助。

歐巴馬的富人加稅計畫，最關鍵的是要對年薪逾五十萬美元的夫婦，將資本利得稅從二十三・八%調高至二十八%，其他還要攔阻大額遺產繼承的徵稅漏洞，並對資產淨值超過五百億美元的金融企業開徵新費用等。

歐巴馬的加稅計畫預計十年可為國庫帶來三千兩百億美元的收入，稅收將用於推動社區大學兩年免學費、雙薪夫妻享五百美元抵稅額等。

這股富人加稅風也吹進這次美國總統大選。如火如荼進行中的民主黨黨內初選，桑德斯以逾七十

歲的高齡挑戰希拉蕊，卻擄獲不少年輕選民的青睞，關鍵就在他的政見挑戰富人階級。桑德斯在贏得新罕布夏州、發表勝選演說時就說，他要向華爾街投機活動徵稅，打擊超級富豪階級逃稅。

其實早在二〇〇七年，「股神」巴菲特在電視專訪時曾說，他辦公室的十五位秘書和助理，每一百元所得中，繳了卅二・九元的稅，但他卻只繳了十七・七元。身為超級富豪的他也看不下去、忍不住高喊富人加稅。

巴菲特隨後於二〇一一年在紐約時報撰文指出，美國的稅制是靠勞力賺錢的稅率高，但用錢賺錢的稅率卻低，而且過去廿、卅年來，兩者差距愈來愈大。巴菲特建議應對年收入百萬美元以上的富人加稅。

台大國發所副教授辛炳隆讚揚歐巴馬的加稅計畫，他認為，只要台灣新政府有決心、魄力，絕對也能做到加徵富人稅，但辛炳隆主張，富人加稅後的稅收應用來扶助弱勢族群，而非中產階級。

辛炳隆透露，曾有工商大老跟他不下一次提過，認為台灣金融業的稅繳太少。他說，這顯示台灣租稅優惠不僅存在勞資不公，即使在企業間也有不公，「做生產、投資的，得到的租稅優惠遠低於炒房、炒股票和搞金融的。」

辛炳隆說，台灣所得不均愈來愈惡化，但過去的稅制完全沒發揮效果，甚至還加大所得分配惡化，他認為稅改已勢在必行。

辛炳隆還說，國人的薪資所得和非薪資所得約一比一，但稅負負擔薪資所得卻占七成；換句話說，非薪資所得的避稅、逃稅、免稅實在太多了，以致稅收來源跟實際所得結構不對稱，一般受薪所得躲不了稅，靠非薪資所得賺錢的人卻沒繳什麼稅，這很不公平。

辛炳隆認為，稅改的關鍵是要有說服力，清楚鎖定目標且有優先順序，不能該課稅的都課不到，而先去課不該課的人的稅。

北歐向右微轉　長照一把罩

一九九四年，美國政治學者保羅．皮爾遜（Paul Pierson）出書《Dismantling the Welfare State?》（拆解福利國家），預言北歐等福利國必倒；二〇一三年，《經濟學人》雜誌以《北歐國家，下一個超級偶像》為封面，指出北歐乃是未來全球政府治理國家的楷模。

從九〇年代不被看好的後段班，到廿年後躍為全球模範生，北歐從早年的課重稅、大政府路線，早已逐漸向右微調。如今北歐一面以市場機制開源，一面以仍然相對高的稅收及社福制度進行財富重分配，兼顧自由市場與分配正義，經濟競爭力、人民幸福感指標都稱霸全球。

分配正義路上，北歐歷經多次改革。以瑞典來說，一九七〇年代有「萬稅之國」之稱，知名童書作家林格倫因為《長襪皮皮》全球熱賣，得繳一〇二％的稅，所剩收入連吃飯都不夠。

林格倫憤而寫諷刺童話抗議，結果那年主張「福利社會主義」的執政黨社民黨輸掉大選，一九八二年才靠融入右派新自由主義的「第三條路」重奪政權，主張政府少干預、提升競爭力。

如今瑞典的最高所得邊際稅率，已從林格倫當時的八十五%降為五十六%，整體租稅負擔率從兩千年的四十九%降至二〇一四年的四十二・七%，政府公共支出占GDP比例從一九九三年的六十七%降到今日的四十九%，大幅減低國債。

右轉初期，北歐也曾飽嘗不適應。在經濟方面，一九八〇年代，北歐解除金融管制，導致借貸炒作狂增、房地產價格暴漲又暴跌、失業率暴漲、稅收銳減的連環效應，好不容易才復甦。

在社福方面，政府責任限縮，業務開始外包。一九九〇年代，歐盟注重KPI等形式的「新公共管理」思維引入，更造成部分機構出現專業與品質假象，私營機構越辦越大，近年瑞典傳出有醫療公司將政府撥款挪到國外避稅，也有連鎖養護機構遭檢舉讓老人餓肚子、睡地板，甚至獎勵主管原則是「誰幫公司省錢最多」，引發「創投公司可否藉福利工作牟巨利」爭議。

然而整體來說，北歐仍有如社福天堂，托育、長照、積極就業環環相扣的普及照顧制度，在普及照顧政策聯盟召集人劉毓秀眼裡更是世上第一。

以長期照顧來說，瑞典經歷一九五〇年代養護機構悲慘處境揭露，在各界抗議下逐漸以「居家照顧」取代「照顧之家」，極力倡導「老人獨立、維持健康」概念，社區設老人聚會點、日照中心、五十五歲／六十五歲以上老人住宅，盡量減少老人失能可能及時間，入住長照機構比率近年僅十四％。

在財源方面，瑞典採稅金為主、另加自付額，機構設立由中央訂框架、地方公辦或委辦執行。在人力方面，瑞典創造歐盟認為可創造未來就業機會的「社會投資策略」，藉由引進新科技改善服務員生產力，以提升薪資來吸引更多勞力投入，讓瑞典女性勞動參與率高達之八十％。瑞典還在兩千年修訂社會照顧法，規定地方政府應給勞工最多一百天有薪照顧假。

如此北歐，當然也不完美。芬蘭經濟近年萎縮，失業率升至九．二％，連財政部長史塔布都說家鄉是最新「歐洲病夫」。有人認為，芬蘭問題出在自由市場不像瑞典那樣成功，公共支出仍占GDP的五十九％，租稅負擔率達五十六％。

不過，相對於芬蘭怪稅太高，瑞典國民不滿近年個人及企業所得稅、富人稅太低，導致社福大縮水，大喊要加稅，新政府也準備從善如流。

日本老屋重生　弱勢安心住

「高房價」與「高空屋率」同時並存，是台灣居住正義最大的困境。即將就任總統的蔡英文的住宅政策中，最響亮的訴求是「在八年內完成推出廿萬戶社會住宅」，取得方式為六到七成是新建，二到三成是透過容積獎勵，引導新建案與都更開發案回饋，一到兩成是成立包租代管平台。

廿萬戶社會住宅的政策已陸續有學者提出質疑。台大兒少與家庭研究中心主任薛承泰指出，政策必須考慮未來性，例如少子化之下，大學生租屋需求將大減，而未來十年年邁長者將會釋放出百萬間房舍給下一代或進入房屋市場，數量可能遠遠超過政治人物人開出的支票；若還要在公有地上興建社會住宅，空屋率更飆高，形成另一種居住不正義。

如何在高齡者釋出的空屋與青年居住需求間妥善嫁接，近鄰日本近年已有對策，可供台灣參考。

二〇一三年，日本空屋率達十三．五％，創歷史新高。以時間軸來看，戰後日本政府成立「住宅金融公庫」提供低利貸款和住宅貸款減稅等制度，鼓勵房市；但隨著人口老化及家庭結構變化，長者移居安養院或死亡後，大量空屋釋出。

為解決空屋問題，日本地方政府「棍子與胡蘿蔔並用」，一方面力推媒合空屋的「空屋銀行」，提供年輕人、退休人員修繕補助費，盼讓閒置老屋重生再利用。另一方面，政府逐步降低持有老舊房舍的減稅優惠，鼓勵釋出空屋。

日本也推動將閒置房屋轉作公營住宅，由政府提供租屋補貼，讓一向是租屋弱勢的老人或障礙者租用，同時解釋空屋及弱勢者的居住需求。

德明財經科大副教授、民進黨智庫土地及住宅政策小組召集人花敬群說：「台灣空屋率高，是因持有稅率太低，及租屋市場不健康造成的。」即將執政的民進黨將訂定「租屋專法」，健全租屋市場。

花敬群表示，研擬中的租屋專法將包含三大精神：明定房東、房客權利義務；協助發展租屋產業；提供房東租稅優惠。

他解釋，為鼓勵房東投入，必須提供租稅誘因，例如房屋稅、地價稅比照自用住宅，租金所得分離課稅等，避免房東提高租金，轉嫁房客。

花敬群說，租屋市場健全化後，空屋自然「有路可去」；未來也可考慮慢慢調高房屋持有稅，給房屋持有者更大壓力，「一邊推一邊拉，看能否達到資源均衡配置」。

世代讓利！南韓薪資遞減　讓青年就業

兼顧經濟成長與分配正義，是眾多國家的理想。韓國總統朴槿惠去年八月公開發表「給國民的一封信」，誓言要讓經濟再次飛躍，包括為年輕人創造更多就業機會，方法之一是從今年起實施公務員「薪資遞減」制，未來並在民間企業全面實施。消息一出，全球關注。

薪資遞減制指從一定年齡開始減少工資，但保障勞工可以工作到退休，起因源自韓國勞動法規定今年起，大型企業員工六十歲才能退休。韓國勞工過去平均五十三歲退休；然而因社會高齡化，國民退休年金領取年齡延至六十一歲，政府為防領取空白期衍生問題，乾脆規定退休年齡，但這樣將使韓國企業未來五年增加一百十五兆韓元人事費，而且青年就業更困難。

朴槿惠苦思在高齡化問題與分配正義間求平衡，祭出薪資遞減制，呼籲「上一代放棄些微的既得利益」，表示今年公家機關引進此制後，所省財源可在兩年創造八千多個青年工作機會。她強調，「為了我們的兒女及國家的未來」，韓國人須「一同分擔痛苦，透過對話謀求共存」，才能開啟新未來。

韓國青年失業率目前超過十％，且如同台灣青年一樣面臨低薪、高房價困境，甚至出現青年把戀愛、結婚、生育統統拋棄的「三拋世代」說法。朴槿惠為改善青年乃至國家競爭力，除了薪資遞減制，前年就拿公務員年金開刀，省下未來七十年間四百七十九兆韓元。

朴槿惠將公務員年金的個人負擔率從之前的七％，分階段上調至十％，負擔額增加四十三％，退休後領取的年金額減少三十四％。在新的條件下，公務員若加入年金制度卅年，退休後領取的年金將從在職期間平均收入的五成七減至四成，政府不用再像過去那樣每天以八十億韓圜的國民稅金填補公務員年金。

此外，朴槿惠也大力裁併公家機關內部重複、過剩業務，並力行財政資訊透明公開，甚至建構「開放財政」網站，供國民分析相關統計及營運狀況。她向國民喊話，期望人人藉此監督稅金用途，成為預算守護者。

朴槿惠雖再三籲請國民「為大局想」，但薪資遞減制將推廣至民間，仍引發去年底南韓七萬名勞工上街抗爭，官方則出動水柱伺候，造成有年老勞工重傷。韓國工運界認為，在退休前工作條件未獲保障下，貿然實施薪資遞減制只會傷害資深基層勞工權，企業也不見得會拿省下來的錢聘新人，徒然使薪資遞減制成為企業剝削勞工、節省成本的新工具。

（聯合報記者許俊偉、何定照、李昭安）

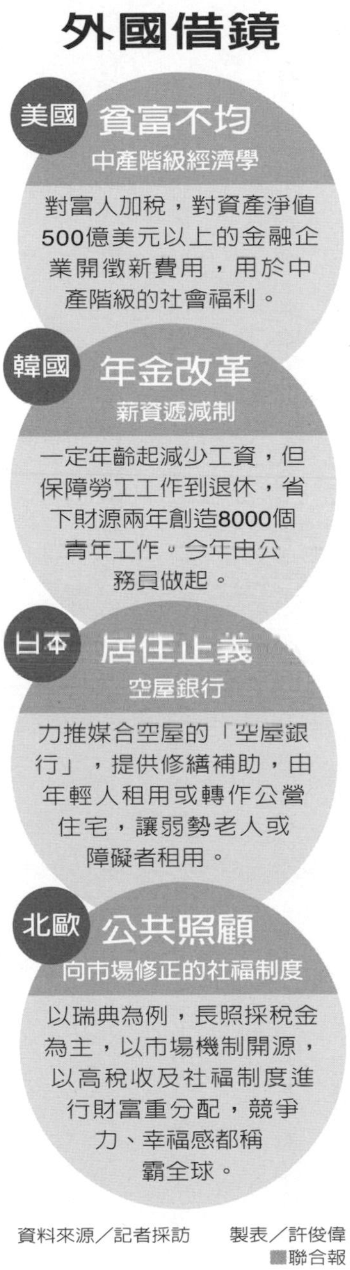

外國借鏡
美國
貧富不均
中產階級經濟學
對富人加稅，對資產淨值500億美元以上的金融企業開徵新費用，用於中產階級的社會福利。

年金改革

一定年齡起減少工資，但保障勞工工作到退休，省下財源兩年創造8000個青年工作。今年由公務員做起。
日本
居住正義
空屋銀行
力推媒合空屋的「空屋銀行」，提供修繕補助，由年輕人租用或轉作公營住宅，讓弱勢老人或障礙者租用。
北歐
公共照顧
向市場修正的社福制度
以瑞典為例，長照採稅金為主，以市場機制開源，以高稅收及社福制度進行財富重分配，競爭力、幸福感都稱霸全球。

資料來源／記者採訪　製表／許俊偉
聯合報

分配正義　各世代這麼說

朱宥勳（二十八歲）：有屋可棲　我得努力三百年

「我小時候相信，只要努力就什麼都做得到；衝到全國考生前百分之幾、上了清大，卻開始覺得被騙。」

廿八歲的朱宥勳，網路人稱「戰神」，以犀利敢言、條理清晰聞名。回憶起大學校園瀰漫著「不知什麼在等我」的茫然氣氛，大學生沒有「踏出校園，天下任我行」的氣魄，而是不知哪裡還有機會。

他形容那種「一切開始往下滑」的感受「比真的貧窮還可怕」：「這跟我從小聽到的承諾不一樣。會這樣的可能性只有兩個：一是你們騙我，二是你們的模式是錯的。」

台灣民選總統廿年，有如朱宥勳的「戰神養成之路」。一九九六年台灣首次民選總統，八歲的朱宥勳生平第一篇作文就是寫「選誰當總統」，他選了國民黨的李登輝；念建中時，倒扁風潮正盛，朱宥勳跟著同學參與紅衫軍反貪腐，「我那時想法很泛藍，覺得民主不重要，經濟才重要」；二〇〇八年總統大選，他支持馬英九。

同年年底，國台辦前主任陳雲林來台，引發野草莓事件，朱宥勳踏上網路「戰神」之路。朱宥勳說，他到那時想：「為什麼在路上搖國旗這種小事，也要被管？」都民選總統，也政黨輪替了，但「帶著國旗走，都會有問題，背後問題跟最近的周子瑜事件一樣。」

進了頂尖大學，朱宥勳對未來也幻滅。高中時，他總聽說拚上頂大，以後月薪有三、四萬；在校園，他卻看到學長姊起薪從兩萬八往下掉，同學開始接兩萬二的工作，年輕人買房子要「從努力三十年變成三百年」……。朱宥勳感嘆，小時從未曾擔心生活，現在卻連安穩生活都很困難，「我這代大學畢業有兩萬三就很開心，到我弟弟（朱宥任，一九九〇年生）會不會變成起薪一萬九？」

在他眼裡，當今台灣跟一九四〇年代的台灣很像，年輕人就如當時作家龍瑛宗〈植有木瓜樹的小鎮〉裡台籍角色，越努力越覺得絕望。只不過當時是日本殖民體制吸走資源，底層人民越分越小；現在吸走資源的是財團，導致年輕人只是想過得不愁衣食、有屋可棲，薪水卻遠遠不夠。

如今第三次政黨輪替，朱宥勳認為，對任何政府都該戒慎恐懼，「要從民進黨選上第一天就開始注意」。兩黨都是右派，兩者都有需要照顧的財團。

台灣社會分配不均問題，朱宥勳說沒法期望蔡英文解決，因為她身為開明右派，勞工政策不夠進步。但他盼望新總統善用目前的高信任度，推行住宅與年金改革，「民眾滿意度累積的政治資本有限，每一改革都會損失一些票源，那就該把信任度用在刀口而非內部爭鬥，我們得推著蔡英文走，繼續盯她」。

近來朱宥勳的妻子在台中開「日行甜點文學工作室」，烘焙點心與文學，是兩人的共同夢想。朱宥勳說，他一直覺得台灣不用爭當一流國家，「那是大中國心態殘留」，不妨在安穩中自尋靈活生路；年輕人也可追求新的生活方式，做有興趣、喜歡做的事，不用擔心被標籤為「小確幸」，「過得安穩不是很好嗎？」

就怕，日子連過得安穩都做不到。朱宥勳說，現代年輕人已不在乎國家名字究竟是中華民國或台灣，「哪個讓我容易活下去，就用哪個！」

周奕成（四十九歲）：巨富世代　我們已沒機會了

提起周奕成，大半人會聯想到風華再現的大稻埕。文青朝拜的「小藝埕」、「民藝埕」，陶器品牌「台客藍」都是他領頭微型創業、「文化造街」的成績。

一九六七年出生的周奕成回想過去，他說自己曾「是台灣民主化歷史現場的小小參與者」。出身學運世代，曾任民進黨青年部、文宣部主任，四十歲時，創立「第三社會黨」，而後淡出，選擇創業。

周奕成歷經麻省理工學院史隆管理學院、約翰霍普金斯大學高等國際研究院的知識洗禮，如此看待現下情勢：財富集中是全世界的問題，不是台灣獨有。一九八〇年代，雷根、柴契爾競相減富人稅、壓抑勞工爭議權，影響所及，英語系國家所得不均上升。「台灣不幸，跟著英美新自由主義思想前進。」廿年來，從李登輝到馬英九都是如此。

「像我這代現在四十多歲的人，約莫五年級加上六年級前段班，處在不好不壞的時代。」少年時，台灣已經富起來了，但是：「我們這輩沒有口富，沒有大企業家——台灣的電子、資訊產業產生最後一批巨富世代，都是四年級之前，像郭台銘是一九五〇年出生；放到世界上看，賈伯斯、比爾蓋茲是一九五五年出生。」

周奕成說：「到我們這代，充其量就是在企業裡當個高階主管而已。在世界的大趨勢中，我們已經沒有機會了。」高速成長的時代已經過了，中國崛起，「台灣沒有成本優勢，我們只能靠小型創業。」但是，因為分配不均，財富愈發集中，「我們之後的新世代創業更難」，然而，能小本經營，創個小事業，這也不是壞事，符合新世代的價值觀；過去大企業犧牲環境，新世代對開發主義已不埋單。

「我們這代四十歲人啊，活得並不差，雖然雄心壯志未成，但就這樣了。四年級、五、六十歲的那代還很強大，占了社會最高的位子。時代給了他們更多機會、更多考驗，開創性大，一打破慣性，就成了開創者。後來者能開創的東西就愈來愈少。」

他說，台灣財富投資往土地房產集中；土地開發受政府影響最深，金權政治糾結。地產資本給了最大的政治獻金，這是民主的大問題。

周奕成也曾提出解方：公費選舉。讓所有參選人的選舉經費都是公家出，或是嚴格限制選舉經費上限。但現在罰則輕，如果加重處罰，甚至當選無效，競選者自然會彼此監督。當錢在選舉中的重要性下降，不用大金主也能打選戰，就能解除地產資本家與政治權力的掛鉤。

說話緩慢，邊沉思的周奕成說自己是悲觀者，但他想建議年輕人，如今困境的出路在解決政治問題，而不是經濟；「因為經濟問題比政治問題，可操之在我的部分就就更少了——全球化的潮流中，台灣很難抵擋。」

他主張，大規模公投修憲，解決政治認同問題，找出台灣人民本來就存在的共識，打破兩黨體制，讓新的政黨有機會進國會，「不是靠『禮讓』出來的」。解決橫亙的政治問題，社會活力解放出來。比起經濟問題，憲改應是優先問題，政治改革是我們願意就能做的。

吳晟（七十二歲）：我領十八趴 我支持改革十八趴

「我領十八趴，但我支持改革十八趴。」七十二歲的詩人吳晟，數十年來投身農業、環境運動，極力阻擋開發怪手不斷侵蝕台灣土地。但很少人知道，近十年來他也公開倡議年金改革，希望推動「起頭式平等」。

一九九五年，台灣第一次直選總統那年，吳晟卸下溪州國中教師一職，從此有了「退休軍公教」身分。他常笑稱這身分無法致富，但至少穩定、不愁吃穿。不過，幾年過去，台灣貧富差距越拉越大、階級對立升溫，外界把矛頭指向軍公教，一度讓他相當難過。

「瓊瑤小說《窗外》的女主角，為什麼不願意嫁給男主角？」吳晟問。他停頓幾秒後繼續說：「不是因為他們是師生戀、相差廿歲，而是因為男主角是老師，是窮教員！」吳晟這樣理解小說中的人物心境。

吳晟表示，當年軍公教收入低，養家活口捉襟見肘，從商者可將家族企業、店面留給後代子孫，當師傅的可以傳功夫，但軍公教什麼都無法留傳給子女。當時還有從商的人說：「我隨便開個商店、賣個冰，都比你們軍公教好太多了。」

退休金優惠存款十八趴，是為彌補當年公職低薪的辦法，以免老來陷入貧窮。不料，社會變遷後，軍公教穩定的薪級、退休制度被視為「鐵飯碗」，甚至變成「特權階級」。吳晟說，社會輿論討論此制度時，「太單一、太片面」，沒考慮歷史背景的前因後果，政府又不敢隨著時代變遷改變制度。

二〇〇六年，前總統陳水扁拋出改革軍公教「十八趴優惠存款」構想，盼針對退休月俸比在職薪水高（亦即所得替代率超過百分之百）部分，適度調降十八趴適用存款額度。

吳晟說，當時他算了算自己的退休金，「一個月少四、五千元，比對那時老農年金一個月才五千元，還算合理」。二〇〇七年，他撰寫「退休金縮水」一文投書媒體，表態支持合理改革。結果被老同事揶揄：「嫌錢太多、頭殼壞去。」

二〇一三年，總統馬英九提出的年金改革議題正熱。但各方勢力不退讓，年金改革法案再次在立法院動彈不得。

吳晟主張，政府應重建一套不分職業、身分都適用的「國民年金制度」。但他強調，這套制度並非「齊頭式平等」，大家都領一樣多；而是重新確認不同職業、身分領取年金的利基點，至少做到「起頭式平等」。

吳晟表示，談分配正義，社會大眾對年金改革還算有共識，「但稅制不公才是最難改革的」。數十年來政府讓企業無限制擴張，稅制獨厚財團、富人，包括遺產稅、資本利得稅等都未合理訂定，「政府還把稅制當作鼓勵投資的辦法，這是不對的」。

新北市長朱立倫先前競選總統期間，曾提出「員工加薪，企業減稅」政見。對此吳晟直言，「稅歸稅，獎勵歸獎勵，制度不能混在一起」，若有企業為達減稅目的，一開始刻意壓低員工薪資怎麼辦？

吳晟指出，幫企業減稅，等於把員工薪資成本轉嫁給政府負擔，最終還是拿人民的納稅錢變相補貼企業。

台灣民選總統廿年，也是吳晟「換位思考」的廿年。他自認同時有退休軍公教、農民兩種不同身分，看議題的面向會更多元、更寬闊。他有信心民間還是可帶動「負責任的公民」風氣，不過執政者得先下定決心推動改革，貫徹意志。

吳晟說，過去廿年，不論哪一黨執政，歷任總統都在「拚經濟」，耗竭式開發讓台灣環境千瘡百孔，齊柏林拍的「看見台灣」中禿山毒河就是警訊。吳晟無奈地說：「以前都說國破山河在，但若山河破了，去爭論國不國也沒用了。」

（聯合報記者何定照、梁玉芳、李昭安）

郝明義：爆肝可以成功的年代已不存在

一九七四年，十八歲的郝明義從韓國初抵台灣，在雨夜中看著夢想已久的「祖國」，興奮得心怦怦跳，完全沒預料到未來將發生的事：掌管數個大型出版社，擔任國策顧問，乃至帶頭反對服貿協議，與政府槓上……

如今，已然六十歲的郝明義回顧在台歲月，沉澱的心情裡全是感謝：「台灣在我眼中仍然很美好，我覺得台灣未來有無限希望；我們的民主已發展到比較平穩的階段，不同對立面開始可以對話。」

初來台時，台灣猶在戒嚴時期，郝明義並不覺台灣氛圍特別，因為韓國也不開放。

反倒是解嚴後的一九八〇、一九九〇年代交接期，那陣台灣最熱門的話題都是國民黨主流、非主流派系之爭，一回郝明義去北京出差，回程時經港，看到新聞都在講window3.0帶動的種種改變，根本找不到台灣新聞；然而一回台，國民黨主流、非主流新聞又撲面而來，大大衝擊郝明義：「這熱潮還要吵多久？台灣吵半天，但國外根本沒人理，台灣跟世界好像隔絕。」

那之後，郝明義在當時任職的出版社開了Next新書系，提醒自己也提醒台灣世上有很多大事發生，不能只顧看著自己。深感台灣太瘋魔政治的他，也從沒想了解政治，一心以為台灣應是因為戒嚴時不能談政治，才會閘口一打開不可收拾，忖量這股政治熱大約二十年消褪。

沒想到，不但當今台灣還在熱政治，郝明義自己也在三年前因服貿爭議捲入政治，甚至一路關心起年輕世代的政治參與，提筆寫了《大航海時刻》。

從一開始擔心政治洪流會影響台灣人不關心其他事情，到現在深感人人必須關心政治，郝明義認為，台灣的民主政治發展已來到新階段，不再只是閘口初開時的激情、只有標籤藍綠。「若想理性改善台灣問題，就會發現關鍵是在政治這塊，因此我們不能不關心政治。八〇年代是為了政治主張，現在是為了國家社會正常運作而做。」

他觀察，藍綠對立其實來自台灣因為太開放的內在清理過程，「藍綠對立只是因為沒找到對方角度，陳水扁過去八年將台灣帶到恐懼邊緣，國民黨八年又把解方訴諸對岸的助力，兩邊都是極端，現在比較可以開始對話。」

在肯定台灣的民主政治外，郝明義也憂心台灣年輕人的經濟未來。「台灣最大問題不是五十、六十歲怎麼看社會，而是年輕人怎麼看，因為這些機制是六十歲世代形成的。」郝明義感嘆，過去數十年，台灣經濟太重視成本降低、開發至上，結果GDP雖上升，但年輕人並未得利。

他坦言，他所經歷的打拚、爆肝多少年就可成功的時代，已不再存在，年輕人看不到希望，也不敢結婚生子。然而這再度凸顯民主的重要性：他認為，台灣民主價值須跟經濟更緊密結合，讓人才由下而上，讓年輕世代用自己的價值觀創造新環境，年長世代則須警醒過去讓自己成功的，未來可能導致失敗。

「台灣的未來禍福相倚，可能是樂觀的轉機，但也要知道每一步後面都有巨大的風險」。郝明義希望，台灣很快能充滿機會氛圍，讓所有年輕人都能體會十八歲的他走出松山機場時，面對全新世界的飽滿期待。

（聯合報記者何定照）

朱敬一：克服加稅障礙　用對溝通方法
台灣人沒那麼不理性

民主與社會不平等其實關聯不大，社會不平等是資本主義內在特質發展下去的自然結果，這在全球皆然，WTID（world top income database）網頁即顯示不論依貧富差距等哪種指數，各國近三十年的所得分配不平均狀況都越趨嚴重，台灣的社會不平等問題並非特有。

不過各國因有不同歷史背景，社會不平等發展脈絡不大一樣。以英語系國家如美國、英國來說，社會分配不平均很重要來由來自CEO薪水很高，公司肥貓多；歐洲、日本等老國家則是因貴族階級勢力影響大。

至於台灣，一九四〇年代國民政府來台時，當時的日本大企業就全都變成國營事業，例如台糖等，變成是政府最有錢，因此沒有貴族留下來的影響等問題。另外，台灣CEO的薪水也不算太高，分配不正義脈絡和其他國家不同。

我認為，現今台灣的分配不平等狀況，最適宜用「動態不平等」分析。在學理上，「不公平」向來有多種意義，比起著重任何一個時點所得分配平均與否的「靜態不平等」，我一直更關注「動態不平等」，舉例來說，父母屬中下階層者，子女若夠努力，仍然沒機會往上攀升。

我最喜歡的廿世紀哲學家 Ronald Dworkin 說「公平的社會應是 endowment insensitive, ambition sensitive」，彰顯了動態公平的核心概念。其中 ambition 是指個人的努力、拚勁；endowment 指無關個人努力的、生下來就給定的資源或機會。

我們若拿一九七〇年代前行政院長孫運璿和近年台灣的產業政策相較，會發現當時企業家若去找孫運璿，孫運璿都會說只談政策、不談個案，因為他那時代還沒超大企業，所做都是在培育新興產業，不知未來誰大誰小。因此孫運璿的政策就是扶助第一代企業家，和現在的產業政策很大差別是不知對方將會變如何，服務對象可說不特定。

然而現代的台灣，第一代企業家早已傳到第二、三代，以致政府要扶助產業，對象都很明確，這就不大符合 Ronald 所說「公平社會應是 endowment insensitive」。有些人會說現代畢竟不是威權時代，而是民粹時代，但並沒講到核心：孫運璿做政策的環境盡管與威權有關，但以前要扶助產業是不知對象是誰，現在則是 winner 已存在，而且還要幫他持續 winning。

在世代財富世襲狀況下，若真要做到分配公平，就該搞清楚有錢人所得結構為何，又到底靠何賺錢。例如有資料顯示，越有錢的人，財產越來自資本所得，而且很大比例是靠買賣房地產，不只是股利所得。

現行土地增值稅採分離課稅，是因為一般認為買賣房地屬偶發所得，並非常態；但在這份資料顯示，買賣房地根本是有錢人賺錢的常態性主要來源，難怪曾有電子大亨說做辛苦這麼多年，結果發現賺的錢還不如炒房地產賺錢多。

要改善炒房地問題，我認為有三個方法。首先是今年開徵的房地合一稅。過去台灣土地是按政府公告現值計徵土地增值稅，增值稅率相對高，以往房地兩稅分開時，有心人士會故意低估房屋價值，藉一稅率高、一稅率低間做手腳，例如把增值高者灌到稅率低者；兩稅合一後，就無處可逃。

政府還該調漲土地增值稅稅率。台灣過去是增值課稅多，但持有稅低，房屋稅和土地稅率都不高；國外則是房屋稅、土地稅等持有稅高，增值稅較低。然而台灣這本來較高的土地增值稅，後來已從百分之四十到六十，降到百分之二十到四十，未來有調整空間。

土地公告現值也該調高。土地公告現值過去是三年才調一次，但地方政府因怕得罪票源，不願調整，未來政府應設計一些誘因，去反映土地實價。

要實踐分配公平等社會理想，政府當然也該實施相關社福政策，但首先會碰到財政問題。台灣目前財政最大的問題就是稅收不夠，又支出太多。以稅收來說，台灣租稅負擔率只有十二・三%，是全球倒數第五，這不論誰來看，都知道一定要加稅，否則政府未來無米可炊；在支出方面，台灣潛藏負債十八兆，包括各種年金、勞保等，也到改革時刻。

政府若真想解決問題，可以組成委員會，設定總目標，要求在一定年限完成，包括租稅負擔率須增加到多少、潛在負債幾年後減到多少，委員會再依此研究哪些問題比較好突破，排出優先順序，規畫出ABC等解決方案組合，讓民眾選擇要哪種組合。

過去政府說要加稅，總會碰到阻礙，例如說要增加遺產稅，當事人就說錢不回來；說要加營利事業所得稅，當事人就說要把公司移到韓國、把帳移到開曼。正因為所有加稅計畫都有敵人，所以我認為需要委員會、需要大的目標。委員會成員除了找出解決方案組合ABC，也要有能力以數據說服民眾，當委員會把資料整理出來，就到了人民選擇的時刻。

討論稅不能一個一個談，因為這樣永遠會有別的國家比較低，例如講到營利事業所得稅，就有人說香港才多少；講到證所稅，就有人說亞洲有多少國家沒徵。單項討論稅，比來比去永遠會輸給避稅天堂開曼群島。

在政府支出方面，以年金來說，目前軍公教所得替代率在百分之七十幾至九十幾，比起OEDC經濟合作暨發展組織國家三十幾個國家都高很多。委員會可列出這些客觀數字，用來說服全民。

我們若問全民台灣十八兆負債要不要改，大家一定說要改，但怎麼改？我認為就該由委員會以職業別等來全面評估社會公平問題，研究可能對策，同時要避免激起太高反彈。例如可以調高勞保上限，但不溯及既往，只從一定日期後開始。

如果委員會算出來四種選擇，要民眾一定得從中選一個，我覺得大部分人可接受。過去政府總是只說某項要不要增加，結果總變成當事人說不要、非當事人說要，這樣沒有意義；若採委員會以總體圖像來思考、再設定選擇題的全新溝通模式，結果應該完全不同。

至於委員會如何組成，我認為可以像英國經濟學家 Anthony Atkinson 新書《扭轉貧富不均》說的，可以制度性地納入工會的人或弱勢族群，這才是未來主政者在傳統三三會、五大工商團體外，必須多花時間溝通的對象，保持資訊多元。畢竟傳統幾大團體的工廠核心往往已移到越南、大陸，在台灣只剩白領，心中根本沒勞工，主政者若仍只跟這些團體談、完全聽他們的，政策會扭曲。

我也要強調，主政者若組成委員會，就該尊重他們的決議。以總統馬英九調降遺贈稅爭議來說，當年台灣遺贈稅在全球算低，該不該調降的是非問題其實很清楚，當年賦改會專案負責者也只建議將遺贈稅免稅門檻提高，沒建議將遺贈稅率降到百分之十，可是政府卻硬搞降到百分之十。這就是政府偏聽偏信、被奇怪的人包圍的結果。

要克服加稅阻礙，除了設立委員會外，還要用對溝通方法。人民過去不接受加稅，原因還包括政府政策不夠公開透明，方法也不對。我認為只要政府清楚說明國家困境，用對溝通方法，並使用社會運動方法激起民意氛圍，其實台灣人民會接受，台灣人沒那麼不理性。

政府也該善用民意「社會運動」的力量。我覺得大家不要高估過往的民粹表現，低估民眾理性，有時這可能只是因為過去欠缺社會運動帶領。台灣民眾其實聽得進去小改變，只是要說服他怎麼做。

長照計畫等社福政策都需要錢，吃幾碗麵，就要下幾碗麵條，不可能沒錢去做長照。然而不論走稅制或保險計畫，錢都來自人民，增加福利一定要增加支出，政府一定要能以說服人民的社會運動方式去推動稅改。

政府在面對民意壓力外，還會面對政商界等各方阻力。任何政府都該知道，有權力就會被包圍，做決定都存乎一心，關鍵是不要忘了來幹嘛。很多從政者都不知道自己被包圍，偏聽偏信都不是故意的，主政者只能隨時反求諸己。

人民也該盡責任。個人影響政策的能力或許微小，但都該 take the problems personally，將面臨的困境視為切身問題來改變。

例如年輕人面對低薪，即使在環境內會因為改變不了而吞下去，但在心態上該當成企圖要改變的事情，而且不能只在企業內投入力氣，要在大環境裡也投入。面對社會問題，每人都要抱持想改變的正面態度，問題才會改變。

此外，我也要指出台灣過去談分配正義沒人看到的許多面向，例如金控法、證交法、公司法、兼業限制問題等。

以銀行來說，台灣現在除了公家銀行，其他私人銀行多是家族銀行，包括吳家、辜家、蔡家、何家等，既牽涉家族、財團問題，就得要有相當規範。

像現在有人建議金管會應幫銀行打亞洲盃，但公家銀行常被認為效率不彰，若幫私人銀行又很容易被質疑到底是幫家族或國家。我認為政府應盡快解決金控法、證交法等的落差問題，否則若一旦推行政策，很容易遭人民質疑公平性。

產金分離問題過去也長期被忽略。以美國來說，他們早就確實實施產金分離，限制銀行實體經營其他事業，以免造成借錢給不同事業間流動的弊端，也易有連動性風險乃至公平性問題。例如若一家銀行、家族集團在擁有全台十分之一產業，大到不能倒，就不符合產金分離原則，也影響世代流動，都須公司法、證交法等規範。

（中研院院士朱敬一口述／聯合報記者何定照採訪整理）

薛承泰：蔡英文最大問題在於班底多少

政府要成功推動改善社會不平等的政策，首重掌握社會氛圍，政府對社會氛圍有責任。像台北市長柯文哲當選前半年的社會氛圍好，不管講什麼大家都不介意；馬英九當市長時推動垃圾不落地，雖曾被指「違反人性」，最後也取得民眾信任順利推展，才能在今日成為全球極佳措施。

我在馬英九擔任台北市長任內當社會局局長時，也曾碰上需要社會氛圍才能克服的難題。當時前任市長陳水扁推行老人健保補貼，所需經費累積到後來已超出市府負荷，我寫信給綜所稅交到百分之二十、三以上的老人，請他們同意不拿補助，成功節省六、七億元。

這其實不是我的功勞，是因為當時社會氛圍相信領導人（馬英九）是善意的，相信他是為未來選民和社會發展好。我認為，政府推行某政策要成功，首要條件是民眾必須相信領導人，那是一種氛圍；如果老百姓一旦發現領導人只是在討好自己，政府就有危機了。

目前台灣分配正義的主要問題之一，是居住正義。我認為政府在居住正義該扮演的角色是規畫與協助，該管的範圍一是法制，二是顧及弱勢，其他就該交給市場。

在法制方面，政府該做到完備法令、稅制與建立制度；在顧及弱勢方面，最重要的是定義出「誰」、又有多少人需要被協助，而不是大開興建青年住宅、社會住宅等支票。

我要強調，社宅真正關注的該是弱勢。但現在社宅政策因怕得罪人，往往不敢清楚定義對象，或指向青年，不顧有些青年的父母可能就住豪宅。然而在台灣住屋擁有率偏高、又是高齡化社會下，未來十年年邁長者將釋放出百萬間房舍給下一代或進入市場，政治人物此時若真另建住宅，將造成台灣房市更泡沫化。

我一直認為，要實踐居住正義，都更才是王道。政府可用市場閒置成屋來交換老舊公寓為誘因，一棟棟、一區區進行，不但可落實居住正義，也能更新都市面貌，並防止房市崩盤，是現今最佳策略。

這裡我也要提醒，政府在擬定政策時，千萬別基於善意犯了「時空錯置」的錯。台灣常說要學北歐福利國，但所謂福利國家都是用喊的比較容易，但若問這些福利國的主政者，許多對能否永續都不見得有把握。台灣在考慮學習時，得想想是否一定要學對方走這條路。

過去有期《經濟學人》就是談福利國家的懸崖、人口高齡化產生的危機，因為北歐有些國家稅收已超過四十％、缺乏加稅空間，預算卻還是不夠。台灣租稅負擔率雖僅十二．三％，但關鍵在為何非得學北歐，畢竟北歐屬維京民族，古早傳統在海上生活，因此形成團結、分享的核心觀念，才會願意交一半錢給政府。這若搬到台灣實施，成功與否得打問號。

我同意國外經驗可減少台灣嘗試錯誤，但國外自己都沒把握的事，台灣不見得要跟進，否則就落入黃光國教授所說的「自我殖民」，甚至還自認先進。

我們往鄰國新加坡看，他們曾被英國殖民，但仍能走出特色；反觀台灣，福利改革、教育改革政策等都參考國外，還自認集大成，結果根本沒外國來參考，反而是台灣沒參考別國的經濟奇蹟，吸引各國來取經。這表示什麼？

有些學者專家常在哪國拿到博士，就拿來當本國國家政策，就像政治人物過去若遇到不好的事，一但有了權力就會防止事件重演，但這樣都會導致問題：時空不同，狀況本來就不會重演，一再時空錯置，變成政治人物拿國家的資源空轉、學者專家空築自我夢。

像教改築的夢，根本是築設計者自己的夢，忽略了時空狀況大不同，最後就成了毫無基層經驗的菁英分子，無比自信地用自我思維，在善意催促下形成對社會的關懷，結果往往只是「時空錯置的善意」。我要再次強調，擬定政策，一定要避免時空錯置，不宜把個人經驗拿來當國家政策。

至於該怎麼避免這種時空錯置的善意？我認為個人磨練很重要，且須時時充滿警覺、如履薄冰，不能跟科層體制脫節，知道如何跟科層體制溝通，畢竟這才是制度運轉的地方；當然也不能跟社會脫節。許多學者就因缺乏這些自覺，往往被自我思考範圍框住，還因太有自信、自認首創某政策，不知底下人只是不敢吐槽早有先例，最後又造成政策空轉。

新政府即將上任，我認為蔡英文最大的問題，是她的人馬和班底究竟有多少，若真正主導者還是過去那批人，令人擔憂。

（台大兒少與家庭研究中心主任薛承泰口述／聯合報記者記者何定照採訪整理）

孫友聯：台灣制度存在三種不公最低工資應法制化

台灣民主化後大家有機會參與政治，照理資源應更公平分配，但一九九〇年後，台灣分配不正義卻更惡化，民主選舉制度反而讓有錢人更有影響力，「這很諷刺」。更重要的是，「台灣歷經三次政黨輪替的民主成果，領導者的經濟發展思維卻沒有輪替，還是信仰新自由主義。」

以租稅制度為例，減稅救經濟始終是在上位者的價值，過去從李登輝的兩稅合一、獎促條例，馬英九的產創條例，甚至民進黨執政時期的陳水扁都是在減稅，未來蔡英文上台後還是繼續減？

「說好的幸福呢？」新自由主義的減稅信仰是為了養鵝生蛋，以為減稅可帶來更多投資和雇用，創造幸福、雨露均霑，但結果是雇主更壓低成本，鵝肥了卻沒生蛋，貧富差距加大就算了，肥鵝甚至是跑到別人家生蛋，回來卻只是生了一堆鵝屎。

租稅制度只是第一層不公，緊接著還有第二層的經濟利益分配不公。一九九二年後，台灣ＧＤＰ成長和薪資成長曲線「分道揚鑣」，ＧＤＰ成長果實未與勞工共享，以致近年勞工實質薪資扣掉物價成長後，甚至倒退十幾年。例如年金的社會制度分配不公則是第三層不公。當台灣有一大群人處於這三個不公，就會出現「崩世代」。

我認為，談公民責任前應先談開放政府資料；公民有時雖會放大「衝擊」，但某種程度把資訊攤開、透明，才會發現真的沒有「雨露均霑」。台灣想達到新公平正義的可能，政府就應開放資料。像證所稅本身制度就不公平，沒道理有人賺幾百萬元不用繳稅或只繳一點點稅，應把真實資料反映出來。

我也認為，台灣不少公民面對低薪壓力，當面對縮減自身荷包的措施時，當然會斤斤計較；改善公民低薪窘境，才能有助公民責任朝正向發展。

過去廿年來，台灣周期性面對國際經濟波動的衝擊，包括一九九七年亞洲經濟風暴、二〇〇一年國際及國內金融風暴、二〇〇九年金融海嘯，每次伴隨而來的都是失業率飆高、勞工就業不穩定等。

面對景氣波動周期性，馬政府過去遇到的，未來蔡政府也都會遇得到，關鍵在面對心態是否還跟過去一樣；如果執政翻轉了，但蔡政府心態和社會沒有跟著翻轉，產業政策一樣是信仰新自由主義，改革恐怕同樣難。尤其蔡政府面對比馬政府更多一層的中國壓力，處境只會更困難。

台灣勞工陣線協會今年初出版「公平經濟新藍圖」一書，我們主張「翻轉慢性窒息的勞動低薪化」。台灣勞工工時長，不少人是靠加班換「加薪」，應提高加班費計算方式，將前兩小時的加班費提高為加發二分之一工資，後兩小時加發一倍工資，假日出勤則應另外加發兩日工資。現行勞基法規定，勞工每日正常工時八小時，每天最多可加班四小時，加班的前兩小時加發三分之一工資，後兩小時則加發三分之二工資。

我們除提出最低工資應法制化，讓底層勞工產生所得增加的直接分配效應之外，也提出針對一般受薪階級「不加薪就加稅」的藥方。

根據行政院主計總處資料，企業儲蓄占國民儲蓄淨額比率由二〇〇七年的約三成七攀升到目前約六成一，企業長期保留盈餘，不分配給勞工也不擴大投資，應仿效南韓在二〇一四年提出的計畫，針對企業累計資金超過一定數額時，除現行課徵一成的未分配餘額稅之外，再加徵一成的「公共照顧捐」，作為挹注托育、托老等普及性公共照顧服務之用，降低受薪階級日益龐大的照顧老小支出。

對於年金，勞陣主張針對透過職業工會投保勞保者應採定額加保；並主張勞保費率最高只能到百分之十三，基金如有不足由國家預算撥補，反對降低給付；月投保薪資的上限則應以「平均薪資」為基準，且每三年調整一次。

勞陣也主張跟蔡英文類似的「最低工資法」。現行每次基本工資總是「一天開會、半分鐘決定」，不僅弄出一個勞資團體永遠都不滿意的結果，每次調漲依據也都不同，訂定專法除可放基本工資調整法制化，也應訂定明確調漲基準。

而蔡英文選前提出「長照2.0」政見，主張不推動長照保險，而是以指定稅收（遺產稅）和公務預算來推動長照。勞陣雖也反對長照保險，但我們提出「長照2.1」，也就是向企業課徵「公共照顧捐」來挹注托老經費。

我認為，社會對長照的想像還是外勞、低薪，應該翻轉，還說長照需求確存在，政府應該推動長照就業市場，把這塊需求大餅利用來提供我國勞工穩定就業。

至於年金改革，勞陣贊同蔡英文的延後請領年齡主張，為何軍公教有人五十五歲就可以領月退，勞工卻要六十五歲，這種不公應該要先解決。

我主張，勞工所得替代率應要有七成，年金給付率要從一．五五%拉高到一．七五%，而且認為四大基金不應該被拿來當「賭金」、護盤，因這些錢根本都是在護財團的盤。其中基金餘額高達一兆四千多億元的勞退基金，我認為政府應好好運用拿來蓋社會住宅，或收購民間空屋，以合理價格釋出目前住宅總量一成的社會住宅，且只租不賣。

（台灣勞工陣線協會秘書長孫友聯口述／聯合報記者許俊偉採訪整理）

陳東升：改革社會不平等將是未來施政主軸

我認為台灣的社會不平等問題，未來應有機會改善，這可分三方面來說。

首先，新政府溝通與執行方法可能會與過去不同。近年馬英九政府諸如油電雙漲、證所稅等政策，雖可說立意良善，但都因組織與結構太封閉、堅持己見，跟公民團體等落差太大且缺乏溝通討論，自覺與反省又不夠，終因時機判斷掌握不精準、在錯的時機用錯的方法推，導致失敗。

馬政府和民進黨新政府在目前看來最大差別，就是民進黨在過去失敗八年中，充分理解與公眾溝通討論的重要性。我雖沒法預測新政府能否改革成功，但從台北市政府現任市長柯文哲對注重公眾意見、開放參與的積極度，成為和前任市長郝龍斌最大的差別，可預期這將也是馬蔡政府最大差別。

柯市府盡量做到公開透明，讓公民有機會參與決策，包括預算視覺化、公民參與委員會、市長避免跟利害團體私下餐敘、乃至局處長行程須登錄等措施，都讓市府能連結公眾意見與想法。

中央政府也該時時警醒自己是否跟公眾可溝通，是否在對的時間點推政策，切忌硬推，否則就易變成推的政策只有自己覺得很好、很重要，各界反應卻不好。此時若不回頭反省哪裡做錯，甚至還夾雜權力算計，就更不妥當。

未來改革可能成功的第二個原因是台灣政治基盤的改變。

以這次總統大選投票結構來說，三十歲以下占七十四%，高過平均投票率六十六%，比起過去三十歲以下只有三、四成更大幅提高，顯示年輕人透過社運、投票關心公共議題者大幅提高。

我覺得這就是近年台灣社會出現一種動能的表現。人們開始會在重大議題發生時透過社運表達意見，比如反服貿等。

之前的政府就是因為沒注意社會不平等問題，結果導致社運。這些社運除了擋下當時問題，更讓原先不那麼關注政治的人都開始關注這些議題，影響世代對公共事務參與的意願，進而影響前年縣市長選舉及這次大選，乃至影響不同政黨及政策走向，包括政治權力的分配如不分區立委的排名調整。像這次大選各黨提名的不分區立委，排名前面的並非依傳統具財富和政治資源者，而是不少具有社會正義背景，就反映選民偏好。

這種種都顯示，台灣民眾已不只是藍綠對立，傳統藍綠的框架在改變。非常堅定的藍綠基本盤近年已降為百分之十五、二十，中間選民有五、六成，年輕人的藍綠分野更不那麼堅定。

在這種轉變的政治結構中，年輕人對公共事務比較積極參與，對他們來說，他們就是生活在台灣的居民，藍綠區分不那麼重要，關鍵在於政黨是否認真回應這些需求，因此像周子瑜事件也看不到什麼藍綠分野。

台灣社會不平等問題的迫切性，也可加速改革成功。台灣社會在未來四年內人口老化急速，財政將更難以負擔，改革變得更迫切且必要。

年金改革、長照計畫過去為何無法落實，主要是因政治考量，例如考量政策會影響哪些團體、是否影響政權維繫等。民進黨雖於二〇〇〇年執政，但在國會是少數，國民黨二〇〇八年執政後，則基於軍公教人員等政治基盤考量，未積極從事年金改革。民進黨現在既然已完全執政，對社會不平等的改革應會更積極。

在進行改革時，政府一定要與民眾充分溝通。以漲電價來說，如果決策過程像黑盒子，民眾經濟狀況又不好，政府卻貿然決定漲電價，結果民眾發現電價補貼都給耗能大產業，這些產業還可免稅且大賺荷包，也不加薪給年輕人，不反彈才怪。

我向來認為，政府施政如果不受民眾支持，與其先怪民眾，應先想是否自己沒做好。施政本來就很難人人滿意，如果眾多問題中解決一個，就至少會有百分之二十、三十民眾支持。

在改革社會不平等的過程，公民也須盡義務，這首重積極參與公共事務，且應秉持公眾利益而非個人利益。這也是為何我和一些團隊從去年起開始推參與式預算，目前在台北、新北、桃園、台中、台南等多處都已有多處實施或推動中。

至於如何改革社會不平等，我認為須從政府制度、企業、教育三方面著力。制度改革包括稅制、社會安全與支持制度（包括年金）、社福制度、勞動制度等。

在企業方面，我認為企業在累積相當利潤後，也該體認必須提供年輕人才好的生活條件和環境，讓他們願留在台灣，畢竟年輕人若放棄耕耘，現在中壯年者退休後也得承受苦果，日子不可能好。就台灣現況看來並非所有企業只考慮自己，有些也會考慮共善與公益，政府應跟企業公開透明溝通，盤點哪些政策有助企業，也讓企業了解回饋台灣社會的重要性。

在教育改革方面，我們必須注意到，現代年輕人和以前如我那代的年輕人已出現巨大反差，不能用同一方法。現代年輕人從出生到念大學物質資源相對充裕，也受父母支持，甚至小時就有機會出國擴大視野，卻在畢業後立刻面對薪資差、職業變動劇烈、未來可能性低的環境。然而我那代年輕人，大學前雖辛苦，畢業後卻可做同個安穩工作，「前挑戰、後穩定」的狀況和現今年輕人剛好相反。

在這種差別下，老師不能再用過去方式指導現代年輕人，應改以支持態度與他們共創機會。例如年輕人在時代轉變下須累積能力，教育環節就該提供相關課程，讓學生紮實學到東西。如此除了傳遞知識技能，更重要的是傳遞「師生一起努力面對問題」的訊息，畢竟學生若沒法在教育過程學到如何發揮潛力，畢業後就會認為學校在欺騙他們。有些人會指責現代年輕人不努力，但我認為，不如將以上三者都做到，再來指責年輕人。面對巨大世代差異，掌權者包括老師等，都該讓年輕人感到跨世代共和。

台灣民選總統邁向二十年，若從台灣解嚴開始算起，台灣民主化更已三十三年。我認為這些年來，政黨一再輪替，正是民主制度可貴所在。民主政治也許無法預防社會不平等，但一旦發生社會不平等，在有不同政黨競爭情況下，在野黨就會提出改善訴求。

民主政治是否造成不平等，答案其實是開放的，因為關鍵在民眾如何落實、運作。如果民主政治只是少數資源擁有者操控選舉，參與者都是擁有資源者透過正當或不正當方式當選，通過的政策都是為了自己利益，如此民主就只會鞏固少數人權益。

當然，台灣在這過程中有得有失，但台灣的民主證明民主在華人社會可行，已是台灣重要資產。在台灣，民主顯然很活潑、很有彈性，像民進黨這八年前被打到底的政黨，竟可以再起、還可容納不同意見者，擴大開放參與，我認為這都是台灣民主政治發展的重要指標：台灣的民主年輕鮮活，不是一灘死水，並非少數政黨可以操控。我大膽預測，政黨輪替後，社會不平等將是未來施政主軸。

民主制度當然不完美，但它提供了改變的管道，讓政府若沒積極處理民眾關心議題，就不會得到支持，這正是民主制度的功能。否則我們也沒更好的手段，讓民眾和有權力的人之間距離縮短。

（台大社會系教授陳東升口述／記者何定照採訪整理）

劉克襄：與其ＧＤＰ保一 不如追求綠色指標

「台灣這幾年只是歷經陣痛，壞到底，就慢慢有好東西出來。」明年邁入六十歲的作家劉克襄，長年關注環保生態、生活文化，對台灣總抱持樂觀。「這二十年來，民心對環保的追求越來越強大，台灣若不被經濟數字綁住，追求新的高度和善意，就會有不同局面。」

一九九六年台灣首次民選總統，那時節在劉克襄看來，正是台灣的輝煌盛世。「當時的五年級年輕人敢夢想，返鄉創造可能性的年輕人很多，文化出版事業到那一年到齊，台灣開始可同步閱讀到大量世界知識。」

劉克襄坦言，當時他對民選總統還沒什麼概念，只像許多人一樣，擔憂《一九九五閏八月》書中對中共武力犯台的預言。「萬一中共真的打過來，台灣這些年的努力就會化為烏有。」中、台黑白分明的時代過去，台灣對兩岸議題的憂慮，逐漸被經濟成長取代。劉克襄感慨，台灣這二十年一直期待ＧＤＰ（國內生產毛額）成長，但世界經濟局勢已整體下滑，近年中國也開始疲軟。「我們得思考追求非經濟數字的未來，這樣更有積極性、創造性。」

劉克襄認為，政府和民眾都得調整目標。以政府來說，與其苦求GDP成長率「保一」（保住百分之一），不如追求綠色指標成長，例如PM 2.5（細懸浮微粒）數據下降，將台灣建設高品質的生態島。

劉克襄認為，更多年輕人也該體認時代不同，與其一直為買房、低薪所苦，或一心把事業做大、在全球設點，不如調整夢想，針對時代狀態新創事業。他舉例，一九九六年，兩位女生跑去台中新社創了「薰衣草森林」，現在成了熱門中小企業；前年兩位台大畢業的女生也有夢想，回台中創了「好伴共同工作室」，但宗旨不在賺錢，而是社區改造。

「只追求GDP變化，會把環保、公益、新創事業等創意犧牲掉。」劉克襄認為，台灣應換個思維，從政府、企業到民眾一起追求綠色指標，就算經濟負成長也無礙，「環保做得好，一樣可驕傲，全球都會認可我們是生態保護大國」，長照、老年問題，都可由此慢慢成長。

想起多年來在鄉下看到許多人有種「小康的快樂」，劉克襄很珍惜，「那種東西很質樸迷人，施政者應也注重這些。」他不否認水電漲價確實會造成壓力，但仍認為新總統該有個高度，讓民眾接受成長不再是保一、二、三，「馬英九最大的錯誤就是六三三（經濟成長率六等），蔡英文也達不到。」

（聯合報記者何定照採訪整理）

辛炳隆：調高基本工資不是萬解　政府應著墨低薪造成的問題

台大國家發展所副教授辛炳隆台灣年金改革都只在關注解決年金財務問題，並不是在解決老年經濟安全的問題。以勞保來說，解決財務不外乎是提高保費費率或刪減年金給付，但這兩個手段對老年經濟安全都是不利。我認為，應以政府撥補來解決財務虧損。

年金改革若只是要解決財務問題，總統當選人蔡英文根本不用找這麼多專家，也不用開國是會議，因為錢不會從天上掉下來，就只能調高費率和降低給付。

問題是，這一代年輕人面臨低薪環境，難有儲蓄，老年經濟安全恐得靠政府，但降低給付後，老了怎麼辦？提高費率後，雇主又可能把增加的保費支出轉嫁給勞工，不再加薪，低薪情況更惡化。

年金改革若真要「砍」，就砍現在五十、六十歲以上者的年金給付。從台灣就業市場和產業結構來看，一九九〇年代中期是明顯分界點，在此之後進入勞動市場者基本上薪資少，也沒有額外投資收益。

沒錢的下一代要養有積蓄的上一代，但下一代的人愈來愈少，卻要養愈來愈多的上一代」政府應給年輕世代新的盼望：「你們的債務不會拖垮我。」我主張對於過去的財務虧損，應用政府財務撥補的方式補掉，讓新世代有新的想像。

社會保險可採定額給付、定額保費制度，因為現在台灣年輕人思維是「我不要占你的便宜，你也不要占我的便宜」，大家繳一樣的保費、領一樣的給付最公平，年輕人也願意接受。

至於低薪問題，我協助勞動部做的研究「低薪資對我國勞動市場的影響與政府因應策略」中，根據行政院主計總處的資料分析，所得分配惡化主因就是勞動所得分配不均。

台灣從民國八〇年代後，人力資源管理二元化開始明顯，致使勞動所得分配不均。台灣傳產以往受日本企業文化影響，員工不管職位高低都被視為一體，雇主若要加薪一定全面加薪，不會分職位高低或績效好壞，但ＩＴ產業發展起來後，很多ＩＴ老闆都是留美，或在美國工作很久，帶進新的歐美績效導向的人力資源管理思維，認為過去「吃大鍋飯」全面加薪是不對的，因而開始依績效好壞來加薪。

更重要的是，雇主逐漸將公司人力分成核心和非核心兩部分，核心是知能和公司競爭力有直接關係的員工，但像生產線的非核心員工，因無學習曲線，薪水因而不會跟著增加。ＩＴ產業把生產線製程切割，工作標準化、規格化後雖提高生產效率，但也因標準化、規格化，誰做都一樣，生產線員工因而變得沒價值。結果受薪階級核心和非核心薪水差距加大，像竹科專業經理人薪資和基層員工薪資可以相差好幾倍以上。

甚至，因有些員工能加薪、有些不行，內部不公平存在，雇主乾脆進一步把非核心部分切出去使用派遣，「派遣盛行就是從科技業開始。」

台灣企業把績效薪酬「用得太過火」，而且可怕的是，被績效機制制約的人也都以為這是合理的，認為「我努力工作就會有好待遇」是公平機制。問題是，如今公司獲利挪出一部分當獎金，能不能拿到績效獎金已跟員工努力不盡然有關係，而是公司要賺錢。

公司沒賺錢不代表員工不努力，也有可能是大環境或雇主的錯誤決策所致，卻要員工共同承擔虧損風險，講好聽是同在一條船（公司）上，但船長是雇主啊！甚至為了讓公司獲利、員工可加薪，進一步造成勞工過勞。

該研究也發現，台灣企業勞資關係不夠健全，員工缺乏集體內控機制、議價能力差，也是造成薪資無法提升的原因。薪資怎麼分配，完全由雇主自己決定。儘管政府十幾年積極扶植工會，但台灣企業工會發展現階段依舊不成氣候。

我主張，現行企業薪酬管理委員會、獨立董事，都是由資方決定找誰來，缺乏獨立公正性，應讓勞工也能推派獨董或薪酬管委會委員，讓引進的第三方公正人士力量，透過內部稽核去檢視員工薪酬分配是否合理。

另外，我也認為，國內企業將變動薪資用得太淋漓盡致，政府應設定變動薪資的占比，讓提高勞工薪資、留住人才回到固定薪資加薪的方式。

我不贊成馬政府推動的加薪四法，因為分紅或績效獎金不會從天上掉下來，而且一定會排擠到勞工經常性薪資。台灣勞工的所得增加若是靠這種不穩定的分紅，會很悲哀。像竹科不少工程師，年收入五百萬元，實質月薪卻才六萬到九萬元，所得收入幾乎有八成是變動薪資，太驚人了。

我認為，台灣過去變動薪資比率這麼高，主要是因企業有租稅優惠，像科技業會發股票給員工，因股票是賣掉時才課稅，租稅誘讓勞資雙方都願意接受發股票，但某種程度其實是政府在出錢，類似的變動薪資應該拿掉，否則會更助長租稅不公，更讓薪酬被扭曲。

其次，企業因人力資源管理二元化，企業賺錢不太會將資本利得分配給非核心員工，提高非核心勞工薪資只能靠政府高度介入，最直接的介入就是提高基本工資。

要看一個社會是否公平分配，醫療、教育、托兒、托老和住宅等面向很重要，因為這些都是民眾生活所需，政府須在這些面向提供分配資源。但台灣民主化以來最嚴重的問題是所得分配不均，勞工低薪購買不了上述服務，廿年來政府又無法提供合理資源分配，以致如今問題嚴重。

五〇到七〇年代，台灣很引以為傲的就是社會流動性很高，「上一代是工人、下一代是老闆」，這種社會流動能帶給一般民眾希望，但如今台灣社會流動僵化，甚至出現貧窮世襲化。

我認為，國家必須負起責任。坦白說，政府要把提高勞工薪資是有困難的，但可以著墨在低薪造成的問題、尋求解決，如果政府能在這些面向提供民眾所需資源，低薪就不會是問題。

政府推動政策則應縮小打擊面、要有說服力，否則公民當然不會埋單。例如政府想調漲電價一定有漲的理由，但當證所稅、資本利得稅都推不動，低薪情況沒有改善的情況下，要如何說服一般民眾接受電價調漲？

以稅改來說，我主張政府應鎖定增加稅收的明確對象。例如用五分位看貧富差距，所得分配惡化程度就不明顯，但採十分位、甚至百分位就會非常明顯，若能針對前十分之一、甚至前百分之一的有錢人加稅，就有說服力。

就我觀察，台灣面對的困境是政府已無政策工具可引導企業配合政策。就像租稅工具已被玩爛，稅早已降到不能再降的情況，企業如何埋單？其他像利息也低到不能再低，加上現在企業很容易上市櫃，透過公開募資，根本也不需要政府的低利融資。

蔡英文在選前提出「最低工資法」的專法訂定主張，我多次擔任勞動部基本工資審議委員，則有不同看法。蔡英文想訂專法的原因是認為行政部門對現行基本工資的干預過大。但這有矛盾，如果行政資源有這麼大的調漲權限，蔡英文若認為基本工資太低，大可透過行政權直接調高就好，訂專法太繁複。

訂定「最低工資法」只是程序正義看似達到目的，但蔡英文真的敢就因此每年調漲基本工資嗎？我認為，現行規定基本工資每年第三季討論，蔡英文五二〇上台後，基本工資漲不漲、漲多少，將會是她的第一個考驗。

我也憂心，基本工資的精神是為保障底層勞工的生活所需，未來基本工資若真的一直往上調，例如一路達到兩萬八千元的時候，一般受薪階級的薪資沒跟著漲，屆時很可能所有剛進職場的大學新鮮人起薪全都變成兩萬八，不僅大學生變成底層勞工，基本工資也可能因此淪為「廿二K」翻版。

時薪基本工資就是一個明顯例子，不斷調升的結果，致使多數計時制勞工幾乎時薪都是貼著基本工資走，雇主也不太會幫計時制勞工調薪。現行月薪基本工資為二〇〇〇八元、時薪一二〇元。

我也曾研究發現，每次政府調高基本工資時，僅約五成企業落實，調高基本工資無太多意義，近半底層勞工根本沒享受到，呼籲政府應加強勞檢落實基本工資。

至於蔡英文選前提出「長照2.0」政見，主張不推動長照保險，而是以指定稅收（遺產稅）和公務預算來推動長照。我認為，用指定稅收和公務預算推動長照，現階段可行，因為現行長照需求還只是剛開始，且目前還有外勞，剛開始幾年預算一定還夠用，但當台灣人口老化到某一程度時，長照支出會加快衝高，屆時若相關經費不夠支應時，難道要刪減給付或回過頭來要家人照顧嗎？還是再大量使用外勞？

我覺得政策不能變來變去，但也不能一成不變，尤其跟人口變化趨勢有關的長照政策，一定要動態調整，且要有長期計畫。

（台大國家發展所副教授辛炳隆口述／記者許俊偉採訪整理）

吳音寧：商業大政府小 分配當然「不正義」

「政府本該公平分配取之於人民的資源，但二十年來，政府越變越小，商業力量越變越大，政府已被介入、主宰。貧富差距不斷拉大。」作家吳音寧五年前轉進「體制內」擔任彰化溪州鄉公所主秘，談起政府分配不正義的弊病更有感觸。

吳音寧說，分配正義有三個觀察指標。一，城鄉分配不均；二，政府政策「重商、重工業，輕視農業」，預算分配懸殊；三，社會福利多流於「補貼式現金收買」，還有不少資源被轉化為「辦活動」，未建立公平、合理的社福制度。

「以炒房為例，放任少數人靠交易房地產賺取高額利潤，就是重商、重工業衍生的問題。」吳音寧說，若政府明確管制土地、房屋交易，避免不合理暴利，政府就不必花大把力氣，再發包工程蓋社會住宅。

吳音寧表示，歷任政府都是聽從、屈服商業力量，加上立委在法令規範上未強力管制、監督，「讓商業力量有更大活躍空間，政府就越來越小」。她主張政府應挺起腰桿面對國內外的資本洪流，保護台灣僅存的土地與資源。

吳音寧表示，改革能否成功的關鍵，不是「民眾準備好了嗎」，而是「民眾是否信任政府」；多數民眾政府不了解政策內涵，也沒有信賴感。「唯有政府不怕惡勢力、不被關說、不怕人民質疑、能為政策辯護，信任感才會出來。」

談起在溪州鄉公所工作五年的觀察，吳音寧指出，地方預算多是「重建設、輕社福」，寧願把錢花在鋪農路、做水溝，一到選舉全列為「政績」，「沒做還會被競選對手攻擊」。

吳音寧表示，就算有社福政見，也常是喊價式的補貼，例如老農津貼、生育津貼加碼等。她無奈說：「你可以怪民眾沒有公共意識，但政治人物喊出這樣的口號，民眾自然會要求兌現承諾。」

吳音寧直言，「地方型政治人物習慣以現金收買選民，比較粗魯、直接」；但都會型政治人物透過「形象」吸引選民，也往往是砸錢請公關公司包裝而來，「本質上是相似的」。

「主政者有決心要做，才可能改變現況。」吳音寧說，幾年前幼托整合新制上路，溪州鄉部分公立托兒所因房舍不合格，面臨裁撤危機；當時溪州鄉公所調整預算，說服鄉民代表會同意挪經費改善幼兒園環境，堅持續辦公立幼兒園，「這也是分配的問題」。

吳音寧表示，二〇一二年內政部推動幼托整合新制，要求幼稚園、托兒所整併為「幼兒園」，當時溪州鄉部分公立托兒所因房舍不符「幼照法」要求，面臨裁撤危機，全鄉一百多名幼童權益受影響。

當時溪州鄉公所向彰化縣政府爭取近三百萬元經費，並向鄉民代表會爭取編列三百萬元預算，共花六百萬元改善公立托兒所環境，續辦公立幼兒園。吳音寧指出，最後不僅全鄉九個班「一班都沒少」，還多增加一個「張厝班」，「這也是分配的選擇」。

吳音寧說，鄉民代表「公共性格普遍不足」，當時公所為爭取預算，對鄉民代表「曉以大義」，說明若公托被迫關閉，阿公阿嬤每天可能要遠迢迢跨十一公里送孫子、孫女上幼兒園。加上鄉民當時高度關注此事，最後成功爭取到經費。

吳音寧直言，不是所有議題都能爭取到鄉民代表支持，她過去爭取社會保險預算也曾吃閉門羹，難引起共鳴；在公托議題上，溪州之外其他鄉鎮也是讓公托一間間的關。因此，主政者有沒有意志、決心去做，是最關鍵的一件事。

（聯合報記者李昭安）

花敬群：要整頓租屋黑市

「租稅是政府進行資源重分配最有利的工具。」德明財經科大副教授、民進黨智庫土地及住宅政策小組召集人花敬群說，租稅改革能否成功有三大關鍵：改革不能是對立、喊價，要讓民眾有選擇；政策規劃要夠細緻，不能只喊口號；執政者要下定決心，拿捏分寸但不輕易放棄。

花敬群舉不動產稅制改革為例，若利得稅、財產稅、持有稅改革符合「合理、可行、漸進」，同時兼顧維持市場穩定、促進資源有效利用、改善中央及地方政府財政等目標，民眾未必會反對。

花敬群指出，台灣人長期習慣「輕稅」，要改革必須備妥各種精算方案，清楚跟民眾說明：哪些人會受影響、有什麼配套措施、能幫縣市政府改善多少財政狀況、這些錢能幫老百姓做多少事，「相對剝奪感才不會這麼強烈」。

花敬群說，過去改革常有明顯兩方陣營，一方說「不准動、不准改，我就是要既得利益」，另一方叫陣「我就是要把你打趴、跟你對抗」。當這兩種聲音發生在同一國度內，「要麼是類似革命性質的改革，不然就是統統動不了」。

花敬群指出，近年居住正義、社會住宅、不動產稅制改革慢慢受到重視，可能是過去五十年都沒有過的契機，包括行政、立法部門、社運團體，對稅制改革的想法越來越近，不再只是喊口號、叫價。「這不只是社會溝通，更是社會教育的過程。」

花敬群舉房屋稅、地價稅改革為例，過去會說，「台灣稅率不到千分之一，我們要學美國課百分之一，所以財產稅應該要加十倍」，因為落差大，當然談不出答案。現在可以細緻的談，是不是自用住宅加五十%，囤房、囤地比較多的加五倍，「兩邊距離就拉近了」。

花敬群說，接下來要精確試算，台灣超過九十%的房地產所有權人，一年增加的稅大概只多幾百塊、一、二千塊；部分大地主即使課千分之五，與國際相比也不算高，還算是輕稅。但整體下來地方政府每年可增加逾一千億元稅收，許多財政問題可迎刃而解。

「把這些訊息透明化說清楚，應該有討論空間才對。」花敬群說，所有制度改革都會送進立法院，那才是難搞的地方，「如果不把問題理清楚，立委怎麼理性討論，一定又是分派互鬥，最後不了了之」。

花敬群表示，改革不能只談原則、方向，要針對各種精算方案不斷溝通、再溝通，若政策規劃不夠細緻，就容易淪為呼口號。當支持、反對兩方都在呼口號時，「就會變成唱山歌，兩方還是永遠見不到面」。

花敬群指出，最後執政者必須拿捏分寸，下定決心採取哪種方案。「不能說大家還沒有共識就不做決定，畢竟本來就不可能有百分之百的共識。」

台灣有高房價、高空屋率並存的「怪現象」。花敬群指出，台灣空屋率高，是因持有稅率太低，還有租屋市場不健康造成的。即將執政的民進黨，準備立「租屋專法」，讓陽光照進租屋黑市。

花敬群是民進黨版「租屋專法」重要推手。他指出，過去買賣房子「頂多一年四十萬戶」，但租房量一年高達逾一百萬戶；不過，因租屋機制不透明，「長期處於黑市狀態」，逼得民眾認為「買房才能住得安定」。於是，過多資源投入炒作房市，大家被集體綁架。

花敬群表示，研擬中的租屋專法將包含三大精神：明定房東、房客權利義務；協助發展租屋產業；提供房東租稅優惠。

他強調，為鼓勵房東釋出空屋，必須提供租稅誘因，例如房屋稅、地價稅比照自用住宅，租金所得分離課稅等，避免房東提高租金，轉嫁給房客。

花敬群說，租屋市場健全化後，空屋自然「有路可去」；未來也可考慮慢慢調高房屋持有稅，給房屋持有者更大壓力，「一邊推一邊拉，看能否達到資源均衡配置」。

花敬群指出，面對還有疑慮的房屋持有者，政府必須有一套調查、輔導機制，了解為何這些屋主不願釋出空屋。「如果調高持有稅後，還是有人不願釋出空屋，至少這是他理性判斷的結果。而非像過去一樣，只是空著房子等賺暴利」。

此外，今年起「房地合一稅」新制上路，未來持有、買賣房屋，開始有實價課稅精神。但花敬群提醒，因「房地合一稅」不溯及既往，且排除土地增值稅，不算真正全面「實價課稅」。

未來如何逐步調高稅制，對所有房屋持有者「合理課稅」，還是一大艱困工程。

（聯合報記者李昭安）

劉毓秀：長照怎推動 重點要回到人民身上

台灣分配正義的問題，政府和人民都有責任。我推動長照計畫十八年，歷經藍綠政府，始終未能順利實施，問題都出在長照政策長期在稅收制和保險制間擺盪。會變成這種僵持局面，是錯誤的政策加民粹使然，我認為不論哪一黨當政，政策都該有適時教化民眾的功能，要讓人民懂得負責任。

馬英九政府近年推保險制，而且規劃成現金給付，就是補貼出錢照顧者，但這樣會很快遭遇錢不夠、服務出不來的問題，我們聯盟並不樂見。結果政府後來果然被自己卡住，因為長保第一年預算就要六百零四萬，政府又得出一定比例，但行政院擠不出預算，企業也不埋單，只好停擺。

支持長保者都說，只要錢到位，就可催生人力和服務，但以目前實施長保的日本、德國來說，日本不採現金給付，且在實施前已推行「黃金十年」計畫，推廣各種長照服務打穩基礎，長保二〇〇〇年上路後才能較平穩；反觀採現金給付的德國，領取現金給付的家庭始終高達八成，且都是自己家裡照顧，長照想推廣的公共照顧服務根本出不來，無法達成原先長照目的。

現在台灣外勞二十二點五萬人，家庭看護工二十一萬人，居家照護員七千多人，本國照顧者共僅四萬人，本勞、外勞本來就嚴重失衡。馬政府的長照規畫人在這種狀況下做民調問要不要現金給付，民眾當然說要，政府還規定錢不能直接給照顧者，此時若做長保，一定會變德國狀況。

馬英九若要做長保，就該學日本，在人力、服務等都準備到位後才實施，更不該採現金給付，因為人民像小孩、一給糖就搶。否則就該學北歐的稅收制。

我認為，各種政策不能只怪政府，應該像北歐那樣由民間負起很大力量、人民負起很大社會責任。像聯盟曾推動保母定價制，後來由胡志強擔任台中市市長時做出來，當時雖有保母抗議，聯盟則出面挺政府，最後政策依樣實施，這個「胡志強模式」，就是民間與政府聯手合作的理想範例。

如果大家都意識到這是我們的家、我們的社會，好的政策要一起推動，成果才會好。像我們托育聯盟，向來是不論面對哪個政府，都與人為善，給壓力也給支持，因為社會問題必須大家一起解決，照顧、托育、養老都是世代接續、長長久久的，不能分藍綠。

台灣人有種刁鑽，很會顧某種利益，這也說明台灣人為何在全球都是很好的商人，因為台灣人很會算。但這種刁鑽，也表示台灣人能量很多、動能很大，施政者該做的就是把民眾在意的地方轉到好的方向，例如像北歐許多政策那樣結合自利和利他，把兩者重疊在一起，民眾就會往那個方向努力、計算。

政府要培養公民責任感，首重讓全民一起面對問題，台灣民眾現在危機感很高，當意識到自己沒法獨立解決問題，會較願意合作；所有過程也須讓民眾參與，讓大家知行合一，公民責任才會到位。

像我二十年前因所住社區有危險工程，開始耕耘社區，希望大家共同釐清並解決問題。一開始催生社區事務時，大家會互相罵來罵去，例如居民罵警衛管理不佳、警衛罵住戶門不關；但在吵吵鬧鬧後，彼此都開始能體會他人的需求，執行慢慢到位，這樣的溝通就是有意義的，這也是北歐「民主審議」的精神。

北歐的「民主審議」，是種終身教育，目的是要培養公民責任感；台灣民主素養不夠，因此聯盟一直致力催生民主審議。也因缺乏民主審議，台灣往往是好的政策放在那，宣導時人民不會聽進去，要在政策形塑過程時，才能在吵吵鬧鬧中把東西做出來。

以長照的公民責任為例，第一步首重減少失能狀況，或到更前端去提升自理能力，像北歐在人口高齡化過程中，就是盡量提升老人自理生活能力、老人生涯規劃，效果很驚人。

做好第一步後，才能將真正的需求給急需者如巴金森氏症患者，國家長照就不用負擔那麼多。我媽說老人要修得好走，但我跟她說應該是修得好制度，然而這不但需要當政者呼籲整個社會一起努力，更需要所有子女和父母的自覺。

像父母只要能自己拿東西，就讓父母拿，他才不會失去肌力，也要讓他自己出門。為老人家好，子女就該適度狠心，即使在喪失能力的過程，也要用平常心支持老人生活自理的能力。

老人本身也該培養自我責任。有糖尿病就要吃藥，不要都不吃，弄到瞎眼，這都是瑞典式「民主自覺、民主共治、公共解決」的精神。當大家都體會到人人平等、不該將重擔獨獨落給別人，就會盡好自我責任。

不過，近年我發現，台灣公民自覺的狀況已慢慢改善。我以前跟台大學生談年金問題，學生往往反彈說是政府責任，覺得如果父母庇蔭多，留給自己的也多；但三年前學生開始有不同反應，因為他們也是被剝奪的一代，知道若年金破產，父母的錢根本自己用都不夠，更沒法留給孩子，甚至等他們開始工作，就得幫前面世代繳年金，自己老年時卻什麼都沒有。

我認為，這就是為何太陽花世代冒出來，為何這次大選，年輕人開始說自己國家自己救、自己未來自己救的原因。以年金為例，年金繳進去的和領出來的應該一樣，才有世代正義，現在公保、勞保金都是喊出來的，繳那麼少、領那麼多，債一定吃子孫。

我看蔡英文和馬英九不同，覺得小英有個特色是常會說人民有何需求、社會有何需求，所以會很著急地去做政策。馬英九比較理想主義，常會說要扛起使命，但這也造成他有時比較有距離。不過新政府未來推行心目中的理想政策時，恐怕會遇到財團壓力，一定要注意跟財團走得太近，就會是陳水扁的下場。

（普及照顧政策聯盟召集人劉毓秀口述／記者何定照採訪整理）

廿年民主路 台灣向前行

2016年6月初版　　定價：新臺幣550元

著者	蕭新煌
	林敏聰
	林宗弘等
總編輯	胡金倫
總經理	羅國俊
發行人	林載爵

出版者	聯經出版事業股份有限公司	叢書主編	陳逸達
地址	台北市基隆路一段180號4樓	整體設計	汪宜蔚
編輯部地址	台北市基隆路一段180號4樓		
叢書主編電話	(02)87876242轉225		
台北聯經書房	台北市新生南路三段94號		
電話	(02)23620308		
台中分公司	台中市北區崇德路一段198號		
暨門市電話	(04)22312023		
台中電子信箱	e-mail：linking2@ms42.hinet.net		
郵政劃撥帳戶第	0100559-3號		
郵撥電話	(02)23620308		
印刷者	文聯彩色製版印刷有限公司		
總經銷	聯合發行股份有限公司		
發行所	新北市新店區寶橋路235巷6弄6號2樓		
電話	(02)29178022		

行政院新聞局出版事業登記證局版臺業字第0130號

本書如有缺頁，破損，倒裝請寄回台北聯經書房更換。　ISBN 978-957-08-4760-4 (平裝)
聯經網址：www.linkingbooks.com.tw
電子信箱：linking@udngroup.com

國家圖書館出版品預行編目資料

廿年民主路　台灣向前行/蕭新煌、林敏聰、林宗弘等著．初版．臺北市．聯經．2016年6月（民105年）．432面．14.8×21公分
ISBN　978-957-08-4760-4（平裝）

1.台灣政治　2.民主政治　3.文集

573.07　　105009314